OPERATIONS MANAGEMENT

JN117687

山口雄大
YUDAI YAMAGUCHI

竹田 賢
KEN TAKEDA

［編著］

企業の
戦略実現力

オペレーションズ
マネジメント入門

日本評論社

目 次

【第 I 部　戦略編】

1章　持続可能社会を支えるオペレーションズマネジメント

2章　サプライチェーンデザイン再構築

3章　グローバルロジスティクスのリスク管理

【第Ⅱ部　オペレーション編】

5 章　未来を創る需要予測

6章　サプライチェーンをつなぐ在庫管理

7章　未来に続く調達戦略

はじめに

本書の企画意図

オペレーションが競争力を生む

　みなさんは「オペレーションズマネジメント」という言葉を聞いたことがありますか？　そもそも「オペレーション」とは何を指しているのでしょうか？　グローバルで主にサプライチェーンマネジメント（SCM）に関わるビジネスパーソンが拠り所にする ASCM/APICS[1] の辞書[2] で調べてみましょう。

Operation_ 作業、工程
１）一つあるいはそれ以上の作業要素からなる仕事で、通常は原則的に一箇所で行われるもの。２）個人、機械、工程、部門、検査に関する全ての計画した作業や方法の成果。３）…（以下略）

　つまりは仕事の一連の流れであり、重要なのは、それは予め計画されるということです。こう聞くと当たり前のように思われるかもしれません。しかし市場や顧客のニーズを的確に想像し、それを満たす品質の良いモノやサービスを、必要なタイミングで提供することの難しさは、実際に担ってみないとわからないものです。2020年の世界的なパンデミック初期におけるマスク、大きな災害発生後の防災グッズ、母の日のための花のオンライン注文など、みなさんも消費者として、いつでもほしいモノが買えるわけではなかったと思います。難しいということは、スキルや知見が有効になるということです。
　世の中には多くのビジネスがあります。デパートやコンビニなどの流通、化粧品や食品、自動車、またそれらの原材料や部品などの製造、銀行や証券といった金融、テーマパークや外食といったサービス、ITや乗り物といったインフラなどです。それらを担う企業を想像すると、具体的なモノやサービスを真っ先に思い浮かべるかもしれません。しかし、特に成熟した市場においては、モノやサービスの中身だけでなく、体験、いわゆるコトが価値を生むことはみなさんも感じられているとおりです。モノの製造だけでなく、このサービスの享受というコトも支えるのがオペレーションです。
　Amazon を使ったことのある方はかなり多いでしょう。扱っているモノは、

他の店舗でも買えるものがほとんどです。ではなぜ、Amazon は年間4,600億ドル（2021年）[3] を超える売上かつ黒字を実現できているのでしょうか。それは、顧客が望むモノを揃え、ストレスなく注文できる IT、タイムリーに届けられる物流インフラを整備できているからです。我々消費者にとっては、他で買うよりも圧倒的に便利なのです。これこそが、付加価値の高い仕事を実行し続ける、オペレーショナルエクセレンスのなせる体験です。

　商品の品揃えや管理、IT、物流インフラの整備、維持には費用がかかります。大規模になるほど管理は複雑になり、難易度も高くなります。ほしいモノがいつでもすぐに手に入るという高いサービスレベルを維持しつつ、大きな利益を生み出し続けることは簡単ではなく、その裏には高度なオペレーションが存在しています。そのため、単に世界各国に物流センターを設置すれば Amazon に追いつけるわけではありません。AI などの先端技術も駆使した高度なオペレーションが、他社には容易に模倣できない競争力を生み出しているのです。

　各企業がどんな価値を顧客に提供し続けるか、という存在意義を実現するためには戦略が必要であり、これを他社にすぐに模倣されず、継続的に利益を確保し続けながら実行する力がオペレーションズマネジメントといえるでしょう。

日本ではオペレーションを学べる機会が少ない

　ビジネスにおいて、オペレーションが競争力を生むイメージは持っていただけたと思います。オペレーションをしっかりとマネジメントすることが重要になるのですが、これには専門的な知識が必要になります。もちろん、標準的な知識だけではなく、各国、業界の実態をふまえたアレンジが必要で、実務経験を通じたスキルアップも重要です。しかし、先人たちが残してきた知を学ぶことには大きな意味があります。自身が体験することだけでは視野が広がりにくく、新しいアイデアも生まれにくいからです。ここに他業界、つまりは先人たちが熟考し、整理してきた知を掛け合わせることで、オリジナルの改善を提案することができるようになるのです。

　一方で、日本ではそうしたオペレーションズマネジメントの教育を得られる機会が多いとはいえない状況です。本書の執筆陣が教鞭をとる青山学院大学や学習院大学、東京女子大学、東京都市大学などではオペレーションズマネジメント系の講義はあるものの、専門的な学部を設置している大学はほとんどありません。さらに、オペレーションに携わるビジネスパーソンが通う社会人向け大学院でも、

明治大学などの限られた大学でしか学べません。海外のトップスクールでは、MBAの一領域として、マーケティングやファイナンスと並んでオペレーションズマネジメントが用意されていることを鑑みると、いずれは日本でも必須の学問領域になっていくと考えられます。

　学生の方は、社会に出る前からオペレーションズマネジメントの基礎知識を学ぶことが、ビジネスで活躍していくために有効になります。すでに社会に出ている多くのビジネスパーソンが学んできていないからです。一方で、ビジネスパーソンも今から学んで遅いということはありません。なぜなら、ビジネスパーソンのリカレント教育の重要性が増しているからです。

　リカレント教育とは学び直しを意味します。寿命が延び、技術進歩のスピードも速くなっている中で、学生時代に学んだことと自身のビジネス経験だけでキャリアを積んでいくことに限界が見えてきています。自ら新しい領域を積極的に学び、自身でキャリアを切り拓いていくことが重要になっているのです。

　MBAという資格を得るためではなく、ファイナンスやアカウンティング、マーケティング、競争戦略などの標準的な知識を学ぶ目的で、社会人向け大学院に通うビジネスパーソンが増えています。その1つの重要領域として、オペレーションズマネジメントも意識するとよいでしょう。

　こうした時代背景や日本の現状をふまえ、オペレーションズマネジメントの教科書執筆を企画することにしました。

本書の特徴と想定読者

アカデミアとビジネス界の知の融合

　各章で各種専門領域について解説していきますが、オペレーションズマネジメントのカバー範囲は極めて広いため、一人で執筆することは不可能です。表面的な知識だけでなく、各領域の深部や先端事例まで熟知した専門家が書くことで、一味違った入門書になったと感じています。

　各領域の専門家が執筆するといっても、はじめてオペレーションズマネジメントを学ぶ学生やビジネスパーソンをメインの読者と想定し、大学の講義で使えるようなレベル感で整理しています。一方で、各領域においては日本でトップレベルの知見を有し、かつ研究や実務の最前線で日々、試行錯誤している現役プレイヤーの方々なので、その領域を深く学ぶためのヒントもそこかしこに埋められて

います。すでにある程度の知見をお持ちの読者であれば、そうした深みを感じることができるはずで、より多くの気づきを得ることができるでしょう。

　さらに他にはない特徴として、アカデミアとビジネス界、両方で活躍するプロフェッショナルが執筆している点が挙げられます。業界横断で知を整理し、標準化を目指すアカデミアに対し、それを各業界、ビジネスモデル、戦略に合わせて展開しているビジネス界、双方向のコミュニケーションを通じて深められた知が凝縮されています。

　各章の理解を深めるための「ディスカッション」も用意しています。答えは1つではなく、講義や研修、業務の中で、情報収集しながら議論してみてください。学生の方にはやや難易度の高い内容になっていますが、参加者の知識次第では、かなり深い議論も可能なテーマを設定しているため、実務経験を積んで、改めて考えてみても新しい学びがあるでしょう。実務家の方は、学術的なフレームワークを業務で活用するきっかけにしていただければと思います。

　また、各章にはコラムがあり、本筋からは少しはずれる小話や、内容に関連してやや難しいテーマについての解説を取り上げています。

製造業以外に携わる（携わりたい）方にも読んでほしい

　本書の目次を見ると、S&OP（Sales and Operations Planning）や生産管理、品質管理といった言葉が並んでいるので、モノを提供する製造業を連想しやすいかもしれません。しかし海外の書籍では、オペレーションズマネジメントは、生産マネジメントとは異なり、サービスを提供するビジネスでも重要になる概念だと整理されています[4]。つまり、外食やホテル、テーマパークといったサービス業に携わる方々にも参考にしていただきたいと考えています。

　さらに、流通、小売、卸売、物流業に携わる方々も、これからは自社が含まれるサプライチェーン全体での提供価値と効率性の向上を目指すことが競争力を生むため、より広い視野でオペレーションズマネジメントを知っておくことは必要になるはずです。小売業ではプライベートブランドの開発、販売で高い利益率を目指すといった動きが一般的になっていて、これは製造業のビジネスに酷似しています。また、ファーストリテイリングのようにSPA（Speciality store retailer of Private label Apparel）[5]といった、製造と小売を合わせたビジネスモデルも定着しました。ここでは当然、オペレーションズマネジメントの巧拙が企業の競争力に直結します。

卸売業や物流業では、例えばフードロスや二酸化炭素の排出量を削減するといった取り組みが重要になっていて、製造業や小売業などとも連携しながら、共同輸配送、共同保管を進めていくことが必要になっています。これを主導していくためには、オペレーションズマネジメントの全体感を把握しておくことが有効になるでしょう。

今後、日本の労働力不足が懸念される中で、モノが運べなくなる物流クライシスが注目されています。これに対し、フィジカルインターネット[6]という、モノを電子情報のようにスムーズにやりとりできる世界の実現に向けた動きが始まっています。これには荷主である製造業や実際にモノを運ぶ物流業だけでなく、商社やコンサルティングファーム、ITベンダーの力が必要になるはずであり、そうした業界に携わる方々もオペレーションズマネジメントを知っていれば、新たなビジネスチャンスを手にしやすくなるでしょう。

つまり本書は、あるモノやサービスを提供するオペレーション全体の一部にでも関わる業界であれば、新たなビジネスチャンスをつかむために、参考にできる内容が含まれているのです。

オペレーションズマネジメントの全体像と本書の構成

本書は単にオペレーションを要素別に解説するのではなく、企業の戦略との連携を重視して整理しています。前半は【第Ⅰ部 戦略編】と称し、ビジネスモデルや経営戦略、サプライチェーンデザインやグローバルロジスティクス、さらには戦略とオペレーションを整合させるS&OP（Sales and Operations Planning）という、上位のマネジメントに関するテーマを扱っています。

後半の【第Ⅱ部 オペレーション編】では、実際のオペレーションの流れに沿って、各要素の基礎的な知識を事例も交えて解説するとともに、近年の進化を紹介します。

各章で完結しているため、必ずしも頭から順番に読んでいただく必要はなく、ご自身が携わる領域など、気になるところから読んでいただいて構いません。

オペレーションズマネジメントの対象となる範囲は、全業界で統一された明確な定義はありません。しかし、多くの実務家や教授の間での共通認識は以下の2点です。

図0.1　オペレーションズマネジメントの全体像

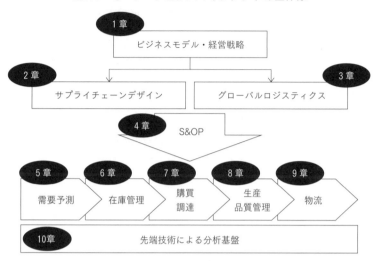

- サプライチェーンマネジメント（SCM）が一大領域として含まれる
- SCM よりも広い範囲が対象となる

　そこで本書では、いくつかの海外の書籍[7]や執筆陣でのディスカッションをもとに、図0.1のとおり、オペレーションズマネジメントの範囲を定義しました。
　5章から9章はいわゆる SCM の領域が主となりますが、以下の領域もカバーしています。

➢　マーケティング領域との連携である CRM（Customer Relationship Management）

➢　サプライチェーンの川上方向の取引先管理である SRM（Supplier Relationship Management）

➢　製品の企画、設計をマネジメントするエンジニアリングや品質管理

　オペレーションズマネジメントが管轄する活動として、商品（製品・サービス）開発、生産、物流が挙げられています[8]が、より本質的には、**顧客が満足する価値を持続的に提供し続けるためのマネジメント**であり、企業の戦略実行を支える一連の機能を本書の対象としました。

　近年のビジネス環境の変化、技術の進歩を受けた各領域の試行錯誤を随所に入れているのも本書の特徴です。そこで見落とされがちな、先端技術、特に AI の

活用自体をマネジメントするという、MLOps（Machine Learning Operations）の概念についても最後の10章で取り上げています。

これらの意味で本書は、VUCA[9] な時代の先進的なオペレーションズマネジメントの整理を試みているといえます。さらに需要予測やS&OP、在庫管理、生産・品質管理、エンジニアリング、ロジスティクスなどの各専門領域を深く学びたい方は、日本評論社の「オペレーションズ・マネジメント選書」や、各章で紹介する参考文献を参照いただければと思います。

不確実な世界に立ち向かう

近年はVUCAという言葉が示すように、市場環境の不確実性が高まっていて、先を見通すのがより難しくなっています。2020年からのパンデミックで、ビジネスの方向性を大きく転換することを余儀なくされた企業も少なくありません。この他にも、米中、ロシアなどの大国間のコンフリクト、地球温暖化の進行に対するSDGs[10] への関心の高まり、AIやロボティクスといった先進的な技術のビジネス活用の拡大や、グローバルサプライチェーンにおけるサイバー攻撃の増加とその対応など、次々と登場する新たなチャンスとリスクの中で、アジャイルにビジネスのかじ取りをする必要があります。

劇的な環境変化の中でも社会的な価値を創造し続け、そのための収益性を維持するにはBCP（Business Continuity Planning）が重要です。これは自然災害やサイバー攻撃などによるオペレーションの断絶が起こってしまった場合でも、被害を最小限にし、早期にビジネスを立ち直らせる事前準備のことです。この回復力はレジリエンシーなどとも呼ばれ、注目を集めています。このBCPもオペレーションズマネジメントを理解していないと適切に策定することは困難です。

ぜひ本書をきっかけにオペレーションズマネジメントへの興味、理解を深めていただき、ご自身の研究や実務経験と掛け合わせて、知をブラッシュアップしていってください。私も実務家との対談番組「デマサロ！」[11] や、AI・データアナリティクスコミュニティ[12] の「需要予測分科会」などで、様々な業界の方と知のかけ合わせによる新しいアイデアの創出を試みています。興味を持つ人が増え、集まれば、その領域が進化すると信じています。

サプライチェーンマネジメントとロジスティクスという言葉

　本編に入る前に、本書において極めて重要な2つの言葉の定義を整理しておきましょう。それは、「サプライチェーンマネジメント」と「ロジスティクス」です。ロジスティクスを物流のこととして語っている書籍もありますが、物流は本来、フィジカルディストリビューション（Physical Distribution）です。ここでも、冒頭で参照したASCM/APICSのサプライチェーンマネジメント辞典の定義を引用します。

サプライチェーン…経営工学的観点で設計された、情報、モノ、カネの流れを通じた、原材料から最終顧客に到る製品やサービスの配送に活用されるグローバルネットワーク。

ロジスティクス…1）サプライチェーンマネジメント用語においては、出荷拠点と配送拠点間の物の出荷・返品移動、処理、保管をコントロールするサプライチェーンマネジメントの一部機能。2）産業用語においては、資材や製品を適切な場所に適切な数量を、調達・製造・流通させる技術や科学のこと。3）軍事的には…（以下略）

ちなみに物流である（Physical）Distribution は以下のとおりです。

流通、分割…通常は最終製品やサービスパーツのような荷物を製造業者から消費者へ輸送する際に関係する活動。これらの活動には輸送、倉庫業務、在庫コントロール、荷役、オーダー処理、サイトやロケーション分析、産業用の梱包、データ処理、効率的マネジメントのためのコミュニケーションネットワークの機能がある。それは、製造業者への商品の返品だけでなく、物流に関係した全ての活動を含む。…（以下略）

　ASCM/APICSの定義においては、ロジスティクスの1つ目の説明は物流と同義で、2つ目がより広義の概念的な捉え方といえます。本書では図0.2のとおり、これらの言葉を使い分けます。

　「ロジスティクス」は商品を販売やサービスの現場にタイミングよく、ムダなく（戦略的に）届けるという概念を指し、このための拠点や輸配送手段といった

図0.2　本書における定義の整理

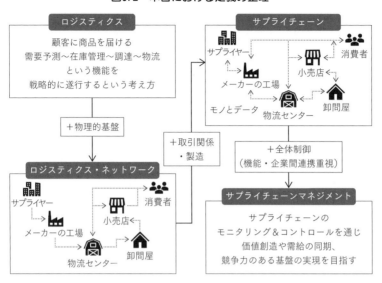

物理的な基盤を「ロジスティクス・ネットワーク」とします。また、これに商流、つまりは関係者間の取引関係を含めた体系を「サプライチェーン」と捉えます。

　このサプライチェーン全体を適切に制御することで、需給を同期させ、競争力のある基盤（インフラ）を構築してビジネス、社会的な価値の創造を目指すのが「サプライチェーンマネジメント（SCM）」と整理します。過去に拙著[13]でも整理していますが、SCMは機能間、企業間の連携を特に重視する考え方といえるでしょう。

　ただし「ロジスティクス」については、各テーマにおけるわかりやすさを重視して１）物流に近いニュアンスとして執筆している場合があります。２）戦略的な意味合いを含んだ概念、と２つの定義があることを念頭に、前後の文脈から適宜、解釈しながらお読みください。

山口雄大

注

１）American Production and Inventory Control Society の略。2019年から組織名が以下に変更されている。Association for Supply Chain Management：ASCM（https://

www.ascm.org/).

2）APICS（2018）『第15版 サプライチェーンマネジメント辞典 APICS ディクショナリー対訳版 —— グローバル経営のための日英用語集』日本 APICS コミュニティー APICS Dictionary 翻訳チーム／日本生産性本部グローバル・マネジメント・センター訳、生産性出版。

3）Amazon（2021）"ANNUAL REPORT"（https://s2.q4cdn.com/299287126/files/doc_financials/2022/ar/Amazon-2021-Annual-Report.pdf）.

4）Kumar, S. A. and Suresh, N.（2009）*Operations Management*, New Age International Publishers.

5）企画から製造、販売までを垂直統合させることで SCM のムダを省き、消費者ニーズに迅速に対応できるビジネスモデル。野村総合研究所（NRI）「用語解説 SPA（製造小売業）」（https://www.nri.com/jp/knowledge/glossary/lst/alphabet/spa）より。

6）荒木勉編（2022）『フィジカルインターネットの実現に向けて —— 産官学と欧米の有識者の熱い思い』日経 BP。

7）Farooqui, S. U.（2009）*Encyclopaedia of Supply Chain Management*, Vol.1-2, Himalaya Publishing House. Kumar, S. A.（2009）*Operations Management*, New Age International.

8）Farooqui, S. U.（2009）*Encyclopaedia of Supply Chain Management*, Vol.1-2, Himalaya Publishing House.

9）Volatility（変動）、Uncertainty（不確実）、Complexity（複雑）、Ambiguity（曖昧）の頭文字をとったもの。

10）2001年に策定されたミレニアム開発目標（MDGs）の後継として、2015年9月の国連サミットで加盟国の全会一致で採択された「持続可能な開発のための2030アジェンダ」に記載された、2030年までに持続可能でよりよい世界を目指す国際目標。「外務省公式 HP」（https://www.mofa.go.jp/mofaj/gaiko/oda/sdgs/about/index.html）より。

11）「# 山口雄大の需要予測サロン」として、SCM に携わる大学教授や実務家と、需要予測や S&OP をテーマに意見交換する45分の番組です。「デマサロ」で検索してみてください。

12）NEC 主催のコミュニティで、様々な業界の実務家が参加し、AI やデータ分析をテーマに、学会情報の共有や実務応用のためのアイデアソン、分析コンテストなどを行っています。2023年度からこの傘下で、需要予測や S&OP をテーマとした海外論文の勉強会を開始しています。NEC「NEC Future Creation Community：AI・データアナリティクス」（https://jpn.nec.com/nec-community/aida/info.html）。

13）山口雄大（2021）『新版 この1冊ですべてわかる 需要予測の基本』日本実業出版社。

※いずれの URL も最終アクセス日は2023年4月10日。

第 I 部

戦 略 編

1章

持続可能社会を支えるオペレーションズマネジメント

竹田　賢

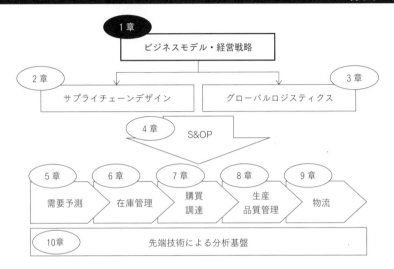

　企業のオペレーションは戦略に合っていることが重要です。オペレーションが戦略の先に見据える理想の姿を実現する手段だからです。まずは、企業がどんな価値を顧客に提供し、どんな仕組みで利益をあげられるようになっていて、それが簡単には他社に模倣されないような技術やブランド、サービスなどに支えられているかといった、ビジネスモデルの構造を理解しておく必要があります。

　不確実性が高く、複雑さを増すビジネス環境の中で、企業は何を意識して戦略を構築するのがよいでしょうか。製品やサービスを利用する顧客だけでなく、株主や社会の目線、さらには地球との共存という視点にも留意することが重要になっています。1章では経営戦略の概論とその構築のために有効な各種フレームワーク、オペレーションズマネジメントとのつながりについて学びましょう。

1−1　経営戦略概論

企業経営と社会

　持続可能な社会とは、「地球環境や自然環境が適切に保全され、将来の世代が必要とするものを損なうことなく、現在の世代の要求を満たすような開発が行われている社会」といわれている。経済発展、技術革新によって、人々の生活は物質的には豊かで便利になった一方、私たちが豊かに生活し続けるための基盤となる地球環境は、悪化の一途を辿っていることは言うまでもないであろう。

　産業革命以降、温室効果ガスの排出量の急激な増加は気候変動を引き起こし、世界中で深刻な影響を与えつつある。環境汚染物質は水、大気、土壌を汚染し、鉱物・エネルギー資源の無計画な消費は、環境を破壊するだけでなく、グローバルレベルでの紛争を引き起こしている。

　国立社会保障・人口問題研究所[1]のデータ、および総務省統計局「世界の統計2023」[2]によれば、世界人口の推移は西暦元年で数億人程度であり、1650年時点でも約5億人であった。その後1750年に約6億人〜10億人、1850年に約11億人〜14億人、1950年に約25億人、2020年時点で77億9,500万人と急増し、さらに2050年には97億3,500万人に達すると予測されている。

　この人口爆発が人類にもたらす最大の負の影響が食糧危機である。食糧危機は環境問題とも深い関連性が指摘されており、国連環境計画（UNEP）[3]は工業型畜産が引き起こす10の課題（膨大な環境コスト、動物から人へのウイルス拡散、人獣共通感染症、抗生物質と健康被害、農薬と健康被害、水質・土壌汚染、肥満と慢性疾患、膨大な土地・穀物使用、格差・不平等定着、温室効果ガスと気候変動）を提起している。すべて重要かつ緊急性の高い問題であり、現在の社会システムが限界であることを示していると考えられる。

　このような社会課題の解決に向けて、2015年の国連サミットにおいてすべての加盟国が合意した「持続可能な開発のための2030アジェンダ」の中でSDGs（Sustainable Development Goals：持続可能な開発目標）が掲げられた。

　SDGsの内容は社会、経済、環境の三側面から捉えることのできる17の目標から成り立っており（図1.1）、その下に169のターゲットと、231の指標がある。地球上の「誰一人取り残さない（leave no one behind）」ことを誓っており、発展途上国だけでなく、日本を含む先進諸国も積極的に取り組むべき普遍的な目標

図1.1　SDGsの17のゴール

出所）国連広報センター（https://www.unic.or.jp/files/sdg_poster_ja_2021.pdf）
注）The content of this publication has not been approved by the United Nations and does not reflect the views of the United Nations or its officials or Member States （https://www.un.org/sustainabledevelopment/）

である。

　つまり、世界が今取り組むべき課題の一覧ともいえるものであり、企業や個人としても、SDGsを意識した経営・行動が求められるようになった。

　日本政府は、2016年5月に内閣総理大臣を本部長・全国務大臣を構成員としたSDGs推進本部を設置、省庁横断的にSDGsに取り組むことにした。「SDGsアクションプラン」の策定や、「ジャパンSDGsアワード」を主催するなど国をあげてSDGsを推進している。

　また、企業に大きな影響を与えたのが経団連の「企業行動憲章」の改定である。憲章にSDGsが盛り込まれ、革新技術を最大限活用することにより経済発展と社会的課題の解決の両立するコンセプト「Society 5.0」をSDGsの達成と関連して提案した。

　日本では、企業の社会的責任（CSR：Corporate Social Responsibility）への関心が高まっていたが、CSRは利益の一部を社会に還元する活動だけを指すものと解釈されていた。それに対して持続可能性を重視するSDGsでは、企業の事業活動を通して目標の達成を目指すものであり、経済的価値、環境的価値、社会的価値といった"トリプル・ボトムライン"を同時実現させるために、利益

最大化行動ではなく、社会との共創を図ることによって企業の存在価値を最大化することを意図したものである。

　以上のことは、企業を敢えて"会社"と表記し、会社の2文字を反対に書けば"社会"となるように、会社と社会は表裏一体の関係にあり、会社は社会に生かされていると考えられることからも容易に理解できよう。少々極論すれば、会社が社会に悪影響を及ぼし続ければ、いずれ社会も会社も消滅することを認識すべき時代になったということである。

　このように、持続可能な社会の構築には会社のコミットメントが不可欠であり、社会課題を解決し得る"価値提案（Value Proposition）"を継続的に行っていく必要がある。

経営リスクと競争力

　昨今、COVID-19 といった未知のウイルスによるパンデミックが発生し、世界は大混乱に見舞われ、社会や企業経営のあり方、個人の価値観や生活様式に大きな影響を及ぼしている。このような短期的かつ世界同時的に起こるリスクや、サプライチェーンのグローバル化による為替変動の影響、カントリーリスクの増大、地震や豪雨といった自然災害、顧客の価値観の変化や需要変動、長期的に起こり続けるリスクの存在など、企業を取り巻く経営上のリスク要因は枚挙にいとまがない。

　それでは、企業を取り巻くリスクには一体どのようなものがあるのだろうか。圓川隆夫氏他は、リスクを"内なるリスク"と"外からのリスク"の2つに大別している[4]。

　表1.1に示した様々なリスクに関連して、産業界では、VUCA（V：Volatility、U：Uncertainty、C：Complexity、A：Ambiguity）という言葉で一般化している。企業は、"変動・不確実・複雑・曖昧"という"予測困難"な経営環境を前提としながら、顧客や社会から求められる製品やサービスを的確に把握して迅速かつ安定的に提供し、持続可能な経営を目指していくことが重要となっている。

　VUCA の時代においては、仮に優れたビジネスモデルを実現できたとしても、様々なリスクによってその優位性が短期間で失われることもある。また、有望だと思われた市場（"ブルーオーシャン"）も短期間で成熟化して競争が激化し、いわゆる"レッドオーシャン"化することも不思議ではない。このような VUCA

表1.1　内なるリスクと外からのリスクの具体例

	具 体 例
内なるリスク	作業（加工）のばらつき、故障、品質不良、小ロット化、段取替、欠品、遅れなど
外からのリスク	需要変動（時間軸）、顧客価値の変化、組織の壁、為替・関税、事故・能力変動、カントリーリスク、地政学リスク、天災、感染症、環境、枯渇性資源（エネルギー）、少子高齢化、事業承継、生物多様性、情報漏洩、人権、法令遵守など

の時代の特徴により、企業が持続的に存続する要件として、グローバルコンサルティングファームのローランドベルガーは5つを提示している[5]。

【要件1：確固たるビジョン・シナリオ】
企業として自社が今後どうありたいのか、あるいは自社の考える理想的な世の中や市場、事業のあり方とはどういうものなのか、今後どういった世の中になっていくべきなのか、という自社なりの"将来像"を描くこと。

【要件2：走りながら考える】
時間とリソースを掛けて精度の高いシナリオや戦略を構築するよりも、おおよそのシナリオや戦略をスピーディーにつくり、いかに迅速にそれを実行していくかを重視する。そして、その結果を見てシナリオや戦略が間違っていると考えれば、素早く軌道修正を図る体制（アジリティの確保）を整える。

【要件3：事業の複線化】
リスクを軽減し、不確実な変化に対応するためには、異なる領域の事業を複数持つこと（ポートフォリオ経営）や、事業領域に特化するものの多様な製品ポートフォリオを保有すること、価格帯の異なるブランドを複数展開すること、展開する地域や国を多様化していくことが重要である。これは、アンゾフの成長マトリクス[6]の考え方に依拠している。

【要件4：ゲームのルールメーカー】
新たな市場を創出して自らがルールメーカーになったり、あるいは自身のビジョンやシナリオの実現に巻き込んでいったりすることも大切である。VUCAの時代では、ルールメイクを主導できた企業が圧倒的に有利なポジションを獲得できる。プラットフォーム[7]の構築がその一例である。

【要件5：イノベーションの追求】
確固たるポジションを築き磐石の強さを誇る企業であっても、短期間のうちにそ

のビジネスモデルや製品が陳腐化し、急速にシェアを失うなど収益性を低下させるリスクに常にさらされている。様々なリスクに対応すべく、企業はいつ優位性を失ってもおかしくないという意識を持つことが重要である。したがって、常にイノベーションの可能性を追求し続けることが大切である。そのために、収益獲得を使命とする事業を明確にする、既存事業のコスト削減、構造改革を進める、低収益・低成長事業からの撤退を進める、業界再編など、抜本的な収益改善策を打つことが必要である。これらは、PPM（プロダクト・ポートフォリオ・マネジメント）[8]の考え方に依拠している。

　以上の 5 つの要件から、VUCA の時代では一度立案した戦略・方針・目標を固定的なものとして捉える"静的"な戦略マネジメントではなく、環境変化に対して戦略内容を迅速に変更できる"動的"な戦略マネジメントを目指すべきであり、そして、それを迅速かつアジャイルに（すばやく俊敏に）実行に移せるオペレーション設計と組織設計が重要となることがわかる。そのためには、経営者のみならず、企業に属するすべての社員が経営環境の変化への感度を高め、他部門のメンバーや経営者と円滑にコミュニケーションが取れ、その変化にどのように対応していけばよいかを自律的（autonomous）に意思決定できることが必要となる。

経営戦略の考え方

　戦略的マネジメントは、これからの企業が進むべき方向性を決定していく活動であり、具体的には、

① 現在行っている既存事業を継続的に発展させること、あるいは撤退すること
② 新事業を開発して挑戦すること
③ 事業活動に必要な経営資源を調達し運用すること

である。

戦略立案、施策立案を検討するうえでよく用いられる分析フレームワークとして、

① SWOT（S：Strength、W：Weakness、O：Opportunity、T：Threat）、
② PEST（P：Politics、E：Economy、S：Society, Social、T：Technology）
③ 5 フォース（5F：業界内の競合、代替品の脅威、新規参入者の脅威、買い

図1.2　環境分析、戦略立案、施策立案の構造図

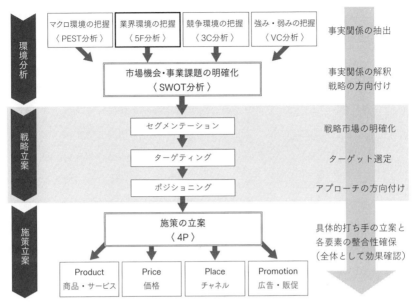

出所）リコーのマーケティング支援「5F（ファイブフォース）分析とは？」（https://drm.ricoh.jp/lab/glossary/g00035.html）

　手の交渉力、売り手の交渉力）
④ 3C（Customer、Company、Competitor）
⑤ マーケティング分析のSTP（S：Segmentation、T：Targeting、P：Positioning）
⑥ 4P（Product：商品・サービス、Price：価格、Place：チャネル、Promotion：広告・販促）

などがある。図1.2は、それらの関連性を端的に表したものである。
　このフレームは、現在でも利用可能な経営戦略のベースである。しかしながら、VUCAの時代ゆえに、それに合わせた動的なアプローチも必要となる。例えば、マイケル・ポーターが唱えた競争戦略論[9]では、5フォースと呼ばれる視点で、競合を様々な観点から広く捉える必要性が指摘されているが、VUCAの時代では想定できない競争相手が突如出現することがあり、業界を超えての競争関係が生じることが挙げられる。また、外部環境の複雑化や変動性、競合の不確実性、X、Y、Z世代[10]ごとに異なる消費者の価値観や行動、ソーシャルネットワーク

表1.2 P-VMV の違い

パーパス（Purpose） ：Why の視点	・なぜ我々は社会に存在するのか ・なぜ我々がそれに取り組むのか
ビジョン（Vision） ：Where の視点	・どこを目指すのか ・ある時点での到達点 ・目指す姿は何か
ミッション（Mission） ：What の視点	・何を実現すべきか ・到達点に向けたギャップを埋めるために何が必要か （As is-To Be）
バリュー（Value） ：How の視点	・どのように進めるのか ・どのような価値観に基づいてビジョンとミッションを実現し ていくのか

の活用による口コミ形成などを考慮すると、固定的な外部環境の想定、性別・年代といった単純なセグメンテーションの切り方、成熟した固定的な競合関係（例えば自動車業界という同業種間での競争）、消費者行動モデル、採算計画や、固定的なスケジュール、硬直した組織運営は通用しなくなる。

　そのため、経営戦略、事業戦略の立案・施策・実施において、経営環境への変化対応力である"アジリティー"能力を高めることが求められる。ここで、物事を進める速さ（スピード）とアジリティーは異なる概念であることに注意が必要である。

　ここまで説明してきた点をふまえ、VUCA の時代における戦略マネジメントに関して、特に強調しておきたい点を2つ示しておくことにしたい。

　1点目は前節で示した要件1の確固たるビジョン・シナリオである。昨今、企業が進むべき方向性を検討するうえで欠かせないのが"パーパス（Purpose）"という考え方である。パーパスとは「目的」「意図」という意味であり、「何のために組織や企業が存在するのか」、「社員は何のために働いているのか」といった、社会という大きな枠組みにおける「企業の存在意義」を表す概念として用いられる。類似用語として、ビジョン（Vision）、ミッション（Mission）、バリュー（Value）があり、それらの違いを簡単に表1.2に示しておこう。

　パーパスは社会的な視点を強調しており、自社・ブランドを顧客価値より上位の社会的価値という次元に引き上げている点が特徴である。将来のあるべき社会の姿を想定し、このような社会を実現したいという想いを描き、それに基づいてビジネスモデルを再構築し、そこから価値を提供すべきターゲット、商取引を行

うパートナーなどが特定されるといった思想である。パーパスの考え方を導入して企業ブランドが高まると、それが新たな事業機会の発見や事業ドメインの再定義につながるため、パーパスはこれからの企業経営における戦略的マネジメントの中核をなすものといえる。ここで、パーパス経営を導入することによって得られるメリットの一部をまとめておこう。

（1）パーパスに共感・共鳴した顧客（個客）を獲得できる
パーパスを掲げていると、それに共感する顧客の支持が得られる。例えば、顧客自身が環境問題に関心がある場合、環境に良い製品を販売し自然環境の破壊防止に取り組んでいる企業を応援し（ファン）、それが購買行動へとつながることが期待できるため、企業の持続可能性が高まる。

（2）ブランディングの強化につながる
パーパスを定義すると、「志を掲げる（スローガン策定やコミュニケーション）」だけではなく、それを経営・事業に確実に組み込み、新規事業やイノベーション、社外とのパートナーシップの構築など、「志を具現化していく施策を実際に生み出していくこと」になるため、企業・ブランド変革やサプライチェーン再構築の推進力になる。また、パーパスに共感する外部企業から企業内に存在しない能力を調達しやすくなり、オープンイノベーションが起こりやすくなる。

（3）社員のエンゲージメントが高まる
パーパスを策定することで社員は働く意義を見出し、「自分たちは社会の役に立っている」という誇りを持って業務に取り組めるようになる。

　このように、パーパス経営では、企業の存在意義に共感した様々なステークホルダーとの"パーパスチェーン"が形成され持続可能社会の構築に寄与することが期待される。

　2点目は、経営戦略や事業戦略の立案・施策・実施について、以下の3要素を考慮すべきという点である。

要素1：顧客（個客[11]）・社会中心
要素2：顧客（個客）・社会との継続的な関係構築
要素3：データドリブン

　ここからは、サブスクリプション[12] モデルを通して、その理由について説明
しよう。

　サブスクリプションとは、一定期間利用できる権利に対して料金を請求するビ
ジネスモデルであり、表1.1に示した中で、"顧客価値の変化"に対応したもので
ある。サブスクリプション型の音楽配信サービス（Apple Music など）は最も
馴染みのある例であり、一定期間の利用料を支払うと、その期間はサービスに登
録されている音楽が聴き放題になるビジネスモデルである。映画作品などを配信
する有料動画サービスでも、月額料金を支払うことで登録されている映像コンテ
ンツが見放題となるサブスクリプション型が一般的になってきている（ネットフ
リックスなど）。サブスクリプションという仕組みを通して、企業は次々に新し
いサービスを提供し続けることで顧客との継続的な関係を構築でき、安定的な収
益の獲得が見込めるというメリットがある。さらに、企業は顧客の鑑賞する音
楽・映像のタイトル、歌手、ジャンルなど、様々なデータから AI（人工知能）
を活用して顧客の嗜好に合わせた独創的なサービスの提供ができるようになり、
顧客満足の向上につなげている。その結果、顧客との関係維持の強化や新たな契
約拡大といった好循環のビジネスが期待できるのである。サブスクリプションは、
"製品を顧客に売って終わり"という単純なものではなく、継続的な関係を通し
て得られるデータを分析・活用することでサービス内容を常に進化させ（永遠の
β版）、複数のサービスからの選択や組み合わせによる"パッケージ化"を可能
とし、様々な"機能のサービス化"による個々人への差別化された価値を提供す
るビジネスモデルであるといえる。

　以上見てきたように、サブスクリプションモデルは、①顧客中心、②顧客との
継続的な関係構築、③データドリブンが起点になっていることがわかる。昨今で
は、車、家電、洋服、バック、玩具、ソフトウェアなどあらゆる製品がサブスク
リプションの対象となっており、VUCA の時代における代表的なビジネスモデル
の１つといえよう。

ディスカッション：企業のパーパス
　自身が興味のある企業を取り上げ、パーパス、ビジョン、ミッション、バリュ
ーを整理してその違いについて理解を深めてみよう。

1－2　VUCA の時代のオペレーションズマネジメント

オペレーションズマネジメントの対象領域

　オペレーションに関する定義は様々あるが、本章では"ヒト、モノ、カネ、情報"といった経営資源を投入し、顧客が求める製品、サービス、ソリューションへと変換し、継続的な関係を維持するための価値提供に係る"業務連鎖"、あるいは"プロセス"と定義する。オペレーションの具体的な内容としては、

(O-1) 顧客の顕在化しているニーズのみならず、潜在的な欲求を探り出し、顧客との関係性を構築するためのマーケティングに関連した CRM（Customer Relationship Management）のオペレーション

(O-2) それを具現化するために必要な研究開発、企画、設計、技術といったエンジニアリングチェーンのオペレーション

(O-3) 顧客に製品やサービスを供給するための調達、生産、物流、在庫、販売といった SCM（Supply Chain Management）のオペレーション

(O-4) そして、経理、人事、IT インフラの管理スタッフといった間接的なオペレーション

などが挙げられる。オペレーションは、企業が掲げる戦略・方針・目標に準じて、(O-1)～(O-4) の各機能に関する業務知識、情報、経験を基礎とし、企業内のあらゆる組織や他企業との連携を図ることで経営に対する責任を果たすことが役割となる。

　オペレーションズマネジメントは、意思決定された戦略目標に従い、求められる成果を実現するためのオペレーションを設計、実行、管理することである。VUCA の時代においてオペレーションを確実に実行するためには、ダイナミックに変化する経営戦略や事業戦略に適応できる IT 技術と組織能力が求められる。

　さて、VUCA の時代におけるオペレーション設計に必要な IT 技術としてどのようなものがあるだろうか。ここでは、"つながる"、"代替する"、"創造する"といった 3 つの役割を果たすうえで重要なものとして、IoT、AI、DX の 3 つを取り上げたい。それらの用語について、簡単に示しておくことにしよう。

① IoT（Internet of Things）

モノのインターネットと呼ばれる。従来のパソコンやサーバだけでなく、あらゆるモノをインターネット（あるいはネットワーク）に接続する技術である。すでに導入が進んでいる IoT 機器の具体例として、スマート家電、自動車、産業用ロボットなどがある。IoT 機器は、とりつけたセンサーからデータを集めたり、遠隔で機械を操作したりするために用いられる。

② AI（Artificial Intelligence）

人工知能。ビッグデータ（BD）を用いてコンピュータに学習させ、分類、予測、制御、最適化などを行うことを目的に利用される。

③ DX（Digital Transformation）

企業が AI、IoT、ビッグデータなどのデジタル技術を用いて、業務プロセスの改善や新たなビジネスモデルの変革を実現させるものである。DX 推進は、あらゆる企業にとって変化の激しい時代の中で、価値創造を行って市場における競争優位性を維持し続けるための重要な技術である。

　小野塚氏は、DX の進化を DX1.0〜DX4.0の４段階に区別している[13]。

【DX1.0：デジタイゼーション（Digitization）】
デジタル技術を活用することでビジネスプロセスをデジタル化すること。業務の効率化や生産性向上などにより収益性を強化する。

【DX2.0：デジタライゼーション（Digitalization）】
デジタル化を通じてビジネスモデルを変革すること。収益を得るための方法や差別的優位性の源泉などを変えることで競争力を高める。

【DX3.0：コーポレートトランスフォーメーション（Corporate Transformation）】
企業としてのアイデンティを進化させること。目指す姿やその実現に向けた戦略を再構築し、提供価値を大きくする。

【DX4.0：インダストリアルトランスフォーメーション（Industrial Transformation）】
社会活動や経済活動に革新が求められること。業界全体のメカニズムが再構築さ

れることで社会／経済の豊かさや快適さが向上する。

　日本企業のDX化は遅れているとの評価が一般的であるが、COVID-19によりデジタル化の必要性が強く認識され、今後急速に導入が進んでいくことが期待される。

内なるリスクから進化したオペレーション

　それではここから、表1.1に示した様々なリスクの中から主要なものを取り上げて、VUCAの時代におけるオペレーションについて見ていくことにしよう。

　まず、作れば売れる時代、すなわち需要が供給を上回るという供給側優位の経営環境下においては内なるリスクにいかに対応するかが課題であり、"QCDS"の改善活動が行われた。

　　Q（Quality：品質）→高品質

　　C（Cost：コスト）→低価格、利益最大化

　　D（Delivery：納期・数量）→スピードの向上

　　S（Safety：安全・安心）→事故削減

1960年代以降の日本では、顧客ニーズの多様化による多品種化や製品ライフサイクルの短縮に起因する需要変動といった外からのリスクとともに、それに起因して生ずる小ロット化、段取り替え（生産ラインに流す製品に合わせて、加工機や治具・装置の設定を変更する作業のこと）の増加、さらには故障や品質不良等の内なるリスクが同時に発生するようになった。これに対応するために、JIT（Just In Time）、これに自働化を加えたトヨタ生産方式（TPS：Toyota Production System）、TQC（Total Quality Control）、TQM（Total Quality Management）、TPM（Total Productive Maintenance）といった考え方をベースとしたQCDSに関わるリスクを取り除くオペレーション改善が活発に行われてきた。

　これらの詳細は8章で解説するが、PDCA（Plan-Do-Check-Action）のマネジメントサイクルをまわす日本的な組織的かつ継続的な改善（Kaizen）活動が功を奏し、日本企業の強みとして企業内に多くの知識、技術が蓄積された。

　これらの項目に加えて昨今では、"環境"のE（Environment）や持続可能社会の実現という観点から"社会"のS（Social）を加えた"QCDESS"の同時実現が強く求められるようになり、その実現手段として、先に述べたIoT、AI、

DX の活用が必須となっているのである。

　つづいて、DX を中心に VUCA の時代におけるオペレーションの効率化や高付加価値化について見てみよう。

　日本社会では、少子高齢化や労働者不足が深刻な問題となっている。この問題に対応するためには、人間を介さずに遂行可能な業務は、IT を活用したオペレーションの標準化や自動化による効率化を図ることが有効である。DX1.0 のレベルで考えれば、間接業務のオペレーションに対して、ペーパレス化や RPA（Robotics Process Automation）の導入を行うことが考えられる。また、工場、物流センター内の作業をロボットで代替する、ドライバー不足解消のために近い将来自動運転が可能な社会の実現を目指すといったことなどが挙げられる。

　DX1.0の事例として、ダイナミックプライシング（Dynamic Pricing）を取り上げよう。

　ダイナミックプライシングは変動料金制と呼ばれ、商品やサービスの需要に応じて価格を変動させる仕組みである。例えば、旅行にはオンシーズン（繁忙期）とオフシーズン（閑散期）があり、ホテル代や航空料金などが時期によって違うことは皆さんも経験しているはずである。

　昨今では、このような考え方をビジネスの様々な領域で取り入れて、需給バランスを図り、経済、環境、社会的価値を高める試みが行われている。例えば小売では、電子タグからの情報で賞味期限が近い商品を特定し、過去に蓄積された顧客動向等のビッグデータから最適な価格を AI によって決定し、瞬時に価格変更を行って購買行動をコントロールすることが試みられている。

　ただし、これを実行するためには、人間が手書きの値札を書き換えていくオペレーションプロセスでは限界があり、ある程度の投資を行って電子値札などを導入することが必要となる。さらに一歩進めて、価格変更情報が顧客と SNS 等を通して共有されれば、より効率的かつ効果的に食品ロス削減につながることが期待できる。つまり、ダイナミックプライシングは、企業の利益のためだけではなく、環境負荷の低減といった社会課題の解決に役立つ仕組みであるといえよう。

◇◇◇◇◇◇◇◇◇◇◇◇◇◇◇◆ 事例　建機メーカーの DX ◆◇◇◇◇◇◇◇◇◇

　それでは次に、IoT を活用した DX 事例として有名な建設機器メーカーの小松製作所（コマツ）が開発したコムトラックスについて見てみよう。コムトラックスは、建設機械の情報を遠隔で確認するためのシステムであり、1998年に独自

開発された。世界中で稼働するコマツの建設機械に GPS や通信システムなどを搭載し、建設機械の位置情報や稼働状況をサーバに送信して集約し、収集したデータから建機の現在位置・稼働時間や稼働状況・燃料残量・故障情報などがわかる仕組みとなっている（見える化、可視化）。コムトラックスはコマツの建機に標準装備されており、建機のモニタリングやエンジンを止めるなどの遠隔制御も可能である。さらに、送信される建機からのデータは無償で顧客に共有されている。このような一連のオペレーションによる提供価値は何であろうか。以下に簡単に示しておこう。

① 稼働状況や各部品の前回交換日という情報を AI で分析することで、次の交換時期を高い精度で予測できるようになる。そのため、故障による作業中断を未然に防ぐことができ、仮に故障したとして、部品交換中や故障で使えない状況を最小限に留め、機器の稼働率の低下を防ぐことができる。つまり、レジリエンシー（回復力）が高いオペレーションが構築されているのである。

　また、建機の利用データからどのように使えば故障が減らせるかがわかり、顧客に故障防止のアドバイスといったサービスも提供可能となっている。ここでの重要な視点は、機器から得られたデータを分析し、"未来情報" として共有することで安定的なサービスを提供する付加価値の高いオペレーションが構築され、それによって高いユーザーエクスペリエンス（UX）が得られていることである。

② コムトラックスの情報は建機の部品生産企業と共有されているため、コマツから注文が入る時期を見越して部品の生産を始めることができ、納入リードタイムの短縮が可能となる。ここでもサプライヤーと未来情報を共有することでオペレーションが最適化されている。

③ 世界中のコマツ建機の稼働データから、どの地域でどのくらい工事が行われているかがわかり、グローバルサプライチェーンの観点から、過剰生産による不要不急の在庫を抱えたり、増加する需要に生産が追いつかなかったりという状況を防げる。

　この事例では、前節で説明した顧客中心、顧客との継続的な関係構築、データドリブンといった戦略マネジメントで考慮すべき点が盛り込まれ、オペレーション設計の手段として、IoT、AI、BD（Big Data）、DX が最大限活用され顧客に対して価値提供が行われている。

◇◇◇◇◇◇◇◇◇◇◇◇◇ **事例　社会課題に立ち向かうコールドチェーン** ◇◇◇◇◇◇◇◇◇

　つづいて、社会課題の解決にこの先重要な役割を果たすと考えられる "コールドチェーン" について取り上げておこう。

　生鮮食品や工業品、医薬品を定温・冷蔵・冷凍で流通する仕組みがコールドチェーンである。出荷から納品までのすべての段階で温度管理が必要となるため、コールドチェーンの構築は難しいとされている。特に夏場は環境温度が上昇してしまうため、定温・冷蔵・冷凍状態の維持が難しく、コールドチェーンが断絶すると荷物の品質が劣化し、ロス率も上昇する。したがって、"フードロス" の増加を招くことにもつながる。

　郵船ロジスティクス株式会社は、社会課題を解決して他社との差別化を図ることを至上命題としており、オープンイノベーションを掲げて他社の技術を積極的に採用している。

　例えば、大日本印刷株式会社（DNP）独自のハイバリアフィルムを使った真空断熱パネルを応用した「DNP 多機能断熱ボックス」[14] の採用が挙げられる。断熱ボックスは水や空気を遮断するハイバリアフィルムを使った真空断熱パネルをボックス形状にしたもので、高い断熱性能を実現している。輸送時の電源が不要で保冷剤やドライアイス、蓄熱材を使って荷物の温度を長時間一定に保てるのが特長である。温度管理を必要とする荷物を断熱ボックスに入れて運べば、真夏の環境下での積み替え時や冷凍・冷蔵機能を持たない常温車を利用した輸送でもコールドチェーンが維持できる。

　また、国内配送への断熱ボックスの採用も視野に入れている。通常、低温の輸送には保冷コンテナや保冷トラックを使用するが、断熱ボックスを使えば保冷が必要な100kg 程度の少量荷物を常温車に混載して低温輸送できる。そのため、保冷車の手配が不要となり積載率の向上、さらにはドライバー不足の解消につながることが期待される。また、断熱ボックスは繰り返し使用できるため、環境にも優しいという特長がある。冷凍・冷蔵に対応した食品関係の低温物流は、生活様式の変化や新型コロナウイルスの影響による巣ごもり需要の増加、食品ロスの削減、環境負荷の削減といった様々な社会問題を解決するための重要なオペレーションとなっている。

　このようなコールドチェーンのオペレーション構築には、生産・加工、流通、消費、すべての過程において温度管理が必要になるため、多額の整備コストが必要となる。大規模な冷凍・冷蔵倉庫が必要になることも多いため、コールドチェ

ーンに参加するプレイヤーが社会課題に対して協力して解決するという姿勢が求められる。一方で、仮に社会課題を解決するビジネスモデルが構築できたとしても収益性が担保できなければ持続できないため、コストを上回る環境、社会への貢献といった価値提供ができていることが事業継続に重要な点である。

◇◇◇

ビジネスを高速で見直す OODA ループ

　ここまで見てきた事例からわかることは、VUCA の時代におけるオペレーションズマネジメントでは、変化する経営環境にアジャイルに対応することによって戦略とオペレーションを同期させ、常にビジネスモデルを見直していく中で社会課題を解決し得る価値提供ができているかを検証することが重要であるということである。また、事業が中断しても迅速に回復できるレジリエンシー能力が構築できているかも重要な点になる。

　本節の最後として、ビジネスモデルを高速に見直していく OODA（ウーダ）という考え方を取り上げておこう。OODA とは、「Observe（観察）」、「Orient（状況判断、方向付け）」、「Decide（意思決定）」、「Act（実行）」の頭文字を取った造語であり、具体的には以下の内容を指す。

① Observe（観察）

　急な変更が日常化している経営環境下では、変化を迅速に認識することが重要である。計画や前例に固執せず、状況を観察して情報を収集しなければならない。観察は次のステップのインプットとなる。

② Orient（状況判断、方向付け）

　収集したデータに基づき、今までの経験や知識、AI などを駆使して状況を判断する。そして、情報を精査して動くべき順序や成功につながる手段、方向性などを見極める。

③ Decide（意思決定）

　前のプロセスで選択した手段や順序を整理し、どの計画を実行するかを決定する。

④ Act（実行）

　決定した計画を実行する。

　なお、OODA は、起業や新規事業の立ち上げ、変化が激しい経営環境など、

図1.3　ビジネスモデルキャンバスとリーンキャンバス

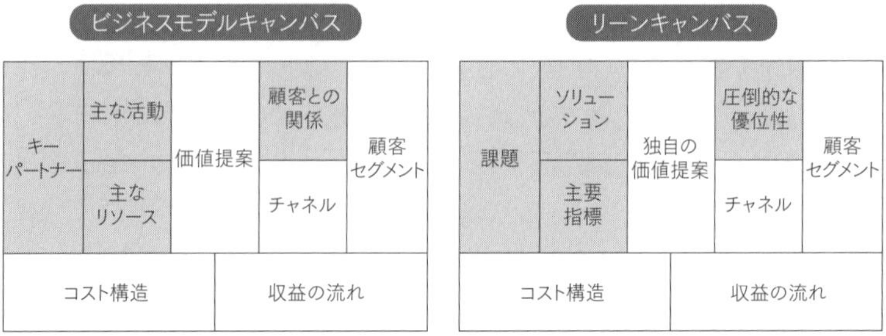

出所）NIJIBOX BLOG「リーンキャンバスとは？ビジネスモデルキャンバスとの違いや要素をやさ
しく解説（テンプレートDL可能）」(https://blog.nijibox.jp/article/whats_leancanvas/)

先の見通しが立て難い状況で役立つことが知られているが、中長期的な改善やフ
レームワークができあがった定型作業には向いていないため、業務改善や中長期
的な改善が目的の場合には、結果を確認しながら試行錯誤するPDCAの方が適
していると考えられている。

1－3　戦略とオペレーションをつなぐビジネスモデルキャンバス／リーンキャンバス

ビジネスモデルキャンバスとリーンキャンバス

　ここまで説明してきたとおり、戦略とオペレーションは表裏一体の関係にある。
その関係を俯瞰するために有効なフレームワークがビジネスモデルキャンバ
ス[15]／リーンキャンバスである（図1.3）。
　ビジネスモデルキャンバスとは、事業がビジネス価値を生み出す構造を、9つ
の軸で可視化するツールだ。図1.3のとおり、左上が事業活動を推進するための
リソースやパートナー企業、右上が顧客やその接点、下段がファイナンス関連の
軸で配置され、中央に企業の価値提案を記載する。それぞれに強みや課題を書き
込んでいくことで、より大きな付加価値を生み出すことを考えていくためのもの
だ。
　ビジネスモデルキャンバスが既存事業、リーンキャンバスが新規事業に用いら
れるという使い分けがあるが、既存事業領域の中に新規事業的側面を持つものが
あり、そこにリーンキャンバスを使うこともあるため、的確に選定することが重
要である。VUCAの時代においては、既存事業の発展のみならず新規事業を構

築していくことがより求められるため、ここからはリーンキャンバスを取り上げて説明する。なお、ビジネスモデルキャンバスとリーンキャンバスの項目の相違は、灰色の部分である。

　リーンキャンバスとは、『Runnig Lean（ランニング・リーン）』[16] の著者で起業家のアッシュ・マウリャ氏によって提唱されたものであり、1枚のシートでビジネスモデルを俯瞰するためのフレームワークである。新事業を成功に導くためには、顧客の声を聞きながらビジネスを高速で軌道修正する必要があるため、リーンキャンバスはビジネスモデルキャンバスを改変し、スタートアップ企業や新規事業向けに最適化されたものである。

　リーンキャンバスの9つの項目について、どこから記述するかといった明確なルールはないが、ここでは、戦略マネジメントの節で説明したパーパス経営の観点から考えて、課題を出発点としたい。企業は何のために存在するのか、どのような社会課題を解決するのかといった視点を重視するからである。

　以下に、各項目に関して簡単に説明をしておこう。

① 課題：自社が解決しようと考えている顧客の課題、社会課題を記載する。

② 顧客セグメント：企業のパーパスに共感する層が重要なターゲットとなり、アーリーアダプター（情報感度が高く、日常的かつ積極的に課題に対する代替案を探している人）として重要な役割を果たすことになる。その情報に基づいて、ペルソナ（仮想的な人物像）の設定も可能となる。

③ 独自の価値提案：自社の提供する製品やサービスが他社とどのような点で違うかを明確に示す。ここでは、企業と顧客との共創も重要な要素となる。

④ ソリューション：課題の解決方法を記載する。解決方法は様々なものが考えられるため、仮説・検証を繰り返すことが必要である。

⑤ チャネル：チャネルとは、顧客と自社が接点を持つための経路を表す。スタートアップではチャネル形成は十分にできていないことが多いため、顧客と直接対話できる方法（ソーシャルネットワーク、趣味を同一にするコミュニティなど）を考えることが有効である。

⑥ 収益の流れ：「単価」、「人数」、「顧客1人当たりの利益の累積」、「粗利益」などをシミュレーションできることが望ましい。

⑦ コスト構造：実際に製品やサービスを市場に投入するために必要となる費用の金額（顧客獲得費用、流通費用、サーバの管理費用、人件費など）を記載

する。

⑧ 主要指標：スタートアップが PMF（Product Market Fit：顧客の課題を満足させる製品やサービスを提供し、それが適切な市場に受け入れられている状態）に到達するために計測すべき定量的指標（KPI：Key Performance Indicator）を想定し記載する。PMF 達成前のスタートアップにとって特に重要な KPI は、自社の製品やサービスに触れた顧客が実際に利用する割合（アクティベーション）と、再利用する割合（リテンション）であると考えられている。

⑨ 圧倒的な優位性：競合に対して、製品以外の分野で自社が圧倒的に優位であると考えられる箇所を記載する（顧客情報、専門家の支持、人脈ネットワークなど）。

🚚📊 **コラム　BPR と EPR**

　戦略の変更をふまえ、オペレーションも見直していくことが重要です。これに関連する 2 つの概念を紹介します。

　BPR は Business Process Re-engineering の略であり、1993年にマイケル・ハマーとジェームス・チャンピーの共著として発表された『リエンジニアリング革命』[17] によって世界的に有名になりました。BPR はプロセスそのものに問題があることを前提として、現状の業務全体を抜本的に再構築することを指し、生産性向上、コスト削減、顧客と従業員の満足度アップを実現することが目的となります。

　一方、EPR は、Education Process Re-engineering の略で、教育プロセスの再構築という意味です。VUCA の時代を勝ち抜くビジネスパーソンになるためには、膨大な経営に関する知識が必要となりますが、それらすべてを習得するには時間がかかり、また得られた知識の関連性理解も容易ではありません。そのため、個々人が持続可能な社会を実現するうえで解決すべき具体的な社会課題を持ち、その課題解決に必要な知識や技術を「都度学習」していくプロセスが有効ではないかと感じています。

　これはプログラム言語のマニュアルを最初からすべて読んでいく学習方法ではなく、最低限の知識を身につけたうえで、自身が抱えるシステム構築に必要な技術を学ぶプロセスに似ています。BPR が顧客にとって無駄なプロ

セスを排除することに特徴があるように、EPR は経営環境の変化が激しく、かつ限られた時間の中で、学習者にとって最大限効果のある教育プロセスを構築することにあります。本章の最後に社会課題を考えるうえでヒントとなる体系図（図1.5）を示しておくので、ぜひ参考にしてください。

戦略、オペレーションとお金の関係

ここまで、リーンキャンバスを作成するための流れを説明してきたが、いくら革新的なビジネスモデルが構想されたとしても、利益が確保できなければビジネスとして成立しないことは言うまでもない。これは、既存ビジネスを対象に用いられるビジネスモデルキャンバスでも同じである。そこで、⑥、⑦に関して、最低限押さえておくべき財務、管理会計的側面について触れておくことにしたい。

リーンキャンバスにおける収益の流れとコスト構造が意味することは、第一義には損益計算書における売上高から売上原価と販売管理費および一般費を差し引いた営業利益（本業の利益）を創出するビジネスモデルになっているかを検証すべき点であると示していることにある。

しかし、もっと深く意味を掘り下げるならば、VUCA の時代には予測不能の事態が起こる可能性が大きいので、収益が下振れした際にも黒字化を達成できるように損益分岐点売上高[18]を極力低く抑えるようなビジネスモデルを描いておく必要性を意味している。そのためには、限界利益率[19]を高めつつ、固定費を抑制することも重要である。

さらには、VUCA の時代には投資に対する早期回収が求められる。なぜならば、事業のライフサイクルは益々短命化しており、黎明期から成長期を経て、成熟期に収益を回収することを意図しても、競争激化や思わぬ競争相手に遭遇し、いつ衰退期に追い込まれるかがわからないからである。そのためには総資産利益率 ROA（Return On Assets）や自己資本利益率 ROE（Return On Equity）を視野に入れ、スケール可能なビジネスモデルを描くことが重要になる。ここで注意すべきは、新規事業開発の初期に営業利益を追求するために過度な投資を抑制することが Small Business につながる可能性が高いという点である。スタートアップと呼ばれる急成長企業は、助成金や Equity（株式によって調達した資金）[20]を活用しつつ投資を加速し、一気に死の谷（開発段階と製品化の間の巨額の資金が必要になるフェーズ）を越える戦略を選択するという点は念頭に置いておくべきである。

図1.4　ROA、ROE、BEP の基本構造

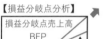

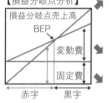

●総資産利益率：ROA（Return On Assets）
　ROA ＝ 経常利益 ÷ 総資産
　　　　＝（経常利益 / 売上高）×（売上高 / 総資産）
　　　　＝ 売上高経常利益率 × 総資産回転率

●自己資本利益率：ROE（Return On Equity）
　ROE ＝ 当期純利益÷自己資本（純資産）
　　　　＝（当期純利益 / 売上高）×（売上高 / 総資産）×（総資産 / 自己資本）
　　　　＝ 売上高純利益率 × 総資産回転率 × 財務レバレッジ

●損益分岐点：BEP（Break Even Point）
　BEP ＝ 固定費 ÷ 限界利益率
　　　　　　※限界利益率＝（売上高－変動費）/ 売上高

　図1.4に ROA、ROE、BEP（Break Even Point：損益分岐点）の基本構造についてまとめておこう。

　本章の最後に、誰もが知っているトヨタ自動車を取り上げて、持続可能な社会の構築に向けて、この VUCA の時代にどのような取り組みを行っているか見てみよう。

◇◇◇◇◇◇◇◇ **事例　トヨタが目指す持続可能な戦略とオペレーション** ◇◇◇◇◇◇◇◇

　トヨタ自動車は2050年に向けての「環境チャレンジ2050」[21]を宣言し、具体的に成し遂げるべき 6 つの環境チャレンジを掲げて、人とクルマと自然が共生する持続可能な社会を目指している。6 つの環境チャレンジとは、（C‐1）新車 CO_2 ゼロチャレンジ、（C‐2）ライフサイクル CO_2 ゼロチャレンジ、（C‐3）工場 CO_2 ゼロチャレンジ、（C‐4）水環境インパクト最小化チャレンジ、（C‐5）循環型社会・システム構築チャレンジ、（C‐6）人と自然が共生する

未来づくりへのチャレンジ、である。

　この取り組みは、気候変動、水不足、資源枯渇、生物多様性の損失といった地球環境の問題に対し、①クルマの持つマイナス要因を限りなくゼロに近づける（C‐1、2、3）ことと、②社会にプラスをもたらす（C‐4、5、6）ことを目指すものである。

　（C‐1、2、3）は、従来の自動車製造においてCO_2排出をゼロにする取り組みである。これらの取り組みは、ガソリン車だけでなくハイブリッド車、電気自動車、水素自動車といった動力駆動が異なる様々なタイプの自動車を製造することで、既存事業内における多様な製品ポートフォリオを設定しているものといえる。そのため、これまでの自動車製造で培ってきたオペレーションの技術や知識が生かされるであろう。しかし、この戦略においては、ガソリン車を前提として構築されてきたサプライヤーとの強固なサプライチェーン構造が変化するため、新たなサプライヤーとの関係性を模索しなければならない。エンジニアリングチェーン、サプライチェーンのオペレーションが大きく変化し、組織再編といったことも必要になってくる。そして、サプライヤーからすれば、これまでの安定的な取引関係が終了する可能性が生じ、事業そのものを継続できなくなるという危機にさらされることも見逃せない点である。

　一方、（C‐4、5、6）においては、循環型社会・システム構築チャレンジ[22]や、静岡県裾野市で展開されているウーブンシティ[23]といった未来都市構想などのように、自動車を製造する既存事業だけでなく、トヨタは新規事業への進出を積極的に展開しているのである。すなわち、トヨタ自動車はもはや車を作って売る会社ではなく、より良い社会システムの構築を目指して、クルマ、水、エネルギーといった社会インフラを売る企業へと変革を遂げている成長過程と見ることができるのではないだろうか。

　この事例からわかることは、予測困難な VUCA の時代にあってもある程度将来を予測し、先んじて行動に移すことが重要であるということであり、この事例は経営リスクと競争力の項で示した要件 1 ～ 5 の視点に基づいた取り組みであるといえよう。

　それではここで、本章の締めくくりとして図1.5を示しておこう。

　本章では持続可能な社会を構築するうえで、経済、環境、社会的価値の同時実現が重要であることを指摘した。図1.5は、それらの諸課題がどのように関連し

図1.5　経済・環境・社会問題の関連図

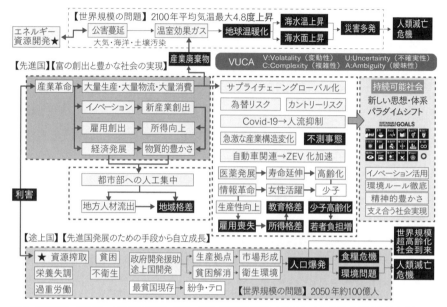

出所）加藤英司・竹田賢・大崎恒次「社会・経済・環境の諸問題を解決するための新たな体系「持続可能主義」に関
　する研究──「TRIZ」を原点とする「未来創造戦略の思考法」の観点から」『青山経営論集』第57巻、第2号、
　2022年9月

ているのかをまとめ、体系的に図示したものである。非常に広範にわたる項目が
含まれているが、ここに示されたことへの理解がなければ、社会課題の抜本的な
解決策には至らないともいえる。次章以降では、この体系図のどこかに関連した
様々な企業の取り組みが説明されている。それらを理解したうえで、図に示され
た各項目について読者の皆さんが深く洞察し、新しい未来像を描き、より豊かな
社会を構築する一役を担ってくれることを願ってやまない。

ディスカッション：リーンキャンバスで戦略とオペレーションを可視化する
　興味のある企業を取り上げ、本章で紹介したリーンキャンバスでその企業の経
営戦略とオペレーションを整理し、未来の競争力について話し合ってみよう。

1章のポイント

➤ 企業は地球も含めた社会の持続可能性を考慮した活動を行い、パーパスとして「何のために存在するのか」を明確にすることが求められている

➤ VUCA な環境下では、市場・顧客を観察し、自社の置かれた状況を的確に判断し、アクションを迅速に意思決定して、確実に実行していくという OODA の考え方で臨機応変に戦略を見直していくことが競争力を生む

➤ 経営戦略とオペレーションの整合を確認するために、例えばビジネスモデルキャンバスの活用が有効であり、ROE や BEP などの指標で活動を評価することが重要になる

1章の内容をより深く学ぶために

伊吹英子・古西幸登（2022）『ケースでわかる 実践パーパス経営』日経 BP。

株式会社クニエ SCM チーム『ダイナミック・サプライチェーン・マネジメント――レジリエンスとサステナビリティーを実現する新時代の SCM』日経 BP。

田瀬和夫・SDG パートナーズ（2022）『SDGs 思考 社会共創編――価値転換のその先へプラスサム資本主義を目指す世界』インプレス。

湊宣明（2022）『新しい〈ビジネスデザイン〉の教科書――新規事業の着想から実現まで』講談社。

注

1）国立社会保障・人口問題研究所（https://www.ipss.go.jp/）。

2）総務省 統計局「世界の統計2023」（https://www.stat.go.jp/data/sekai/0116.html）。

3）国連広報センター「国連環境計画（UNEP）」（https://www.unic.or.jp/info/un/unsystem/other_bodies/unep/）。

4）圓川隆夫編著（2015）『戦略的 SCM――新しい日本型グローバルサプライチェーンマネジメントに向けて』日科技連出版社。

5）ローランドベルガー「【視点100号】VUCA ワールドを勝ち抜くために経営者は何をするべきか？」2014年9月1日（https://rolandberger.tokyo/rolandberger-asset/uploads/2018/04/Roland_Berger_Shiten100_20140930.pdf）。

6）経済産業省 中小企業庁「アンゾフの成長マトリクス」（https://mirasapo-plus.go.jp/hint/15043/）。

7）ジェフリー・G・パーカー、マーシャル・W・ヴァン・アルスタイン、サンジート・ポール・チョーダリー（2018）『プラットフォーム・レボリューション――未知の巨大なライバル

との競争に勝つために』妹尾堅一郎監訳、渡部典子訳、ダイヤモンド社。

8）企業の展開する複数の製品・事業の組み合わせと位置づけを分析し、全社レベルで最適な経営資源配分を判断する経営手法。野村総合研究所（NRI）「用語解説 プロダクト・ポートフォリオ・マネジメント（PPM）」（https://www.nri.com/jp/knowledge/glossary/lst/ha/ppm）より。

9）マイケル・E・ポーター（2018）『[新版] 競争戦略論Ⅰ・Ⅱ』竹内弘高監訳、DIAMONDハーバード・ビジネス・レビュー編集部訳、ダイヤモンド社。

10）X世代は1965年（昭和40年）〜1980年（昭和55年）生まれでアナログからデジタルへの移行、特にテレビの普及を経験、Y世代は1981年（昭和56年）〜1995年（平成7年）生まれで、若年でデジタル化を経験したデジタルネイティブ世代、Z世代は1996年（平成8年）〜2015年（平成27年）生まれで子供時代からスマホやSNSを使いこなした。生活環境の変化によって変貌する、物事の考え方の違いで世代を区別している。

11）one to oneマーケティングの文脈において、顧客一人ひとりへの対応を重視することを意識して、「顧」客と使い分けることがある。

12）国民生活センター「ウェブ版 国民生活」No.81、2019年4月号（https://www.kokusen.go.jp/pdf_dl/wko/wko-201904.pdf）。

13）小野塚征志（2022）『DXビジネスモデル 80事例に学ぶ利益を生み出す攻めの戦略』インプレス。

14）DNP 大日本印刷「DNP多機能断熱ボックス」（https://www.dnp.co.jp/biz/solution/products/detail/1188731_1567.html）。

15）アレックス・オスターワルダー、イヴ・ピニュール（2012）『ビジネスモデル・ジェネレーション──ビジネスモデル設計書』小山龍介訳、翔泳社。

16）アッシュ・マウリャ（2012）『Running Lean──実践リーンスタートアップ』角征典訳、渡辺千賀解説、エリック・リースシリーズエディタ、オライリー・ジャパン。

17）マイケル・ハマー、ジム・チャンピー（2002）『リエンジニアリング革命──企業を根本から変える業務革新』野中郁次郎監訳、日経ビジネス人文庫。

18）売上高から固定費と変動費という2種類の費用を引いた利益が0になる売上高。売上高から変動費を引いた限界利益を売上高で割ったものを限界利益率と呼ぶが、固定費をこの限界利益率で割ることで、損益分岐点（売上高）を算出することができる。西山茂（2019）『「専門家」以外の人のための決算書＆ファイナンスの教科書』東洋経済新報社より。

19）売上から変動費を引いたもので、変動費とは売上に応じて変化する費用のこと。施策の選択など、短期的な意思決定において重視する指標。西山茂（2019）『「専門家」以外の人のための決算書＆ファイナンスの教科書』東洋経済新報社より。

20）株主が出す資金。ROEの分母であり、自己資本とも呼ばれる。西山茂（2019）『「専門家」以外の人のための決算書＆ファイナンスの教科書』東洋経済新報社より。

21）週刊経団連タイムス「トヨタ環境チャレンジ2050」2020年11月5日、No.3474（https://www.keidanren.or.jp/journal/times/2020/1105_12.html）。

22）トヨタ自動車「資源循環」（https://global.toyota/jp/sustainability/esg/recycling/）。

23）"Toyota Woven City"（https://www.woven-city.global/）.

※いずれの URL も最終アクセス日は2023年4月10日。

2章

サプライチェーンデザイン再構築

橋本　雅隆

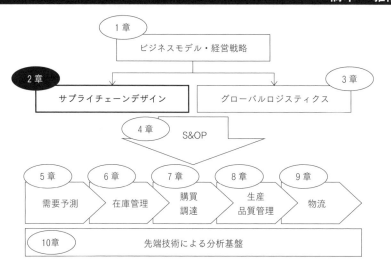

　本章では、不確実性の高い環境下でもリスクに強いオペレーションを実現するために、サプライチェーンの再構築について考えていきます。そのためにまずは、サプライチェーンのデザインがどのように各種コストに影響し、利益の創出において重要になるかを整理します。

　また、サプライチェーンの構造に限らず、販売、物流、生産、調達など、様々なオペレーションの設計から改めて考える、「デザインフォー・X（DF・X）」という考え方を紹介します。ビジネス環境の変化に合わせてオペレーションをデザインし直し続けることも重要であり、その1つのアプローチとして、モジュール・アーキテクチャという発想を学びましょう。

　さらにはリスクへの対応策として、4つの考え方を示します。実際のビジネス現場では、各業界、各社の状況をふまえて具体的に検討する必要がありますが、考えを整理し、提案をパワフルにするために、思考の軸となるフレームを知っておくとよいでしょう。

2－1　リスクに対応するロジスティクス

VUCA の時代におけるサプライチェーンの課題

　VUCA の時代に、調達から生産、物流を戦略的に遂行するロジスティクスはどのように対応すればよいだろうか。これまで、ビジネスのグローバル化により広域経済圏が形成される中で、企業は人件費をはじめとする安価な生産コストが可能な地域に拠点を集中化させて規模の利益を得るグローバル集中生産を進めてきた。それにより圧倒的な生産コストの低減をはかり、競争力を高めてきたのだが、反面、輸送距離の長いグローバルロジスティクスのプロセスに負担を強いてきた。コンテナ船のネットワークとハブ・アンド・スポーク体制[1]の航空貨物便のネットワークを活用して対応してきたが、2019年末以降のコロナ禍やサプライチェーンに対する地政学的なリスクの急拡大によってこうしたロジスティクスのコスト・リスクが急速に高まるに至って、これまでのグローバルロジスティクスのあり方が見直されるようになってきた。

　グローバルサプライチェーンのリスクをさらに増幅し、サプライチェーン分断の危機にまでリスクを拡大させた原因は、在庫を徹底的に抑制し、「ムダ」を排除するようなロジスティクス制御のあり方にもある。必要最小限の在庫で、正確な納品を要求するムダのないサプライチェーンコントロールは極めて緊密な固く張り詰めたロジスティクス・ネットワークを形成するため、コロナ禍のような想定外のリスクが発生すると強い打撃になり、容易に分断されて供給が止まってしまう事態に陥る。

　さらに、緊密なネットワークの一部に発生したインパクトは、瞬く間にネットワーク全体に波及し、ネットワークのあらゆる部分に影響を及ぼすとともに、それらが複雑に干渉しあって、想定外の事態を発生させる。それによる生産ラインや供給の停止による損失も想定外の大きさになることがある。

　VUCA の状況下でサプライチェーンに大きなダメージが発生するのは、この大きなハブ（広域集中生産拠点や物流拠点）を持つ緊密なネットワークに原因がある場合が少なくない。大きなハブを持つ緊密なネットワークは、その広域集約生産・物流拠点に何らかのトラブルが発生した場合や、それらの集約拠点につながる輸送ルートがストップすると、その影響が即座にネットワーク全体に波及する可能性が高い。こういったサプライチェーンは脆弱になり、場合によっては維

持すら損なわれる恐れがある。VUCAの状況は簡単には解消しないとすれば、サプライチェーンの構造と制御の方法を変えるほかない。このとき、サプライチェーン・ネットワークの構造とサプライチェーンの制御方法をどう変えるべきだろうか。

サプライチェーンデザインと利益の関係

　サプライチェーンの物理的な基盤は、「部品や原材料の調達先→製品生産工場→物流センター→顧客事業所」という川上から川下に至る拠点とこれらを結ぶ輸送網からなるモノの取り扱いに関わる物理的なロジスティクスのネットワークであり、これをロジスティクス・ネットワークと呼ぼう。一方、本章では特に「サプライチェーン」は、荷主の取引連鎖から見た（顧客サービスと投資利益の実現のための）全体制御の体系を指す。このロジスティクス・ネットワークをどのように構築するかは、どの顧客市場に、どの製品を、どこから部品や原材料を調達し、どこでどのように生産して、どのように届けるかを決めることから考えなければならない。

　我が国の製造業は、戦後の高度成長期には、海外から原材料やエネルギーを輸入し、国内で部品や完成品を生産するフルセット型の生産基盤を整えて、豊富な海外市場での販売機会を求めて輸出する加工貿易による経済成長を果たしてきた。しかし、輸出相手国による輸入規制の強化や国内需要の成長に限界が見え始めてきたこともあり、2000年頃から海外に生産拠点を展開するスピードを速めるようになった。このとき、我が国の製造業の競争力の根源でもあった、高品質でムダのない効率的な部品の納入体制の維持と、進出市場国による部品生産まで含む深いレベルの現地生産の推進措置に応ずる形で、次第にTier 1（一次請け）[2]から先の調達先も含めて海外に製造拠点を移すことになった。

　また、この時期は、経済のグローバル化の中で海外の広域経済統合も進んだことから、先に述べたとおり、コスト競争力を高めるべく海外の生産拠点の広域集約統合が進んだ。折しも物流面では、海上輸送や航空輸送においてハブとなる港湾や空港に貨物を集約して太いパイプで効率的な輸送を行うハブ・アンド・スポーク型のネットワークが形成された。こうした流れは、効率的で低コストの緊密なグローバルサプライチェーンの形成に貢献した。

　ところが、本章のはじめに述べた近年の自然災害の多発やコロナ禍、地政学的なリスクはこうした緊密なグローバルサプライチェーンのネットワークに大きな

図2.1　生産拠点の集中と分散の最適位置

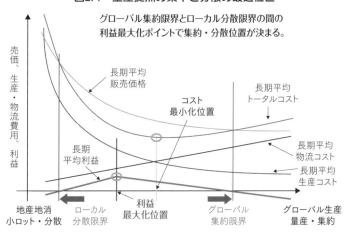

グローバル集約限界とローカル分散限界の間の
利益最大化ポイントで集約・分散位置が決まる。

打撃を与えた。生産・物流拠点や輸送網にダメージが加わり、コストとリスクが
増すと、サプライチェーンのネットワークはどのように変化するのか。

　図2.1は、生産拠点の集中と分散の最適位置を決める考え方を示している。横
軸は右へ行くほど生産拠点の集中度が高まり、左へ行くほど分散の度合いが高ま
る。縦軸は製品の単位当たりの売価、生産・物流費用、利益の金額を表す。ここ
で、長期平均生産コストは、生産拠点の集中が進むほど「規模の利益」が働くの
で、右肩下がりの曲線を描く。したがって、生産拠点の集中化が進むほど製品の
単位当たり生産コストは下がるが、生産拠点が分散化するほど生産コストは上が
る。

　一方、生産拠点から完成品を市場に届けるための長期平均物流コストは、生産
拠点のグローバル化が進むほど市場までの距離が長くなり、コストは上昇する。

　このように拠点の集中度によって生産コストと物流コストは逆の動きをするの
で二律背反の関係となる。このとき、長期平均生産コストと長期平均物流コスト
を合計した長期平均トータルコストが最も低い位置で生産拠点のグローバル集中
度（分散度）を決めればよいことになる。

　図のグローバル集約限界とは、生産拠点の集中により利益がプラスになる限界
の位置（長期平均利益曲線がマイナスになる点）である。また、ローカル分散限
界とは逆に、生産拠点の分散により利益がプラスになる限界の位置を示している。

　しかし、実際の企業はコスト最小化ではなく、利益の最大化を考えるのではな

図2.2　物流コスト・リスクが上昇した場合の最適な分散化の程度

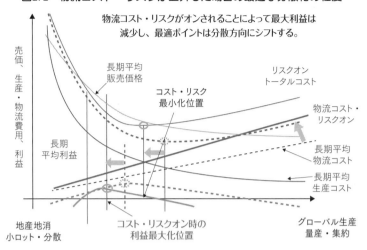

物流コスト・リスクがオンされることによって最大利益は
減少し、最適ポイントは分散方向にシフトする。

いだろうか。利益を求めるには、販売単価から製品単位当たりのトータルサプラ
イチェーンコストを差し引けばよい。販売単価は、通常、より市場に近いところ
で生産する場合には、当該市場にマッチした製品を生産できることから、分散化
した方が販売単価を引き上げることができるとすれば、「コスト最小化位置」よ
りも分散化の位置が「利益最大化位置」になるかもしれない。

　さて、ここで、サプライチェーンに何らかのトラブルが発生して、長期平均物
流コスト・リスク（図2.2の物流コスト・リスクオン）が上昇したとしよう。

　図2.2は、その場合の「コスト最小化」および「利益最大化」の生産拠点の最
適な集中度（分散度）を示している。この場合、物流の負担を軽減するために最
適な位置は、どちらも分散化の方向にシフトすることがわかる。つまり、サプラ
イチェーンに何らかのコスト上昇やリスクが発生した場合には、サプライチェー
ンのノード（物流拠点や生産拠点）となる拠点は分散化の方向にシフトする必要
があることがわかる。

　しかし、図2.2からわかることは、分散化によってコストやリスクは多少なり
とも吸収することができるかもしれないが、拠点分散化により拠点の運用効率が
低下し、規模の利益が失われることで利益水準が相当程度低下することが読み取
れる。拠点の分散化によってある程度のコスト上昇やリスクの吸収は可能でも企
業収益は悪化するので何らかの対策を打たねばならない。

ディスカッション：生産、物流コストが変化する要因

　以下のような事象が発生した場合、図2.1、図2.2の長期平均生産コストと長期平均物流コストの線はどのように変化するか、話し合ってみよう。
（1）働き方改革によってトラックドライバーの所定外労働時間が制約された場合。
（2）生産や物流の現場（物流センターや輸送の業務）にロボットが導入され、多くの業務が自動化された場合。

【ディスカッションを広げるヒント】
- 物流拠点の荷役コストが下がると、集中投資効果も勘案して再度、物流拠点の集約化が進む可能性。
- 物流拠点が集約化すると、全体の安全在庫は配送リードタイムの長期化と需要変動の分散の加法性効果で増加する可能性。
- 荷役自動機器を24時間稼働させれば稼働率は上がるが、着側の荷受け体制を24時間対応にできるか、また、そのための投資規模。

2－2　ネットワーク設計のためのデザイン・フォー・X

モジュラー・アーキテクチャ

　サプライチェーンを構成する生産拠点・物流拠点と輸送ネットワークにダメージを受けることによるリスクの発生とコストの上昇を緩和するための対策を考えるとき、その基本は、「モジュラー・アーキテクチャ」[3]をサプライチェーン全体のシステムに導入することである。

　モジュラー・アーキテクチャとは何か。まず、一般的にアーキテクチャは、「システムの設計思想」と訳されることがある。設計対象としてのシステムを、「複数の要素が互いに作用しあっている全体」と捉える。アーキテクチャは物理的な構造物の設計方法として発展してきた。ある製品を作るときに、部品の単位を決めてそれらをどのように組み合わせて完成品にするか。ここで、システムの要素である部品構造は相当に細かい単位で分割できるし、逆に極めて大きな括りで分割することもできる。

　そこで、その要素の内部の構造的要素の結びつきが強く、外部の要素間の結びつきが比較的弱いレベルで分割されたユニットの単位をモジュールという。この

結びつきの強さは程度問題であるので、様々なモジュール化のレベルがありうる。どのレベルを選択するのかは、アーキテクチャの有効性によって判断されるが、いずれにしろ、そのモジュール化のレベルと、それらのユニット間を結びつけるインターフェースの標準的ルールをオープンにするのがモジュラー・アーキテクチャである。

　製品でいえば、パソコンは典型的なモジュラー・アーキテクチャで設計されており、近年では EV 車もモジュラー・アーキテクチャが採用されつつある。モジュラー・アーキテクチャはどのようなシステムにも適用されうる設計思想であるから、情報アプリやインフラ、ビジネスモデルの設計にも適用することができる。

モジュラー・アーキテクチャでリスクの影響を小さくする

　サプライチェーンの基盤となるロジスティクス・ネットワークにダメージを受けることによるリスクの発生とコストの上昇を緩和するための対策として、モジュラー・アーキテクチャを適用した場合に、どのような効果が期待できるか考えてみよう。

　例えば、トラックドライバーが不足している我が国の物流において、貨物の小ロット化が進行し、トラックの積載効率が悪化している。このままの物流方式では将来的に相当な貨物が運べない恐れが指摘されている。このとき輸送能力の活用効率を引き上げるために、貨物を積みつけるパレットや貨物自体の荷姿を標準化し、モジュール化して段積みするなどでトラックの積載スペースを有効に活用することが可能になる。貨物のモジュール化により物流拠点における保管効率の引き上げや荷役作業の機械化が容易になることによる効率化も期待される。

　また、このような貨物のモジュール化に加え、利用可能な輸送能力と物流拠点の保管・荷役能力も貨物と整合的にモジュール化されていれば、これらの利用可能な物流キャパシティを情報開示し、輸送ニーズとデジタル情報によって効率的にマッチングできる可能性が高まる。パレットやコンテナなどの物流資材にRFID[4] 等の情報タグを装着し、効率的に運用することができれば、現在、企業ごと、業種ごとに形成されている物流ネットワークを相互に接続して共有できるようになるだろう。これが現在、世界で実現に向けて取り組みが進められているフィジカルインターネット（Physical Internet）[5] の構想である。商品マスターや事業所コードを標準化し、商取引と物流プロセスの情報連結を円滑に行えるよう物流ネットワーク間のインターフェースを標準化するモジュラー・アーキテク

図2.3　モジュール化した場合の最適な分散化の程度と利益水準

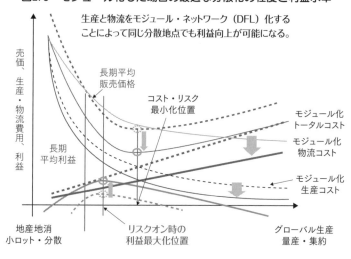

チャに他ならない。デジタル技術の活用がモジュラー・アーキテクチャの有効性の前提となっているのである。

　このような対策をとることにより、ロジスティクス・ネットワークの活用効率を上げるのみならず、災害等の発生時に物流拠点や輸送経路、輸送モードの代替手段の活用も容易にするので、こうしたリスクを緩和する効果もあり、ロジスティクス・ネットワークのサステナビリティ（持続可能性）の向上にも資する。

　ロジスティクス・ネットワークに対するモジュラー・アーキテクチャの適用により、先に説明した図2.2の長期平均物流コスト・リスクの上昇を引き下げることができるだろう。そうすれば、拠点を分散してもある程度の利益改善が見込まれることになる。

　さらに、製品構造にモジュラー・アーキテクチャを適用すれば生産拠点を分散化しても生産効率を維持することが可能になるかもしれない。原材料の共通化や部品ユニットの標準化を行い、それらの組み合わせを変えることによって異なるニーズに対応できるマスカスタマイゼーションを行うことで、生産規模の経済とニーズ適応による価値の向上の同時達成が可能になる。このことで、図2.2の長期平均生産コストの引き下げと、販売価格の引き上げが可能になれば、生産拠点の分散化による収益性の低下を緩和する効果が期待できる。このことを示したのが、図2.3である。

デザイン・フォー・X

　VUCA な経営環境下では、このようなロジスティクス・ネットワークの再設計が求められ、そこにはモジュラー・アーキテクチャの適用が不可欠になることを理解する必要がある。このモジュラー・アーキテクチャの設計思想は、ロジスティクス・ネットワークの変革のみを意味しない。なぜなら、製品構造の変革も要請するからである。それは、物流のみならず、製造業のビジネスモデルそのものを変えることになるだろう。そして、そのことは消費財でいえば卸売業や小売業などの流通業のビジネスモデル変革をも要請することになる。

　まず、モジュール化されたコンテナ（あるいはスマートボックスといわれる商品の梱包形態）の活用による混載輸送や、シェアリングによる物流ネットワークの活用を前提とした物流キャパシティの需給マッチングを行うためには、発注ロットサイズや発注リードタイムの見直しが必要になる。それは、卸売業の在庫・出荷体制や品揃えそのもののあり方を変え、小売業の棚割りや品出し・品揃え・補充発注の体制の見直しにつながることになる。

　このように、モノの作り方や届け方・品揃えのあり方といったビジネスの仕組みにロジスティクス／サプライチェーンの効率性・効果性を組み込んだ設計に変えることを DFL（Design for Logistics）や、DFSCM（Design for Supply Chain Management）[6] という。DFL はもともと、製品や梱包・包装の設計に際して、保管や輸配送の効率化によるコスト削減を目的にすることを意図していた。

　スタンフォード大学の Hau L. Lee 教授は、「DFL は、ロジスティクスコストの管理と顧客サービスレベルの向上に役立つ製品および設計アプローチを含むサプライチェーン管理の分野における一連の概念」としている[7]。ロジスティクスの効率化に配慮した製品・荷姿・パレット・コンテナの設計、補充や物流プロセスの再構築まで含む設計概念であるが、ここでは、さらにこの概念を拡張し、下記の内容を包含する概念とする。

① ロジスティクス資源の効率的活用に資する部品・製品・物流・販売資材の標準化およびモジュール設計。
② ロジスティクス業務プロセスの整合化・効率化設計。
③ ロジスティクス業務プロセスを運用・制御する情報システムの標準化と設計。
④ 上記のシステムを担う組織間の取引とオペレーション、必要なリソースの運

用に係る調整・マッチングおよびコストとゲインの分配に関する制度の設計。

　ここで「ロジスティクス業務プロセス」とは、本書におけるオペレーション、すなわちサプライチェーン全般における工程と同義と捉えてよい。そのため、物流工程のみならず、生産工程や店舗における業務プロセスもすべて含まれる。したがって、DFL/DFSCM はサプライチェーン全体にわたる工程の効率性を視野に入れた製品や生産工程、店舗運営の設計概念と捉えることができる。

　実際、メーカーにおける製品の SKU（Stock Keeping Unit、在庫管理などにおける最小の管理単位）が増加しすぎて在庫回転率が悪化し、収益を圧迫することもあれば、小売業の発注リードタイムが短すぎて輸送効率を阻害する場合も散見される。このようなサプライチェーン全体に及ぶ無駄を削減するように自社のオペレーションやビジネスモデルの再構築を行うことを DFL/DFSCM と捉えてよい。そして、それらの取り組みの多くはモジュラー・アーキテクチャの仕組みと関連付けることができるのである。

DF・X の先に見据えるフィジカルインターネット

　生産拠点を分散させ、その周辺市場のニーズに適合し、なおかつ製品構造モジュール化を図って、「規模の利益」も発揮させるためには、各市場で求められている価値を分析し、原材料や部品を共通化しつつ、それらの組み合わせを変えることで各市場の異なる要求に適応できる製品構造を設計する必要がある。

　モジュラー・アーキテクチャで行う VE（Value Engineering：価値分析）は、単なる原材料や部品の共通化ではなく、使用技術や生産・物流工程、生産設備、作業者の技能までも共通化すべく、生産システム全体の再設計まで求められる。特に、DFL/DFSCM の実現を視野に入れた場合、調達、調達物流、販売物流プロセスの効率化に配慮した生産システムを構築しなければならない。

　さらに、調達しやすく（Design for Procurement）、生産しやすく（Design for Manufacturing）、届けやすく（Design for Logistics）、販売しやすく（Design for Sales）、しかも環境負荷も少ない（Design for Environment）オペレーション設計を DF・X とすると、このような多元的な目標を実現するための DF・X においては、製品価値、サプライチェーン・プロセスとその制御の方法、技術・設備・拠点・人的資源・使用エネルギー等のリソースの全般にわたって事業システムの再構築を行うことが不可欠になる。

図2.4　製品 / プロセス / リソースの展開によるモジュラー・アーキテクチャ設計

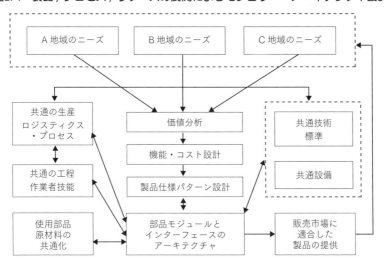

　このような DF・X を組み込んだモジュラー・アーキテクチャの展開の関連を示したのが、図2.4である。

　リスクに耐性を持つ生産・調達拠点の分散化と製品、プロセス、リソースにモジュラー・アーキテクチャが適用されると、サプライチェーンのネットワーク構造が再構築されることになる。特定の調達・生産拠点やそれらをつなぐ物流経路にダメージを受けたとしても、同様な製品・部品を供給できる複数の調達先から補完できる体制が整備される。物流経路も代替輸送モードによって複線化し、リスク対応能力を確保する。このようなサプライチェーンにおけるロジスティクス・ネットワークは従来のサプライチェーンとは大きく異なる形態となる。

　まず、生産拠点や物流拠点のリソースと輸送のリソースがモジュール化され、荷姿もモジュール型のカプセルに収納されて、物流需要に応じて混流形態で処理されるようにマッチングされることになる。カプセルに混載された貨物自体が、RFID のような情報タグに発送先などの必要情報を旅客のパスポートのように携帯して制御されるようになる。このように貨物、拠点資産、輸送資産がすべて情報コード化されて、クラウドで可視化され、最適制御が行われるようになる。そのために物流需要は事前予約型で登録されて最適な運用が行われるようになる。

　このようなロジスティクス・ネットワークの新たな仕組みは、フィジカルインターネットと称して、世界でその実現に向けた研究と取り組みが進んでいる[8]。

　図2.5は、このような分散型のロジスティクス・ネットワークの姿を示したものである。グローバル／ローカルロジスティクス・ネットワークともいうべき新たなサプライチェーンの構造を示している。

　また、図2.6は、このようなサプライチェーンが、部品構造の深いレベルまで遡った Tier 1、Tier 2…のレベルにおいてもこうした分散型のロジスティクス・ネットワークが形成されて、相互に連結している構造を示したものである。2011年の東日本大震災のときに、半導体工場が被災して日本のみならず世界中のサプライチェーンに深刻な影響を及ぼしたが、フィジカルインターネットの仕組みをベースにした分散型のモジュラー・アーキテクチャによるロジスティクス・ネットワークの構築により、リスクに強く、回復力の高いサプライチェーンを実現することができるだろう。

🚚 コラム　近年注目されている Design for Environment

　DF・X の例としては、資源循環に配慮した素材を使った製品設計を行う DFE（Design for Environment）は最近多くの企業で行われているわかりやすい例でしょう。例えば化粧品メーカーの資生堂は「SHISEIDO BLUE PROJECT」[9] として、海洋保護の推進や啓発活動に取り組んでいます。具体的には、琉球大学と共同で日焼け止めに含まれる各種紫外線防御剤のサンゴ礁への影響を調査しています。

　また、小売業の棚割り（どの商品をどの棚に何列並べるかを決めること）を商品の売れ行きに合わせてよく売れる商品を多く並べる（フェイシング）ことによって、商品の品出し業務を同期化するとともに、仕入調達物流の効率性も引き上げるような店舗の品揃え設計をすることは、DFS（Design for Sales）と DFL（Design for Logistics）を結びつける重要な取り組みといえるでしょう。近年ではお菓子メーカーのカルビーが NEC と共同で、カメラを使った棚割り状況の解析を行っています[10]。

図2.5　モジュール型分散サプライチェーン・ネットワーク

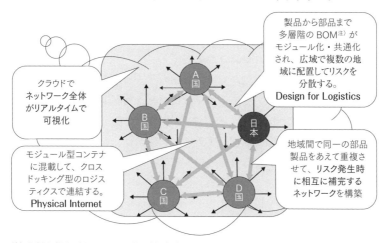

注）BOM（Bill of Materials：部品表）とは、当該製品がどのような部品で構成されているかを多段階に示したもの

図2.6　BOM の深いレベルの分散型サプライチェーン構造

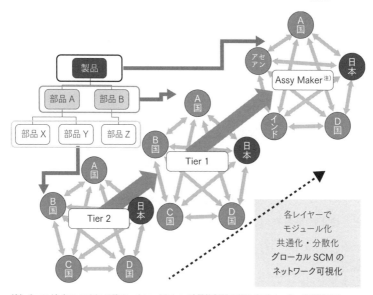

注）Assy は Assembly の略で、Assy Maker は最終製品の組み立てメーカーを意味する。

2−3　ロジスティクスにおけるリスク耐性の強化

ロジスティクスの2つの軸とリスクへの対応

　ロジスティクスには2つの軸がある。製品／サービスを創出するためには何らかの原材料や部品などを入力し、これを技術情報と制御情報を用いて変換して、製品・サービスとして出力する。川上から川下までの一連の「入力−変換−出力」オペレーションの連鎖がサプライチェーンであり、このサプライチェーンを効果的・効率的に運用制御するためのロジスティクスが、サプライチェーン・オペレーションのロジスティクスである。

　このサプライチェーンを機能させる土台となる仕組みを構築し、管理するためのオペレーションに関わるロジスティクスがもう1つの軸である[11]。サプライチェーンにおける生産や物流等の変換プロセスを実行するためにはまず、製品の開発・設計が必要であるし、工場や物流センター、修理・保全のための拠点や設備、人的資源が合成された仕組みと、それらを制御する情報の仕組みが必要になる。これは製品価値の設計から試作、量産準備、量産、顧客の使用支援、回収、再利用、再資源化、廃棄といったオペレーションを含む。この第2のロジスティクスの軸は、事業全体を支える仕組み（事業システム）の立ち上げから維持・更新に関わる長期のオペレーションの体系であり、事業システムのライフサイクルに関わる支援ロジスティクスである[12]。

　この第1軸のロジスティクスをサプライチェーン・ロジスティクス、第2軸のロジスティクスをライフサイクルサポート・ロジスティクスとする。すべての事業はこの2つの軸のロジスティクスによって構築されているといってよい。本書で扱われているサプライチェーンのリスクに対して、サステナビリティ[13]やレジリエンシーを保証するためには、サプライチェーン・オペレーションに関わるロジスティクス・マネジメントの軸と、それを支えるシステム全体の長期的な支援のための技術体系を基礎とするライフサイクルサポート・オペレーションに関わるロジスティクスの軸の2つを統合したマネジメント体系を確立することが不可欠である。

　これら2軸から成るロジスティクスは、リスクに対してどのようなオペレーションを求められるのであろうか。リスクは発生する事象によってその性質を異にする。事業システムが日々繰り返される通常のビジネスの状態（定常の状態）で

は、在庫投資リスクの削減やリードタイムの短縮、生産規模の拡大等によるコスト削減がサプライチェーンマネジメントの中心的な課題となる。しかし、ビジネスの状態がこうした安定状態から乖離することがある。新規の工場の立ち上げやイベントの開催等の特別なオペレーションへの対応、災害や地政学的リスクの発生などの突発的な出来事への対応に関わるオペレーションが必要になる場合だ。

　一般的に、ロジスティクスは何らかの事象に対する準備と対応のためのオペレーション体系である。これに定常的な事象と非定常的な事象の2つがある。日々安定的に繰り返される受注対応や生産・物流のオペレーションは、定常的な事象対応であり、過去データからある程度予測が可能であるから、その範囲内で、ビジネスの機会損失[14]と過剰投資のバランスをとり、コスト削減を図ることがマネジメント上の主たる課題となる。

　一方、非定常型の事象は、工場や物流拠点の立ち上げ、イベントの開催等、発生頻度は限られているものの、自社の計画の中でプロジェクトを組んで対応可能なものと、自然災害や地政学的なリスクなど、自社ではコントロールしにくい突発的なものがある。前者は、自社で主体的に計画できることからプロジェクトマネジメントをいかに行うかが主たるテーマとなるロジスティクスといえる。

　しかし後者は、自社のコントロールの範囲外で発生し、しかも予測可能性が極めて低い複雑な事象であるから、事後の対応と万一に備えた準備のオペレーションが中心的な課題となる。これらの事象の違いとそれに対する2軸のロジスティクス・マネジメントの課題について整理したものが図2.7である。

　サプライチェーンがリスク耐性を備え、持続可能性を高めるためには、サプライチェーンのオペレーションを管理するだけでなく、サプライチェーンを支える仕組みそのものを長期的に維持・更新するライフサイクルサポートのロジスティクスオペレーションを整える必要がある。図2.7は、サプライチェーン・オペレーションとライフサイクル・オペレーションの両軸において各オペレーションが、定常的な事象と非定常的な事象に対してどのようなアクションを行わなければならないのかを示している。

　事象は定常と非定常に分かれ、非定常の事象は、前述のとおり計画型と突発型に分かれる。計画型非定常事象は新規事業の立ち上げや新製品の導入などの計画的なイベントで、基本的には個別のプロジェクトの立ち上げと運営を必要とするが、そのうちの一部はある程度サイクリックに（定期的に繰り返し）行われるものであれば、定常の事業運営に組み込まれることになる。

図2.7　発生事象の特性と2軸のロジスティクスオペレーション

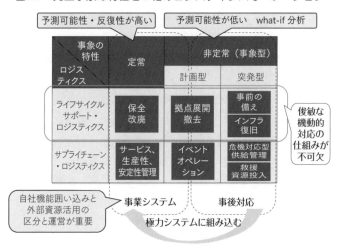

　あまりサイクリックに行われない計画型の事象と災害の発生や事故・地政学的なリスク発生等の突発的事象には、事後的な対応が必要になる場合がほとんどである。

　計画型非定常事象は反復性が高く、大量の実績データを活用できることから予測可能性が高くなり、発生リスクも通常のサプライチェーンのコントロールで吸収できる可能性が高いが、サプライチェーンを支えるインフラシステムに対してはメンテナンスが必要になる。

　突発型非定常事象は、発生の予測が困難であることから事後対応にならざるを得ない場合が多いが、BCP（事業継続計画）を策定し、突発的なリスク事象が発生した場合の影響と対応について what-if 分析[15) を事前に行い、突発的なリスク事象が発生した場合には、迅速かつ機動的な対応が円滑に行われるようにしておく必要がある。

　また、前節で説明したとおり、フィジカルインターネットのモジュラー・アーキテクチャを適用することにより、リスクの吸収能力が高まれば、突発的な事象への対応体制も通常の事業システムに取り込むことが可能になる。

ロジスティクス・ネットワークのリスク耐性を高めるために

　以上、ロジスティクス・ネットワークのリスク耐性を向上させるためのシステ

ム化について述べてきたが、これを実現するための基本的な方策とそれらの推進
手順について説明しよう。ロジスティクス・ネットワークのリスク耐性を向上さ
せるためには、調達／生産拠点の分散化とロジスティクス・ネットワークへのモ
ジュラー・アーキテクチャの適用が必要である。これを実現するためには、製品
と部品（原材料）の構造、業務プロセスと情報、事業拠点と輸送網等の物流イン
フラ、人材その他の事業リソースの4つのマネジメント領域に対して、「標準
化・共通化」、「共有化（シェアリング）」、「分散化・複線化」、「可視化」を推進
することである。これらの推進課題について説明しよう。

① 標準化・共通化
　標準化・共通化とは、製品と部品（原材料）の構造、業務プロセスと情報、事
業拠点と輸送網等の物流インフラ、人材その他の事業リソースの4つのマネジメ
ント領域に対して、生産者、流通業者、使用者などの荷主主体や物流事業者など
の複数の事業関係者の連結を容易にするために、それらの形態・構造にモジュー
ル設計の考え方を適用し、共通化や標準化を行うことである。例えば、製品の部
品構造や形態をモジュール化・標準化してユーザーに合わせた組み合わせが容易
に選択でき、しかも規模の利益が享受できるようにする。すなわち、製品構造を
インテグラル（すり合わせ型）からモジュール型に変え、需要に応じてカスタマ
イゼーションし、価値を高める。そのために、VEによる価値の設計とインター
フェイス（標準ルール）の設計を行う。そして、製品機能のシェアリングを前提
に事業構造を変換する。
　例えば、パレットやスマートボックス等の形態をモジュール化／標準化して、
異なる事業者や業界でリターナブル活用できるようにする。関連する荷役の自動
機器や保管設備等も標準化・共通化を図る。
　また、これらの貨物を取り扱うサプライチェーン・オペレーションやその基盤
となるシステムのライフサイクルサポート・オペレーションの業務プロセスも標
準化して、複数の主体で共通の標準化された業務手順で実施できるようにしてお
く。そしてこれらの業務手順を異なる組織・地域間で共通化するとともに、業務
に関連する情報の標準化も同時に進める。製品マスター（サイズや重量・取り扱
い基準などの物流関連情報を含む）や事業所コードも標準化・共通化しておくこ
とも不可欠である。これらの情報を関係者間で交換するプロトコルの標準も決め
ておく。業務プロセスは設計・生産・物流・流通（販売）やプロジェクトならび

に金融や情報教育・学習等のすべてのオペレーションにわたるロジスティクスの業務プロセスを包含する。

　これらのオペレーションに使用される保管や輸送・荷役などのための倉庫施設や輸送手段にも物流資材と整合性を持つモジュラー・アーキテクチャを施すために、標準化・共通化の体系を整備しておく。そして、これらのオペレーションを行う人材の技能も標準化し共通化しておく。

② 共有化

　標準化・共通化が進展すると、サプライチェーンの荷主間や物流事業者のオペレータ間で情報やオペレーション手続き、サプライチェーン関連資産の共有化（シェアリング）を行うことができるようになる。例えば、災害が発生したときに被災地に支援物資が届いても支援者が荷捌き作業を支援することができるようになる。平常時でも、物流リソースのシェアリングをするフィジカルインターネットの仕組みは前述のとおりリスクに対する高いレジリエンシーの確保に資するが、その基本は輸送や物流拠点能力などの物流リソースの共有化にある。シェアリングの考え方は、モノを占有しないということである。近年は所有権移転の売買取引から、レンタルやリース、サブスクリプションなど使用権の移転取引が増えているが、このようなビジネス形態の変化は、リスク対応やSDGsにも資するものである。例えば、自動車を所有せず必要なときのみ使用するシェアリングが増えているが、これは運転操作がある程度標準化されているため可能となっている。ロジスティクスオペレーションについても同様のことがいえるのである。

③ 分散化・複線化

　情報、拠点、業務プロセス、物流インフラの共有化が進むと、拠点や輸送手段の活用効率が高まり、それらの分散化・複線化を行ってもオペレーションとこれらのロジスティクス関連資産の投資採算性が確保できるようになり、これらリソースの相互の接続性を確保できるようになる。複線化とは、例えば災害等でトラック輸送網が分断されたときに、輸送経路の変更、海上輸送やドローン輸送等に切り替えるなどで対応することを可能にしておくことである。それによって、リスク発生時の対応力も向上するようになり、サプライチェーンを止めなくても済むようになる可能性が高まるのである。

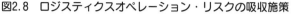

図2.8　ロジスティクスオペレーション・リスクの吸収施策

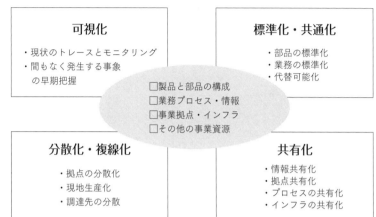

④ 可視化

　以上の施策を実行することによってロジスティクス・ネットワークの構造を再構築したうえで、このネットワークを流れるモノ（貨物）とそれを支えるロジスティクスの基盤システムのリソースに情報タグ（RFID／QRコード）を付けて紐づけると、モノ（貨物）とロジスティクス基盤システムのステイタス（物流拠点における保管状態や荷役作業等の状態と作業の進捗状況、輸送状態や輸送の進捗状況など）をほぼリアルタイムに関係者が把握できるようになる。これによって、需要情報と製品（商品）在庫や生産・物流拠点、輸送網、オペレータなどのロジスティクスリソースとモノのマッチングが最適化される可能性が格段に向上するのみならず、リスクの発生状況に応じた、在庫やロジスティクスリソースの組み換えも迅速かつ機動的に行えるようになる。

　これらを整理したものが図2.8である。図2.8の４つの施策は、相互に関連しており、実施の順序がある。その手順を示したものが図2.9である。

　ロジスティクスのリスク低減を図るために、製品と部品（原材料）の構造、業務プロセスと情報、事業拠点と輸送網等の物流インフラ、人材その他の事業リソースの４つのマネジメント領域に対して、まず「標準化・共通化」を図ると、これらのオペレーション領域で「共有化（シェアリング）」することが可能になる。「標準化・共通化」と「共有化」を図ることで、業務プロセスやロジスティクスリソース活用の効率が向上する。それによって生産・物流拠点の「分散化」や、

図2.9　ロジスティクスオペレーション・リスク吸収施策の関連と手順

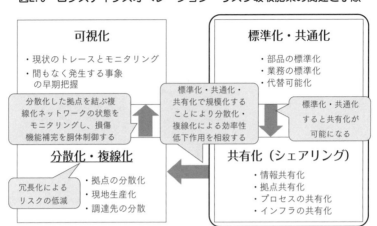

　輸送ネットワークを「複線化（マルチモードを含む）」しても、これらの施策による効率性の低下を相殺することが可能になり、リスクに対応する冗長性の確保に伴うコスト増加も相殺することが可能になる。そして、分散化・複線化したネットワークに対して、モノとシステムのダイナミックな挙動がデジタル情報によって「可視化」されることにより、リスクの発生によるネットワークのダメージに対して、機動的かつ俊敏な補完・補償活動を動態的に実施することができる。

　以上のように、ロジスティクスに対するリスクを低減・吸収し、持続可能でレジリエントなサプライチェーンを構築するためには、ロジスティクスシステムに対してモジュラー・アーキテクチャを適用することによって構造転換を図り、これらのシステム要素をデジタル情報で紐づけることにより、発生事象に対してダイナミックな制御を行えるようにする必要がある。

　このことは、単なるオペレーションの DX ではない。ロジスティクス・ネットワークの根本的な作り直しであり、それを前提にしたビジネスモデルの転換を要請するものである。

　しかし、温室効果ガスの排出量規制をはじめとする SDGs の実現や物流クライシスへの対応を含めて、ビジネスのみならず社会的な差し迫った重要課題であるという認識の下、ビジネスに関係する広範なプレイヤーによる積極的な取り組みが求められているのである。

ディスカッション：ロジスティクスリスクへの備え

　興味のある業界や企業を取り上げ、ロジスティクスオペレーションのリスク吸収策について、4つのマネジメント領域（製品と部品（原材料）の構造、業務プロセスと情報、事業拠点と輸送網等の物流インフラ、人材その他の事業リソース）に分けて整理してみよう。その際、現在取り組まれていないアイデアについても話し合ってみよう。

2章のポイント

➢ 主には生産コストと物流コストのシミュレーションから、各種拠点配置を考え、サプライチェーンをデザインできる

➢ 在庫の保管や輸配送の観点だけでなく、小売店舗での品揃えや資源のモジュール設計、業務プロセスの標準化などまで考慮したデザイン・フォー・SCM の考え方で、顧客サービス率の向上と在庫の最適化を同時に目指すことが可能になる

➢ ロジスティクスの管理に加え、それを長期的に支えるシステム全体の管理をライフサイクルサポート・ロジスティクスと呼び、ビジネスの継続性やレジリエンシーを高めるために重要な概念である

2章の内容をより深く学ぶために

江藤学（2021）『標準化ビジネス戦略大全』日本経済新聞社。

富野貴弘（2017）『生産管理の基本』日本実業出版社。

リチャーズ、チェット（2019）『OODA LOOP』原田勉訳、東洋経済新報社。

注

1）ハブ・アンド・スポーク体制とは、中心拠点（ハブ）に貨物を集約させ、拠点（スポーク）ごとに仕分けして運搬する輸送方式のこと。

2）一次部品メーカー、一次サプライヤー。製品の供給だけではなく製品開発にも直接責任を有するグループ。APICS（2018）『第15版　サプライチェーンマネジメント辞典　APICS ディクショナリー対訳版——グローバル経営のための日英用語集』日本 APICS コミュニティー APICS Dictionary 翻訳チーム／日本生産性本部グローバル・マネジメント・センター訳、生産性出版より。

3）柴田友厚（2022）『IoT と日本のアーキテクチャ戦略』光文社新書。

4）RFID（Radio Frequency Identification）とは、情報が書き込まれた IC タグのことで、電波などでワイヤレス通信し、情報の読み取りや書き換えをするシステム。製造小売型のアパレル企業等で導入が始まっている。

5）エリック・バロー、ブノア・モントルイユ、ラッセル・D・メラー（2020）『フィジカルインターネット』荒木勉訳、日経 BP。

6）Lee, H. L.（1993）"Design for Supply Chain Management：Concepts and Examples," in Sarin, R.K.（ed.）*Perspectives in Operations Management*, Springer.

7）同上。

8）我が国では、2021年10月に経済産業省によって「フィジカルインターネット実現会議」が立ち上げられ、世界で初めて国家として2040年の実現を目指したロードマップが策定された。経済産業省「フィジカルインターネット・ロードマップ」2022年3月（https://www.meti.go.jp/shingikai/mono_info_service/physical_internet/20220308_report.html）。

9）資生堂「SHISEIDO BLUE PROJECT」（https://brand.shiseido.co.jp/shiseidoblueproject.html）。

10）「NEC の『店頭棚割画像解析サービス』がカルビーに採用」NEC プレスリリース、2019年2月26日（https://jpn.nec.com/press/201902/20190226_01.html）。

11）CSCMP（Council of Supply Chain Management Professionals）はロジスティクス・マネジメントの範囲について、「ロジスティクス管理活動には通常、インバウンドおよびアウトバウンドの輸送管理、配車管理、倉庫保管、マテリアルハンドリング、注文履行処理、ロジスティクス・ネットワーク設計、在庫管理、需給計画、および3PL 管理が含まれる。程度の差こそあれ、ロジスティクス機能には、調達・購買、生産計画とスケジューリング、梱包と組み立て、および顧客サービスも含まれる。戦略、運用、戦術のあらゆるレベルの計画と実行に関与している。ロジスティクス・マネジメントは、すべてのロジスティクス活動を調整および最適化し、ロジスティクス活動をマーケティング、販売、製造、財務、および情報技術などの他の機能と統合する統合機能である」と定義している。CSCMP "CSCMP Supply Chain Management Definitions and Glossary"（https://cscmp.org/CSCMP/Educate/SCM_Definitions_and_Glossary_of_Terms.aspx）より。

12）製品の企画・開発から、機能設計、詳細設計、工程設計、生産準備といった製品の具現化に関わる技術的なプロセスの連鎖については、エンジニアリングチェーンという用語がある。本章では、製品開発や生産のプロセスのみならず、流通・物流や製品の使用支援、回収、再資源化といった長期にわたる社会的プロセスを包含する事業システムをサポートするためのロジスティクスについて、事業システムの維持・更新に関わる支援オペレーションである点を重視し、ライフサイクルサポート・ロジスティクスとする。ライフサイクルサポートに関する体系は、大型のシステムの保全を中心とした信頼性工学から発展し、体系化が図られている。SOLE（The International Society of Logistics）は、「定義上、ロジスティクスは、

製品のライフサイクル全体にわたって製品のサポートを成功させることを保証する専門分野である。設計エンジニアリングから製造と材料、パッケージングとマーケティング、流通と廃棄に至るまで、ロジスティクスには製品サポート・プロセスのあらゆる段階が含まれる。製品の1つのコンポーネントだけでなく、そのライフサイクル全体にどのような影響を与えるか、製品全体にどのように影響するかについての理解を深め、他の製品分野で働く人々の情報と支援を共有する」としており、製品やシステム全体の長期にわたる維持・更新に関わるライフサイクルサポートに関わるロジスティクスの軸を提示している。SOLE：The International Society of Logistics（http://www.sole.org/info.asp）より。

13）サステナビリティとは、環境・社会・経済など多岐にわたる持続可能性のこと。

14）本来利益を得ることができたであろう営業や販売の機会を逃すことで生じる損失のこと。

15）what-if 分析とは仮説を立てたシナリオが発生した場合にどうなるのかを考える分析方法のこと。

※いずれの URL も最終アクセス日は2023年4月10日。

3章

グローバルロジスティクスのリスク管理

Y.T. マネジメント　樫山　峰久

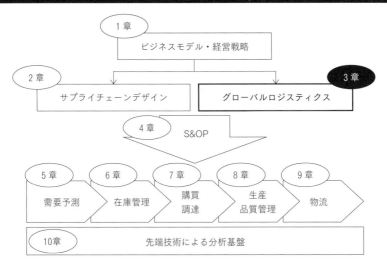

　多くの業界で、世界中から原材料を調達し、海外の工場でも生産して、様々な地域の消費者に合ったマーケティングに基づいて販売するというように、サプライチェーンのグローバル化が進み、それに伴って物流を戦略的に実行していくというロジスティクスも世界規模で管理する必要が出てきました。グローバル化は売上を拡大するうえで有効ですが、一方で、グローバルサプライチェーン全体のオペレーションを見渡し、リスクに備える必要も出てきています。

　国内も含め、グローバル全体のロジスティクスについて解説する3章の前半では、世界中からモノを調達し、流通させるうえで重要となる海運の仕組みや関係各社の戦略、リスク管理について学びます。後半では、モノが日本に着荷した後、主にトラックによって各地に届けられる際の、ロジスティクスオペレーションの危機にフォーカスします。労働者人口が減少し、働き方が見直される中、日本の物流インフラを守るために何ができるのかを考えるための基本的な知識も学びましょう。

　本章では、歴史的な出来事となった新型コロナウイルス感染拡大によるグローバル海運の混乱事象の整理、国内の危機的なロジスティクス人材の減少要因の検証を通じ、グローバルロジスティクス構築におけるリスク管理の視点をまとめていきたい。

3－1　グローバル海運市場の混乱とリスク管理

◇◇◇◇◇◇◇◇◇◇ **事例　終息しないパンデミックによる国際物流の混乱** ◇◇◇◇◇◇◇◇◇◇

　今般のグローバルサプライチェーン事情は VUCA な状況で満ち溢れているといわれるが、新型コロナウイルスのパンデミックを起因として直近で発生したグローバル海運市場の混乱は、まさに VUCA な事象であった。

　また新型コロナウイルスのパンデミックが終焉しない2022年2月、追い打ちをかけるようにロシアがウクライナに侵攻したことで原材料および燃料価格高騰がインフレ誘因となり、それに伴っての金利上昇が世界的なトレンドとなる中、日本においては引き続き金融緩和措置を継続する状況において、急激な円安が進行した。

　特に新型コロナウイルス感染拡大による影響は、過去半世紀以上にわたって成長と安定をもたらしてきた海上輸送[1]を基本とする国際輸送インフラおよびそれに立脚するグローバルサプライチェーンに歴史的なダメージを与え、まさにVUCA な状況においてのリスクを明らかにしたものといえる。

　また、このパンデミックによる混乱は国際物流にのみ影響を与えたわけではなく、グローバルに広がる製造・調達拠点での供給の停滞、製造・調達品の販売先となる各国市場での流通の停滞を招くこととなった。

　このような状況にありながら、米国を中心とした多くの国々においてはＥコマース市場が活況を呈し、営業、販売の不振により倒産を余儀なくされる企業が多発する一方、リアル店舗と EC（Electric Commerce：電子商取引）[2]など、複数の購買接点での体験を連携させるオムニチャネル[3]を推し進めたＥコマース企業、機をみた運賃値上げと航路変更で需要に対応した多くの海運企業が歴史的な利益を享受したという事実がある。

◇◇

　これら事実に鑑み、①グローバル海運市場の混乱とリスク管理、② VUCA の時代におけるグローバルロジスティクス戦略、③ VUCA の時代における日本国

内のロジスティクスリスク管理、④国内ロジスティクスの危機的状況を救うソリューションについて議論する。

海運運賃の暴騰

　新型コロナウイルス感染拡大の影響により日本においては2020年の11月頃から海上コンテナ運賃が急騰し、グローバル物流市場の混乱が始まった。

　コンテナ船を運航する海運業界は、このパンデミックに伴う市場の大混乱で運行効率を大幅に下げたにもかかわらず、利益水準を大幅に上げ、文字通りの特需を享受した業界である。

　筆者はこの混乱が始まった直後の2020年12月当時3PL[4]企業の役員として活動していたことから、日本市場で活動する著名なコンテナ海運企業10社と直接その原因について議論し、各社の状況改善に向けた戦略を確認して、その後の市況を推測する機会を持つことができた。

　それから1年半以上を経た2022年9月、当初予想されたよりも長期にわたり混乱が続くこととなったコンテナ船の海上運賃は、一時の異常な水準から徐々に下がり始め、船会社、荷主問わず多くの企業で2023年度以降の運賃水準正常化に向けた活動方針を耳にするようになってきた。

　日本のみならずグローバルで輸出入の実務に携わる企業人の方々にとってはまさに青天の霹靂ともいえた運賃の高騰であり、実際多くの方々から嘆きともいえる話を伺い、自身もその後グローバルに活動する大手小売企業に転身して混乱の最中にいたことから、この異常さは実体験を伴う形で理解している。

　そこで本節では、新型コロナウイルスにおけるグローバル海運市場の混乱と、この混乱から学ぶべきグローバルロジスティクスにおけるリスク管理の考え方を提唱したいと思う。

　グローバル海運市場の混乱は新型コロナウイルス感染拡大に伴って発生したと理解されているが、事実を整理すると異なった側面が見えてくる。

　新型コロナウイルスは2019年12月に中国の武漢市で最初の感染が報告されてからパンデミックと呼ばれる世界的流行となって様々な混乱を引き起こしたわけであるが、海運市場の混乱はコロナ発生当初から始まったわけではない。

　図3.1は、コンテナ運賃指数（CCFI）[5]の2020年1月3日から2022年9月16日までの推移を示したグラフである。

　国際物流における海運の市況を表す指標としては主にバルチック海運指数

図3.1 コンテナ運賃指数（CCFI）推移

出所）コンテナ運賃指数（CCFI）統計をもとに筆者作成

(BDI)[6] とコンテナ運賃指数（CCFI）があるが、コンテナ運賃指数は「中国輸出コンテナ運賃指数」とも呼ばれ、上海港運交易所が算出、公表している中国発の運賃動向を示した指数である[7]。

　この指数は基準日1998年1月1日の運賃を1,000ポイントとして、世界の主要コンテナ海運企業22社の中国発12ルートの運賃動向および物量に基づいて算出されるが、毎週金曜日に公表されており、UNCTAD（国連貿易開発会議）が発行する海運年報でバルチック海運指数に次いで2番目に権威を持つ運賃指数として引用されている。

　図3.1のとおり、2019年12月の新型コロナ発生直後から2020年5月頃にかけては、世界中の経済が新型コロナウイルス感染拡大の影響をうける中でコンテナ運賃指数も2020年1月以降の最低値となる834.24を5月15日に記録しており、その後10月末頃までは大幅な運賃指数の高騰は見られていない。

　しかしながら2020年11月に入って状況が一変する。2020年10月30日の時点で1,074であった指数が11月から高騰を始め、2021年の1月29日には2,040と約3カ月の期間で190％の高騰を記録したのである。

　その後コンテナ運賃指数は2022年2月11日に最高値となる3,587を記録したわけであるが、この指数はコロナ禍以降で最安値の834（2020年5月15日）から比較すると430％となる暴騰であった。

　その後一進一退を繰り返しながらも市況の落ち着きが見えてきた2022年7月中旬以降緩やかな下降が始まり、2022年9月16日には2,609程度まで下落したものの、コロナ禍後最低値の834と比較すれば313％の水準にあった。

　これら一連の運賃高騰のプロセスにおいて、最初に日本企業のサプライチェー

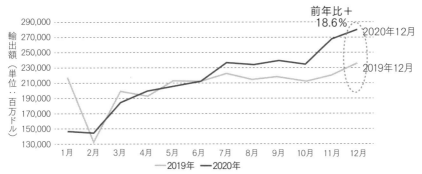

図3.2　2020年度中国輸出貿易額の推移

出所）JETRO「地域別概況・基本統計（中国）」をもとに筆者作成

ンに従事する担当者がざわつき始めたのは、運賃高騰が始まった2020年の11月から12月初頭にかけてであった。

　しかしながら、この当時は多くの担当者が実際には何が起こったのか正確に把握できておらず、運賃高騰以前に各船会社の「コンテナ不足」と「本船の大幅遅延」を理由として、自社の貨物が運べないという事態に直面していた。

　また、コロナ禍においてそれまで安定していた運賃が突如として高騰し始めた背景も理解されていなかったと考えられ、多くの日本企業にとっては青天霹靂の状況で準備がなされないまま「貨物遅延」とその後の「運賃高騰」の大混乱に直面したものと考えられる。

　次項では、これら混乱の背景を経済的側面と業界特性の両面から整理したい。

海運市場混乱の背景

　2021年4月に国際通貨基金（IMF）が公表した「世界経済見通し（World Economic Outlook）」[8]によれば、2020年度は先進国、途上国を問わずほぼすべての国でGDP成長率がマイナスとなっていたが、唯一中国のみが2.3%のプラス成長を記録していた。

　図3.2のとおり、コロナ禍にありながら、中国の対外輸出貿易額は2020年3月より上昇を始め、6月以降は前年実績を上回りながら推移し、2020年12月の実績は前年同月比＋18.6%となっていた。

　一方で2020年度の米国の輸入貿易額の推移は図3.3が示すとおり、最大で前年同月比−24.4%（2020年5月）にまで落ち込んだものの、コロナ禍での巣ごもり

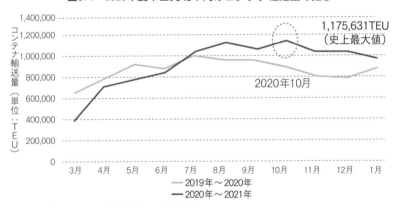

図3.3　2020年度米国輸入貿易額の推移

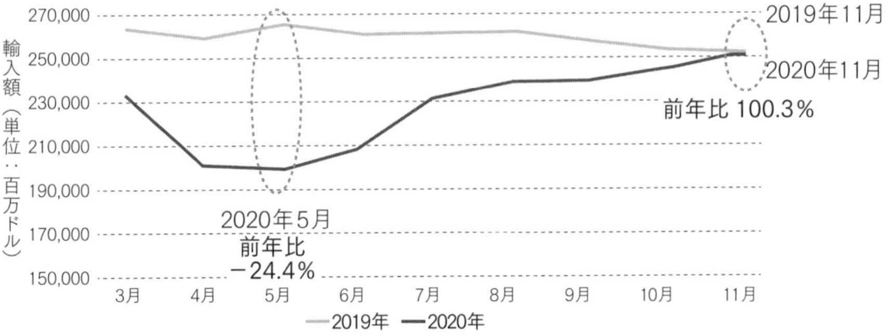

出所）JETRO「地域別概況・基本統計（米国）」をもとに筆者作成

図3.4　2020年度中国発北米向けコンテナ輸送量の推移

出所）日本海事センター統計資料をもとに筆者作成

　需要等の喚起により2020年6月以降上昇に転じ、年末に迫る11月の時点で前年実績を追い越す勢いで回復しつつあった。
　実際に2020年度の中国発北米向けコンテナ輸送量の推移を見ると、2020年3月より回復を始めたコンテナ輸送量は7月の時点で前年実績を更新し、10月に史上最大値となる117万5,631TEU（Twenty Footer Equivalent Unit の略で、1TEU＝20フィートコンテナ1本分に相当する）の輸出量を記録、その後も2019年実績を上回る高いレベルを保ちながら推移している（図3.4）。
　対照的に2020年度の米国の輸出貿易額の推移を見ると、図3.5に示すとおり、2020年5月に対前年比−32.4％にまで落ち込んだ後、ある程度の回復傾向にはあ

図3.5　2020年度米国輸出貿易額の推移

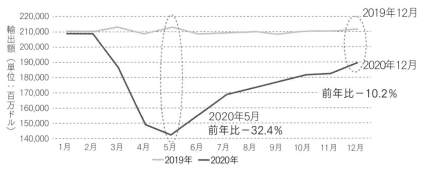

出所）JETRO「地域別概況・基本統計（米国）」をもとに筆者作成

ったものの、12月末時点で対前年比−10.2％までの回復にとどまっていた。

　上記一連のデータから、以下の2つの推測はもっともらしい仮説であると考えられる。

①　徹底的なロックダウンで新型コロナウイルスの蔓延を防ぐことに成功した中国が経済活動を一早く再開させる中、巣ごもり需要による消費活動が活発化した米国に向けて中国発北米向け輸出が急増した。

②　一方で経済活動が回復しない米国からの輸出は停滞し、海上コンテナが米国内に滞留したことでアジアに海上コンテナが戻らず、結果として日本を含むアジア域内においてコンテナ不足が顕在化した。

　上記のとおり2020年度の中国発米国向けの輸出データが出揃うなか、経済的側面からコロナ禍における海運市場の混乱の背景を分析してきたが、ここからはコンテナ海運業界の特性を論ずることで、別の側面から市場混乱の背景の分析を試みたい。

　まず上記①、②の仮説についてであるが、以下のような疑問を抱かないだろうか。

（ア）なぜ中国発のコンテナは主に米国に向かったのか。

（イ）米国は経済活動が停滞しておりコンテナが滞留することがわかっているのに、なぜ船会社は米国向けの輸出を継続したのか。

グローバル物流の基礎知識（1）：海上コンテナ

　上記疑問を考慮するうえで、まずはコンテナ海運業界の基本的な特性について解説したい。海上コンテナ、航路、各船会社のサービス特性の3つの視点に関して、である。

　海上コンテナは、日本では20フィート（以下、20'）、40フィート（以下、40'）、40フィートハイキューブ（以下、40'HQ）の3種類が主に利用されている。

　今回のコロナ禍での混乱期には当初より「コンテナ不足」が声高に叫ばれていたが、実は上記20'、40'、40'HQのコンテナがすべて不足するという事象はどの船会社のどの港においても、稀有な状況であるという事実を理解する必要がある。特に輸出よりも輸入が多く、基本的に輸入過多となる日本においては、通常コンテナは余剰状況にあり、コンテナが不足することはまれである。日本には5大港⁹⁾と呼ばれる東京港、横浜港、名古屋港、大阪港、神戸港があるが、すべての船会社は各港、コンテナ種別ごとに通常それぞれの過不足を管理している。

　また、5大港以外では、川崎港、四日市港、博多港、北九州港、清水港、苫小牧港、新潟港、広島港、仙台塩釜港、常陸那珂港、志布志港など、地方港の中でも比較的物量の多い港に直接寄港する、または内航船¹⁰⁾を利用してサービスを提供する船会社は、これら各港でのコンテナ種別ごとの過不足を常に把握、調整しており、これは中国、東南アジアの各港においても同様である。

　そしてここで重要となるのが「過不足の調整」、すなわち不足の港に対して過剰の港からコンテナを供給することであるが、これを船会社では「空コンテナのポジショニング」と呼び、自社船、内航船、トラックを利用して常にコンテナの移動を行っているのである。

　国土交通省では毎月「港湾統計速報」¹¹⁾として5大港に川崎港を加えた主要6港（東京港、川崎港、横浜港、名古屋港、大阪港および神戸港）の外国貿易貨物のコンテナ個数の速報値をTEU換算で公表している。

　図3.6は2022年6月の統計データであり、このデータを見ると上記すべての港で輸出入数量が拮抗しているように見えるが、実はこの統計は実入り（貨物を積載した状態のコンテナ）と空コンテナの両方を含んでおり、実際の輸出入貨物の数量は日本においては輸入が輸出を上回っているのが実情である。

　通常各船会社はわざわざ自社の輸出入実入りと空コンテナの数量を公表することはないため、TEU換算で実際の実入り輸出入数量を港別に把握することは難しい。

図3.6　輸出入別港湾別コンテナ個数

（単位：TEU、%）

		輸出		輸入	
			前年同月比		前年同月比
合　　計		618,987	105.5	622,365	108.9
東　　京		183,599	109.5	213,522	109.0
川　　崎		4,231	78.1	3,902	70.3
横　　浜		121,132	102.3	107,746	109.7
名古屋		112,109	97.2	102,052	104.1
大　　阪		88,848	111.7	102,448	110.5
神　　戸		109,068	108.6	92,695	114.1

出所）国土交通省「2022年6月港湾統計速報値」をもとに筆者作成

　しかしながら同じ国土交通省の研究グループが2016年3月に発表した「輸出入海上コンテナの我が国の地域別貨物量とその流動に関する一考察」という論文[12] によれば、図3.7で示されるように、日本の主要港においては四日市と清水を除くすべての港において、数量ベースでは輸入が輸出を上回っていたのである。

　筆者自身、船会社でオペレーションを担当し空コンテナのポジショニングを実際に行っていた経験からこれら事実は以前より把握していたが、通常いわれる東京、大阪は輸入港、横浜、名古屋、神戸は輸出港という常識に反して、5大港はすべてが輸入過多なのである。

　ここで気づかれた方も多いと思うが、ではこれら余剰となったコンテナはどこに行ったのかといえば、海外にポジショニングされているのである。

　これは端的にいえば、船会社の立場から見た場合、日本の顧客向けに日本から輸出貨物を出すためにコンテナを供給するよりも、多少の費用をかけて空コンテナをポジショニングしても海外から輸出した方が利益を得られるということである。

　また、輸入に関しても同様で、例えば中国、ベトナムから日本向けに実入り輸出のためのコンテナを供給するよりも、北米西岸、東岸、欧州向けの顧客に限られたコンテナを振り向けた方が高い利益を得られるということである。

　船会社は貨物を積み込む船腹の共有はアライアンス[13] という形で行うが、自社のコンテナを他社に貸し出すということは通常行わないため、コンテナのポジショニングはまさに各社の方針を反映した荷主側からは見えない戦略的活動となるのである。

図3.7　2013年主要港のコンテナ貨物取扱数量等

港名		H25輸出 貨物量		H25輸入 貨物量	
		千FT/月	シェア	千FT/月	シェア
1	京浜港	2,354	34%	4,546	41%
	東京港	1,082	16%	3,197	29%
	横浜港	1,262	18%	1,332	12%
	川崎港	10	0%	17	0%
2	阪神港	1,361	20%	2,584	24%
	大阪港	422	6%	1,529	14%
	神戸港	939	14%	1,055	10%
3	伊勢湾	1,736	25%	1,728	16%
	名古屋港	1,599	23%	1,616	15%
	四日市港	136	2%	112	1%
4	博多港	318	5%	405	4%
5	北九州港	182	3%	293	3%
6	清水港	262	4%	243	2%
7	苫小牧港	31	0%	77	1%
8	新潟港	47	1%	146	1%
9	広島港	52	1%	82	1%
10	仙台塩釜港	57	1%	80	1%
	その他	525	8%	798	7%
	総計	6,924	100%	10,982	100%

出所）玉井和久・佐々木友子・渡部富博「輸出入海上コンテナの我が国の地域別貨物量とその流動に関する一考察」「国土技術政策総合研究所資料」No.898、March 2016をもとに筆者作成

グローバル物流の基礎知識（2）：航路

　次にコンテナ海運業界の基本的な特性の（2）航路に関して解説する。コンテナ海運の航路は自身が所属する企業での担当職責によって馴染みの航路とそうでない航路があると思われるが、図3.8で示すとおり、日本で活動する企業においては太平洋航路（TPT：Transpacific Trade）、アジア欧州航路（AET：Asia Europe Trade）、アジア域内航路（IAT：Intra Asia Trade）が最も関わりの多い航路であると考えられる。

　これら航路はそれぞれ船型（投入される船の大きさ）、トランジットタイム[14]、運賃レベルに違いがあり、アジア欧州航路、太平洋航路の本船は船型が大きく、トランジットタイムも長く、運賃レベルも距離に比例して高めの運賃設定となる一方、アジア域内航路の本船は比較的小さく、トランジットタイムも短く、運賃レベルも低くなるのが通常である。

　コンテナ運賃指数が最高値をつけた2022年2月時点のDrewry運賃指数[15]のスポット運賃価格を見ると、40'当たりの運賃が太平洋航路で12,123ドル（アジ

図3.8　海上コンテナの主要航路（TPT、AET、IAT）

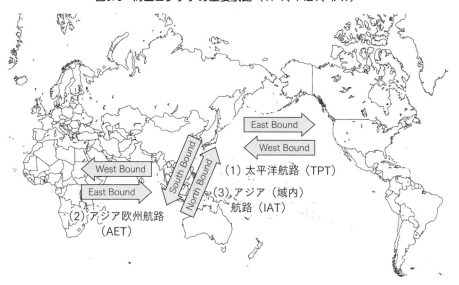

ア→米国）、アジア欧州航路で13,719ドル（アジア→欧州）、アジア域内航路で1,868ドル（アジア域内）となっており、太平洋、アジア欧州航路の運賃はアジア域内航路の運賃に対して6倍から7倍のレベルとなっていた。

　また、船型も大きな要素になるが、アジア欧州、太平洋、アジア域内すべてのサービスを提供するONE（Ocean Network Express）社の船型[16]を確認すると、欧州航路本船の積載量は概ね20,000TEU程度、太平洋航路が概ね9,000TEU程度であるのに対して、アジア域内航路では概ね2,500から3,000TEU程度である。

　同時に同社の各航路のトランジットタイムを見てみると、太平洋航路の主要ルートとなる上海・ロサンゼルス間で最短16日、アジア欧州航路の主要ルートとなる上海・ロッテルダム間で最短32日、アジア域内航路の上海・東京間で最短6日となっている。

　これら主要航路すべてでサービスを提供する船会社においては、どの航路にリソース、すなわちコロナ禍においてはコンテナを回すかということが戦略上の重要な選択肢となったわけであり、多くの船会社で運賃が高く利幅の取れる荷主、航路にコンテナを回し、運賃の安い荷主の貨物は「船会社に運んでもらえない」という状況が発生したわけである。

グローバル物流の基礎知識（3）：船会社のサービス特性

　最後にコンテナ海運業界の基本的な特性である、（3）各船会社のサービス特性について解説する。

　コロナ禍の海運市場混乱時には、船会社はコンテナのポジショニングを行いながら最も利益の取れる航路と顧客にコンテナを回し、最大の利益を享受すべく行動していた可能性が高い。

　ここで特に重要なのが、各船会社のサービス特性である。サービス特性とは、各社がどの航路のサービスを得意としているかという視点である。

　規模が比較的大きく多くの船隊を有する企業は北米、欧州航路を得意とし、規模は小さいながらもニッチな市場において寡占化することで生き残る中国系、韓国系の企業や、アジア域内でもサービス特性を高めて存在感を発揮する企業が存在する。

　先にコンテナ運賃指数（CCFI）は世界の主要コンテナ海運企業22社の中国発12ルートの運賃動向および物量に基づいて算出されていることを説明したが、これら22社のサービス提供航路を整理したのが図3.9である。

　図3.9は太平洋航路（TPT）、アジア欧州航路（AET）、アジア域内航路（IAT）、アジア豪州航路（AUT）を整理しているが、これら企業の中では多くの企業がアフリカ航路、中東航路、南米航路のサービスをも提供している。

　しかしながら、図3.9が示唆するのは、すべての船会社がすべての航路のサービスを提供しているわけではなく、各社によって主要な航路というのはそれぞれ違いがあるということである。このような状況にもかかわらず、コロナ禍においては、米国や欧州向けにサービスを提供していない、または主要航路でないにもかかわらず、コンテナ不足を理由に値上げを遂行した船会社が存在し、また一部にはそれまでの主戦場であったアジア域内航路から、利幅の大きい太平洋航路にサービスをシフトする企業まで現れたのである。

　これらの海運業界の基本的な3つの特性をふまえると、滞留がわかっていたにもかかわらずコンテナが米国に向かったのは、中国から米国への航路の運賃高騰により、各社の近海航路よりも明らかに利益を確保できることがわかり、船会社がこれを優先したためであることがわかる。

ディスカッション：グローバルロジスティクスが混乱する要因

　ウイルスによるパンデミック以外にも、グローバルロジスティクスを混乱させ

図3.9　コンテナ運賃指数（CCFI）主要22社のサービス航路

	コンテナ運賃指数対象船会社	サービス提供航路			
		TPT	AET	IAT	AUT
1	CMA CGM	○	○	○	○
2	COSCO	○	○	○	○
3	HamburgSud	○	○		○
4	Hapag-Lloyd	○	○	○	○
5	HMM	○	○	○	○
6	Heung-A			○	
7	ONE	○	○	○	○
8	Maersk	○	○	○	○
9	MSC	○	○	○	○
10	OOCL	○	○	○	○
11	PIL	○	○	○	○
12	RCL			○	○
13	Shanghai Hai Hua			○	
14	Shanghai Jin Jiang			○	
15	Sinotrans			○	
16	SITC			○	
17	Yang Ming	○	○	○	○
18	Evergreen	○	○	○	○
19	KMTC			○	
20	Wan Hai	○		○	
21	TS Lines	○	○	○	○
22	ZIM	○	○	○	○

出所）各社ホームページ情報をもとに筆者作成

る要因には様々なものが考えられる。具体的にはどんな要因が考えられるか、歴史をふりかえり、話し合ってみよう。

3－2　VUCA の時代におけるグローバルロジスティクス戦略

　ここまでコロナ禍におけるグローバル海運市場の混乱について、その経緯と混乱の背景を経済的側面と業界特性の両面から整理してきたが、ここで強調したいのは物流業者選定の重要性である。

　冒頭で述べたとおり、筆者はこの混乱が始まった直後の2020年12月に、日本市場で活動する10社のコンテナ海運企業とコンテナ不足および運賃高騰の原因、および各社の状況改善に向けた戦略の方向性に関して議論する機会に恵まれた。

　これら議論を通じて、各社の戦略的方向性や日本顧客への対応は、以下の３タイプに集約されることとなった。

① 既存顧客重視型（３社）
② 短期利益重視型（３社）
③ バランス型　　（４社）

　通常船会社との運賃契約においては、航路ごとに一定期間同一の運賃で契約する「定期契約運賃」と、スポットで必要に応じて船腹を確保する「スポット運賃」が存在する。

　この運賃契約の違いであるが、「定期契約運賃」は通常一定期間、同一、複数の航路で大量に貨物を運ぶ荷主向けの運賃で「スポット運賃」と比較して安価となるケースが多い。

　契約においては、契約期間内にMQC（Minimum Quantity Commitment）と呼ばれる最低運航数量を設定して、荷主はその数量を満たすことで船腹の安定供給を、船会社は収益の安定を中長期的に確保する。

　一方の「スポット運賃」契約はその名のとおりその場限りの運賃であり、通常「定期契約運賃」より高めに設定されるが、船会社からすれば市況に応じて値段を上下させることで収益の最大化を図ることが可能となる。本章の３-１節で説明したコンテナ運賃指数（CCFI）は、この「スポット運賃」と「定期契約運賃」の両方が反映されている[17]。

　ところがこの時期、「コンテナ不足」と「スケジュール遅延」を背景に船会社のスポット運賃が高騰をはじめ、船会社にとっては「定期契約運賃」で運ぶよりも「スポット運賃」で運ぶ方がはるかに高い収益を確保できる状況となったのである。

既存顧客重視型

　この状況の中、既存顧客重視型の船会社は、どんなに「スポット運賃」が高騰しようとも、過去安定的に貨物を提供してくれた「定期契約運賃」の既存荷主を最優先とすることを明確に表明した企業群である。

　当時はどの船会社も「コンテナ不足」とともに「スケジュールの遅延」から日本の港を抜港するというサプライチェーン管理上では不安定の極みのような状況になっていたことから、荷主側では限られたスペースをいくら払ってでも確保し

たいという企業が多かった。

　このような状況下でも既存顧客重視型の企業は「スポット運賃」には目もくれず、基本的には現行の「定期契約運賃」での契約を履行する形で、既存顧客へのコミットメントを重視したわけである。

　「定期契約」といっても契約期間は個別企業ごとに様々で、その契約期間が完了すれば次期契約においては市況を反映した運賃を飲まざるを得ないという状況になるが、それでも誰もがほしいスペースを優先的に確保できるのは一定レベルの安心感を荷主企業側にもたらしたと考えられる。

　既存顧客重視型の船会社は当時インタビューした10社中3社の企業が該当したが、そこには以下の共通点が見られた。

（1）自社システムを通じて詳細なコンテナ在庫管理が行えている
（2）グローバルに航路を展開する海運企業である
（3）「継続的」「安定的」「長期的」に貨物を提供する荷主を重視している

　まず1つ目の特徴は、巷で「コンテナ不足」起因の運賃高騰と誰もが騒いでいる中で、自社のコンテナ数量をコンテナ種別ごと、港ごとにしっかりと把握しており、コンテナ在庫管理が的確に行われていたことである。

　また、これら船会社は太平洋、アジア欧州、アジア域内サービスのすべてを提供する大手の船会社で、荷主企業もグローバル顧客が多いという特徴があったものと考えられる。

　さらにこれら企業に共通していたのは、「継続的」「安定的」「長期的」に貨物を提供してくれる荷主企業を最優先に考慮するという点であり、運賃契約改定交渉の度に最安値の運賃を提供する船会社を行き来するような荷主は重視していないように見受けられた。

短期利益重視型

　次に、短期利益重視型の企業群であるが、端的にいえば既存顧客重視型の船会社と真逆の戦略的方向性を明言した企業群であり、さきに説明した「定期契約運賃」が荷主企業と締結されていても、高騰した「スポット運賃」を優先して短期的な収益の最大化を図っていた企業群である。

　当時よくいわれていたのは、「日系荷主企業向けの日本発着運賃レベルは海外荷主と比較すると相対的に安く、長期契約が主流である」ということであったが、

この短期利重視型の企業群は、このような典型的な日系企業向けサービスの提供に非常に懐疑的であった。

　短期利益重視型の企業は 3 社であったが、共通して明言していたのは、高収益航路へのコンテナ供給の優先、高収益貨物の優先、必要に応じた日本港の抜港であり、さらに日本港発着サービスの将来的な停止も辞さないことを明言していた。

　この 3 社の中には当時欧州向け、北米向けサービスは提供しておらず、コンテナ不足に陥る理由がない中でアジア域内サービスの運賃を便乗値上げしているように見受けられた企業があったが、その企業はその後、太平洋航路での北米向けサービスを開始し、空前の特需をしっかりと享受したものと推測される。

　また、これら企業群に共通していたのは、その後の運賃契約において「スポット運賃」を高めに設定し、「定期契約運賃」で荷主と一応の契約を行うものの、実際には「コンテナ不足」「スケジュール遅延」「スペース不足」を理由に定期契約荷主に対してスペースを提供せず、「スポット運賃」での船腹提供を優先させていた形跡が見られた。

バランス型

　最後にバランス型の企業群であるが、ここに属する 4 社に共通していたのは皆、既存顧客重視型、短期利益重視型の企業と比較すると規模が小さく中堅から小規模の企業ではあるが、主にアジア域内で明確な特徴のあるサービスを提供していた企業群である。

　韓国系、中国系の企業で地方港をカバーした日韓航路や日中航路、アジア域内サービスを提供する企業で、太平洋航路、アジア欧州航路にサービスを展開していないことから、この当時はまだ「コンテナ不足」を理由とした運賃の値上げも行っていなかった。

　これら企業群は得意航路を明確にして限られた航路でサービスを提供している性質上、荷主企業も非常に近い関係にあることが想定され、既存顧客重視型の側面を持ち合わせていた。

　また、他の船会社が「コンテナ不足」や「スケジュール遅延」で運賃値上げを行っていようが、自社がその状況で不利益を被っていない限り、それに便乗する形で値上げを行うことはないということを各社明言していた。

　一方で小規模の企業であり本船のスペースも限られることから、市場内での他社の状況を受けて運賃が高騰する可能性は否定できず、その場合には「スポット

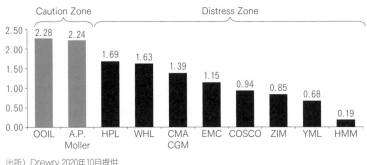

図3.10　主要コンテナ船会社 Z-Score（2020年11月）

出所）Drewry 2020年10月提供

運賃」を中心に値上げせざるを得ないことも明確にしていた。

財務状況と海運オペレーション戦略

　このように既存顧客重視型、短期利益重視型、バランス型のそれぞれの企業群で特徴があったわけであるが、この背景になっていると考えられるのが各船会社の財務状況の差異である。

　図3.10は Drewry[18] が提供する主要船会社の財務状況の健全性を示す Altman Z-Score という指標を示したチャートであるが、2020年11月当初、すなわち運賃高騰発生当時に発表された各社財務状況を示したものである。

　Altman Z-Score[19] とは、米国の経済学者アルトマンが考案した企業の倒産リスクを図る信用リスクに関する統計モデルで、Z値が2.99以上で安全、1.81～2.99の間は Caution Zone、1.81未満は Distress Zone に分類されるが、Distress Zone はすなわち企業の倒産リスクが高いことを示している。

　図3.10が示すとおり、2020年11月時点において、最も信用リスクの低いOOIL（OOCL）、それに次ぐ A.P.Moller（Maersk）ですら Z-Score は安全水準といわれる2.99を下回る Caution Zone に位置し、この2社を除く HPL（Hapag-Lloyd）、WHL（Wan Hai）、CMA CGM、EMC（Evergreen）、COSCO、ZIM、YML（Yang Ming）、HMM（Hyundai Merchant Maritime）は海上運賃指数を構成する主要船会社であるが、皆 Distress Zone、すなわち信用リスクの非常に高い財務状況であったことがわかる。

　また、具体的に船社名を挙げることは控えるが、直接の議論を通じて確信したのは、この Altman Z-Score が高い企業ほど既存顧客重視型、低い企業ほど短

期利益重視型に偏っていたことである。

　過去の業績を遡っても、多くのコンテナ運航船会社は財務状況の悪化に長年苦しんでいたことがわかる。特に近年では2016年に韓国の大手船会社であったHanjin Shipping Line が倒産の憂き目に合ったが、Altman Z-Score は HMM よりも高かったものの、HMM 同様に長年 Distress Zone に属していた。

　また、近年 A.P.Moller（Maersk）、CMA CGM、COSCO-OOCL が End-to-End を旗印に包括的なサービスを提供しようと試みているが、裏を返せば運賃の乱高下で財務状況の安定しないコンテナ海上輸送だけでなく、航空、鉄道、トラック輸送を包含するフォワーディング[20]、通関、倉庫オペレーションのサービスを提供することで、財務体質を安定させようと模索していることがうかがえる。

　このような状況を理解すれば、荷主企業にとってグローバルサプライチェーンのリスク管理という点では、既存顧客重視型のサービスプロバイダーを発見し、自社に見合う条件で長期、安定的にサービス提供を受けることを重視すべきである。

　また、そのような企業を発見する際には、財務体質の安定している企業を優先し、あくまでも両社にとって互恵的な関係を構築することを念頭におくべきであるといえる。

🚚📶 コラム　海運業界におけるデジタルツイン活用に関して

　「デジタルツイン（デジタルの双子）」とは、近年の IoT（Internet of Things）における技術やビッグデータの活用によりビジネスでの活用が進んでいる概念で、「実世界の経済活動や環境の情報を収集し、仮想のデジタル空間上に現実世界を再現する技術」[21] のことです。

　近年サプライチェーンの分野においても「デジタルツイン」の活用が進んでいるといわれますが、定期航路でのウイークリーサービスを基本とするコンテナ海運業界においては元来 IT への投資は活発であり、合従連衡を通じてグローバルに発展してきた中でデジタルツインの活用も進んでいるように見受けられます。

　往復の航海で通常35〜42日を要する北米航路を例に挙げれば、ウィークリーでサービスを提供するためには 5 から 6 隻の船舶の投入が必要となります

が、これら船舶の運航管理においては船舶遅延状況、各寄港地での荷役状況、船舶の故障状況から市場全体の需給バランスの把握（コンテナの過不足含む）等が必要となります。

　通常これらは航海データ、港湾等機関提供データ、AIS（Automatic Identification System：船舶自動識別装置）[22] データ、気象データおよび自社の顧客およびブッキング状況データ等の収集、分析を経て行われていると考えられますが、海運業においてはデジタルツインの活用により①船舶の設計と運用の改善、②運航管理の効率性向上、③港湾における荷役効率の向上、④関係者への運航状況の可視化、⑤顧客サプライチェーンの最適化、⑥安全性の強化の分野において有効な手段になり得ると考えられ、活用されています[23]。

　これら IoT およびビッグデータの活用を進める中でも防ぐことができなかった新型コロナウイルス感染拡大での混乱は、まさに歴史的であると同時に人材の重要性を浮彫りにした出来事でした。

3-3　VUCA の時代における日本国内のロジスティクスリスク管理

　2022年9月現在、日本国内の物流環境を考察するうえで「2024年問題」は避けて通れない課題として各所で注目を集めている。これは物流業界の「労働者不足」が根本的な原因である。

　また、日本の物流業界全体の市場規模はトラック、鉄道、外航海運、航空、倉庫などを合わせて約29兆円であるが、このうちトラック運送事業の市場規模は2018年度において19兆3,576億円であり、国内物流市場全体の約7割を占めている[24]。

　本節では、2016年頃から認識されるようになってきたドライバー不足を中心にトラック運送事業における労働力不足の構造とその影響を考察し、問題解決のためのソリューションおよびリスク管理について論じるものとする。

◇◇◇◇◇◇◇◇◇◇◇◇ 事例　再配達問題の顕在化 ◇◇◇◇◇◇◇◇◇◇◇◇
　ドライバー不足を含め「ロジスティクス業界の人手不足」は徐々に認知されてきており、いまでは業界内のみならず社会的課題として認識されるようになって

きた。筆者がそのきっかけと考えているのが、2016年12月に YouTube 上で公開された「配達員荷物叩きつけ事件」の映像[25]である。

　2016年12月6日午前11時50分ごろ、一人の配達員と思わしき人物が両手、両脇に配達物と見られる荷物を抱えながらマンションの階段を登るところから始まるこの映像は、階段を上りきったところでまずは抱えていた貨物を一度地面に置き、再度階段を降り始めた途端、階段途中に置いてあったと思われる台車を上段に置いた荷物に向かって投げつけたのである。

　直後その投げつけた台車は階段を下るような形でずり落ちていったが、配達員はそんなことには目もくれず階段中部に残っていたと思われる残りの配達物を階段上部に投げつけ、さらにその後2回にわたってこれら荷物に向かって先の台車を投げつけた。

　最後に階段下部に残していた配達物を手に取ると、まずは一度階段上部の荷物にそれら荷物を重ね合わせたうえで荷物を蹴り上げ、その後は配達物であることなど構いもせず、これら荷物に対して地面に叩きつける、投げつける、という行動を繰り返したのである。

　当日は12月という寒中で、映像で見る限りかなりの強風が吹いており荷物が風に舞うような形で吹き飛ばされていたが、結局台車に再度それら荷物を載せたうえで、最後は配達員が去っていくという映像であった。

　このような行動は決して許容されるべきものではないが、この映像をきっかけとして近年の宅配便物量の増加を起因とするドライバー不足の問題のみならず、宅配業界における再配達問題が注目を浴びることになったのである。

　実は筆者が人生初のアルバイトで行ったのが自転車での「お中元の配送」であり、この再配達の徒労感は身をもって体験している。配達個数の数量でアルバイト料が上下する仕事であったことから、配達する身としてはなんとしてでも荷物の配達を完了したい。幸いお中元というのは大体会社の上司やそれに該当する地位のある方々に送られるものであったため、配達先も同じ家ということが多く、昔は近所づきあいも多かったことから、不在の場合は隣近所の家庭に預かってもらうことができた。

　一方で当然すべての貨物を隣近所で預かってもらえるわけではなく、不在で配達物を持ち帰る際の徒労感というのは厳しいものがあった。再配達の問題は「無駄の解消」という意味合いで議論されることも多いが、それ以前のドライバー不足の要因として、配達の作業そのものが体力的、精神的に厳しい仕事であること

を認識する必要がある。

◇◇◇

国内ドライバー不足の問題構造

　2018年2月1日に国土交通省が行った荷物の再配達に関する調査の発表[26]によれば、2017年10月の宅配全体の15.5%が再配達されており、この再配達先の40%が当日配達される旨を知らなかったことが明らかにされている。

　また、この発表に先立って2017年10月27日にボストンコンサルティンググループがプレスリリース[27]を行ったが、2017年当時のドライバー数は日本国内に83万人おり、10年後の2027年には72万人に減少するにもかかわらず、配達需要はドライバー96万人相当に拡大し、24万人相当のギャップが発生するとの予測を発表した。

　国土交通省による宅配貨物の15.5%が再配達されているという調査結果[28]は、同時にドライバー9万人に相当する配達作業量であることも報告され、今後のドライバー減少を考慮した場合、いかに再配達を減らすべきかが重要であることを示したものであるといえる。

　2019年12月からのコロナ禍で一時的にドライバー不足の問題が解消されたかに見えるが、その後の実態はどうであろうか？

　「2024年問題」に絡めて再びドライバー不足に注目が集まるようになってきているが、まず実態としてドライバー不足の問題は解消されていない。

　厚生労働省「職業安定業務統計」[29]によれば、2014年以降「自動車運転の職業」の有効求人倍率は他の全業種平均と比較すると一貫して約2倍高く、2022年12月時点の指標で2.65という高い有効求人倍率が継続している（図3.11）。

　トラックドライバーの不足が社会問題として認識されて久しいが、根本的な解決策を考慮して導入しない限り、ドライバー不足の問題は解決しないものと思われる。

　図3.12からもわかるとおり、宅配便の取り扱い個数はコロナ禍が始まった2019年度の43億個から2021年度には50億個と大幅な伸びを示しており、諸外国のみならず在宅を中心とした活動の中で日本でも巣ごもり需要が増加したことがわかる。

　また、図3.13は2017年10月から2022年10月までの再配達率の推移を示したグラフであるが、コロナの影響で2020年4月に底を打ってから再配達率は上昇し始め、2022年10月時点での再配達率は11.8%にまで達している。

図3.11　「自動車運転の職業」の有効求人倍率

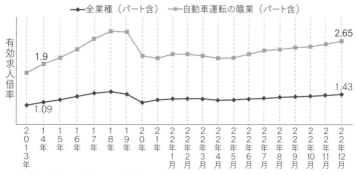

出所）厚生労働省　「職業安定業務統計（参考統計）」およびe-Statをもとに筆者作成

図3.12　宅配便の取り扱い個数（1992年度〜2021年度推移）

出所）国土交通省　「令和3年度 宅配便等取扱個数の調査及び集計方法」をもとに筆者作成

　2017年10月に国道交通省が再配達の調査を行った際の再配達率は15.5％であったが、2017年の宅配便取扱個数は43億個であり再配達の総数は約6億7,000万個であったと考えられる。

　一方で2021年の宅配便個数は50億個、図3.13から読み取れる再配達率約12％を適用すると6億個となるが、宅配個数が増加する中でこのまま再配達率が上昇を続ければ、再配達の数量的には以前の水準に逆戻りしてしまうことになる。

　厚生労働省「令和2年（2020年）賃金構造基本統計調査」[30]によれば、トラック運転者の平均年齢は大型トラック（営業用大型貨物自動車運転者）で49.4歳、中小型トラック（営業用貨物自動車運転者（大型車を除く））で46.3歳とその他全産業平均の43.2歳と比較して高齢となっており、また、総務省「令和2年

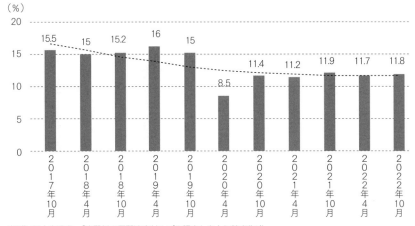

図3.13　再配達率（2017年10月〜2022年10月までの推移）

出所）国土交通省　「宅配便の再配達率サンプル調査」もとに筆者作成

（2020年）労働力調査」[31] によれば、道路貨物運送業（ドライバー）就業者における女性の割合は2.3％と、他の全産業平均44.5％と比較して極端に低い。

　このように配送の需要は上昇を続けるもののトラックドライバーという職業そのものは不人気で高齢化が進んでおり、その不人気の理由も明確である。

　図3.14はトラック運転者の2017年から2021年までの労働環境を示すグラフである。2021年の時点で年間労働時間は全産業平均の2,112時間と比較して大型トラックで2,544時間、中小型トラックで2,484時間と長い。

　さらにトラック運転者の年間所得額は全産業平均の489万円に対して大型トラックで463万円、中小型トラックで431万円とどちらも平均に達していない。つまり単純に計算して時給換算で割に合わない職業になってしまっているということであり、この課題を克服しない限りトラック運転手が増加に転じることはないと考えるのが妥当であろう。

　トラック運転手の年間所得額が他職種と比較して低くなる構造的問題として、「多重下請け構造」も指摘される。

　荷主からの発注を期限内に遂行するため、元請け企業は自社車両で賄いきれない受注分を他社に委託するわけであるが、この時二次請け、三次請けと委託される度に中間マージンの接収が行われ、実運送を行うドライバーの収受運賃が直接荷主からの発注額より大幅に下がるという現象が起こる。

図3.14　トラック運転手の労働環境（2017年〜2021年）

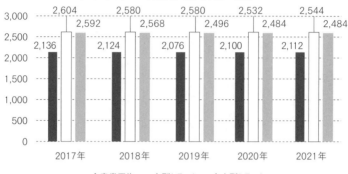

トラックドライバー年間労働時間（単位：時間）

■ 全産業平均　□大型トラック　■ 中小型トラック

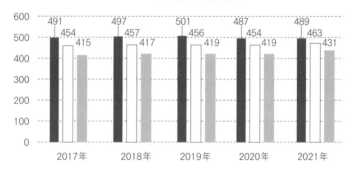

トラックドライバー年間所得（単位：万円）

■ 全産業平均　□大型トラック　■ 中小型トラック

出所）全日本トラック協会　「日本のトラック輸送産業　現状と課題2022」をもとに筆者作成

　この問題は、本質的には中小企業[32]が99.6％[33]を占めるトラック運送事業者において、荷主への営業力を有する元請け企業の割合が低すぎることが根本的な問題と考えられる。

2024年問題の本質的課題

　ここまで国内のドライバー不足の構造的問題に関して論じてきたが、整理すると

　① ドライバーの有効求人倍率は常に高く、不人気な職業である

② 宅配便数量が示すように配送需要は増加している

③ 再配達の問題は未だ解決されていない

④ ドライバーの高齢化が進んでいる

⑤ ドライバーの女性比率は他職業と比較して極端に低い

⑥ 他職業と比較して労働時間が長い

⑦ 他職業と比較して賃金が低い

という構造的問題があることが示された。

　次に議論したいのが「2024年問題」である。構造的問題の中でも、特にドライバー不足の本質的な課題となっているのは、⑥他職業と比較して労働時間が長い、⑦他職業と比較して賃金が低い、ことであり、「2024年問題」も基本的にはこの2つの課題を解決する為の法的枠組みに対応することである。

　そこでまずは「2024年問題」に関連する法的枠組みについて整理したい[34]。多くの識者が指摘するように、トラックドライバーの長時間労働、低賃金の構造は1990年（平成2年）12月に施行された「物流二法」にその遠因があると考えられる。

　「物流二法」とは「貨物自動車運送事業法」[35] と「貨物運送取扱事業法」[36] のことで、その施行に伴いトラック運送事業の免許制から許可制への変更、運賃の認可制から事前届出制への変更が行われた、1990年に導入された規制緩和目的の法制のことである。この「物流二法」の施行に伴い新規参入事業者は増加した。一方で「平成不況」または「失われた20年」と呼ばれる景気低迷に伴う輸送需要の減少により、供給過多となった事業者間の荷主獲得競争のなかで、長時間労働および低賃金が定着していったのである。

　しかしトラックドライバーには労働条件の改善を行うための厚生労働大臣による告示があり、これを「改善基準告示」（自動車運転者の労働時間等の改善のための基準）と呼ぶ。

　1989年2月に最初の告示があってから2度の改正を経て現行基準は1997年4月から適用されているが、2022年12月に改正され新たな「改善基準告示」[37] が公布された。「改善基準告示」の主な内容はドライバーの拘束時間、休憩時間、運転時間、連続運転時間、休日労働の基準を規定するものであり、現行制度においては1カ月の拘束時間が293時間と規定されているが、罰則がないためこれらルールが順守されていないことが問題となっている。

　また、「2024年問題」と呼ばれるのはこのようなドライバーの悪環境を改善す

るため、2024年4月1日に施行される労働基準法の適用に伴うものであるが、これはそもそも「働き方改革関連法案」の可決、成立に伴うものである。

2018年6月29日に可決した「働き方改革関連法案」は

- 働き方改革の総合的かつ継続的な推進
- 長時間労働の是正と多様で柔軟な働き方の実現等
- 雇用形態に関わらない公正な待遇の確保

の3つの法制を柱とした改革法案である。この中には時間外労働の罰則付き上限規制があるが、「一般則」では年720時間が上限となっており、大企業では2019年4月1日から、中小企業でも2020年4月1日からすでに適用が開始されている。

しかしトラックドライバーを含む自動車の運転業務に関しては、実際の労働時間が大きくかけ離れていたことから法律施行までに5年間の猶予が与えられ、さらに一般則の上限である720時間ではなく、それよりも240時間も長い960時間の罰則付き上限規制が2024年4月1日より適用されるのである。

加えてこれまで多くのトラック運送事業者に猶予されてきたのが、割増賃金率の引き上げである。時間外労働に伴う割増賃金は、中小企業ではその労働時間にかかわらず1.25倍が適用されてきた。大企業では2010年より60時間を超える時間外労働分に関しては1.5倍が適用されてきたが、このたび2023年4月1日より中小企業にも適用されるようになった。

2024年問題のリスク

ここで「2024年問題」の構造を整理してそのリスクを考慮したのが図3.15だ。

2024年4月1日から施行される新たな労働基準法では、ドライバー労働環境の1つの重要課題である拘束時間が制限されることになるが、これは現在「改善基準告示」で規定されている罰則なしの月次293時間から、罰則付の275時間に短縮されることになる。また、それ以前の2023年4月1日より時間外労働の60時間を超える部分に関して割増賃金1.5倍が中小企業にも適用されるようになったため、中小企業が99.6%を占めるトラック運送事業社でもほぼ全面的に適用されたことになる。

ここでまず直接的に影響を受けるのは、トラックドライバーおよびトラックドライバーを雇用するトラック運送事業者である。トラックドライバーにとっては長時間の労働時間は時間外労働賃金の増加につながるわけで、長時間拘束の対価として時間外労働により生計を立てていたドライバーも少なくないといわれてお

図3.15　「2024年問題」の構造と想定リスク

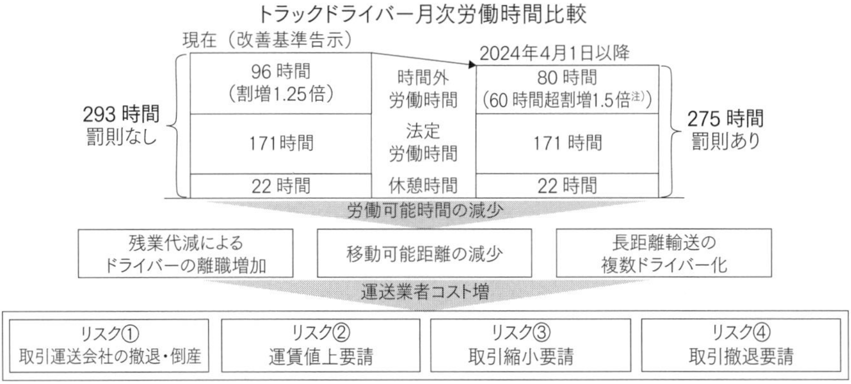

トラックドライバー月次労働時間比較

現在（改善基準告示）		2024年4月1日以降	
96 時間（割増1.25倍）	時間外労働時間	80 時間（60 時間超割増1.5倍注））	
171時間	法定労働時間	171 時間	
22 時間	休憩時間	22 時間	

293 時間 罰則なし　　275 時間 罰則あり

労働可能時間の減少

残業代減による	移動可能距離の減少	長距離輸送の
ドライバーの離職増加		複数ドライバー化

運送業者コスト増

リスク①	リスク②	リスク③	リスク④
取引運送会社の撤退・倒産	運賃値上要請	取引縮小要請	取引撤退要請

出所）井上真希「荷主企業が取り組む2024年問題の対応策」船井総研 ロジー（https://logiiiii.f-logi.com/series/pointofview/countermeasures-for-the-2024problems/）をもとに筆者作成
注）2023年4月1日より施行

り、特に長距離ドライバーに多いといわれる。

　ところが今回の法制は一見するとドライバーの長時間労働を軽減する改正案に見られるが、実際には他職種より賃金の安いドライバーの給与をさらに下げることにつながりかねず、ただでさえ不人気職種のドライバーのさらなる減少につながる可能性がある。

　また、拘束時間を規制するということはその時間内で完結する仕事しか受注できなくなるということであり、移動可能距離の短縮、すなわち収受運賃の減少とともに、長距離輸送においては複数ドライバーによるリレー式の配送が必要となる。

　これらすべてはドライバーの雇用主であるトラック運送事業者にとってのコスト増要因であるが、さらに現状では荷主側から要請される長時間待機の問題、集荷地および配達地での付帯作業の常套化（トラックからの積卸し作業）、厳格な納期指定の問題などに加え、燃料価格の高騰を運賃に反映できないなど、荷主側からの要求により運送事業者側で大きなコスト増要因となってきた業界の慣習がある。

　荷主側がこれらコスト増要因の慣習改善策を積極的に導入しない限り、

① 取引運送会社の撤退・倒産

② 運賃の値上要請

③ 取引縮小要請

④ 取引撤退要請

が現実的なリスク要因となり、荷主企業側の国内物流の崩壊を引き起こす可能性があるというのが「2024年問題」の本質なのである。別の見方をすれば、「2024年問題」の最大のリスクは値上げのみならずトラック運送事業者による荷主の選別が始まるということであり、荷主は常に最新の情報を収集したうえで社内調整を図り、リスク軽減に向けた業者選定・管理を継続する必要があるということである。

　本章ですでに述べたとおり、日本企業はコロナ禍の海運市場の混乱時には多くの船会社から突き放され、結果として大幅な値上げを飲まざるを得ない状況に陥ったわけであるが、今回の「2024年問題」でも同様の問題に直面する可能性が高いことを認識する必要がある。実際、新型コロナウイルス感染拡大直前の2017年から2019年頃にかけては東京港、大阪港を中心にコンテナドレージ[38] 不足の状況に陥り、特に積込み（バンニング）や積卸し（デバンニング）に時間がかかる拘束時間の長い荷主に対して容赦のない値上げ、配送拒否が恒常的に行われていたという事実がある。

　新たな労働基準法の施行まで1年半となった2022年9月時点、国内のトラック運送事業者に「2024年問題」についてヒアリングすると大きく2つに分かれる反応が見られる。

　一方は現時点では手の打ちようがなく、2024年4月1日以降の配送見積は提案できないという企業群であり、他方はすでに社内的にも対策が取られており、大きな値上げ、混乱は避けられそうだという企業群である。

　いわずもがな前者は中小企業に多い反応であり、後者はやはり大手企業での反応であるが、トラック運送事業者というのはそれぞれ役割によって企業、ドライバーの属性も異なり、一括りで捉えるのは危険である。

　海上コンテナドレージにはその業界と企業群があるし、当然ラストワンマイルではヤマト運輸、佐川急便、日本郵便を中心とした宅配貨物取扱事業者があり、百貨店への納品を行うには指定納品代行業者があり、またそれぞれの地域で混載便、チャーター便、幹線輸送を得意とする企業群もある。「2024年問題」を考慮すると一定レベルの運賃値上げを荷主側が受け容れざるを得ないことは間違いなさそうであるが、より重要なことは配送拒否の状況に陥らないよう荷主企業は常に情報を収集し、グローバル物流でのリスク対策同様、信頼できる業者と互恵的

な関係を築くことが必要である。

3－4　国内ロジスティクスの危機的状況を救うソリューション

　ここでは日本の構造的な問題であるドライバー不足を解決する可能性のあるソリューションとして「自動運転による貨物配送」に焦点を当て考察を行う。

◇◇◇◇◇◇◇◇◇◇ **事例　自動運転がトラックドライバー不足を救う？** ◇◇◇◇◇◇◇◇◇◇

　「自動運転による貨物配送」の可能性については、すでに多くの企業が実証実験を行い[39]、その実現に向けて活動を継続していることが報告されている。物流領域の自動運転は、タクシーや一般の自動走行と比較して輸送ルートが予め定義し易く、高速道路を中心に走行を行う長距離輸送で自動運転技術を応用することに対する要求が高いことから、新型コロナウイルス感染拡大でドライバー不足が顕著となった米国で特にその取り組みが進んでいる。

　『週刊東洋経済』2022年5月21日号の記事[40]によれば、2021年からサンフランシスコで補助ドライバー付自動運転タクシーのサービスを提供する米ウェイモ（Waymo）が貨物輸送用大型トラックの自動運転開発を目指し、物流大手企業のJ.B.ハントやC.H.ロビンソンと提携、運用に向けて動き出しているという。

　また、米ゼネラル・モーターズ（GM）傘下で自動運転技術の開発を行うクルーズ（Cruise）はフェデックス（Fedex）と提携、その他長距離輸送トラックの自動運転技術を開発するスタートアップのコディアック・ロボティクスと米運送会社USエキスプレスが共同開発を開始、テスラも2023年に電動トラックのSemiの販売を予定するなど、活発な開発競争が報告されている。

◇◇

ドライバー不足解決に向けた日本のロードマップ

　一方で日本のトラック輸送に関わる自動運転については、政府が2014年6月に制度面を含むITS[41]（Intelligent Transport Systems：高速道路交通システム）と自動運転に係る国家戦略として2030年を視野に策定した「官民ITS・ロードマップ」に沿ってその進捗を確認すると、日本の現状および将来像が見えてくる。図3.16は「官民ITS・ロードマップ」である。

　「物流サービス」の自動運転に関するロードマップは点線で囲われた部分が該

図3.16　「官民 ITS・ロードマップ」（物流サービス部分を中心に抜粋）

ロードマップ全体像

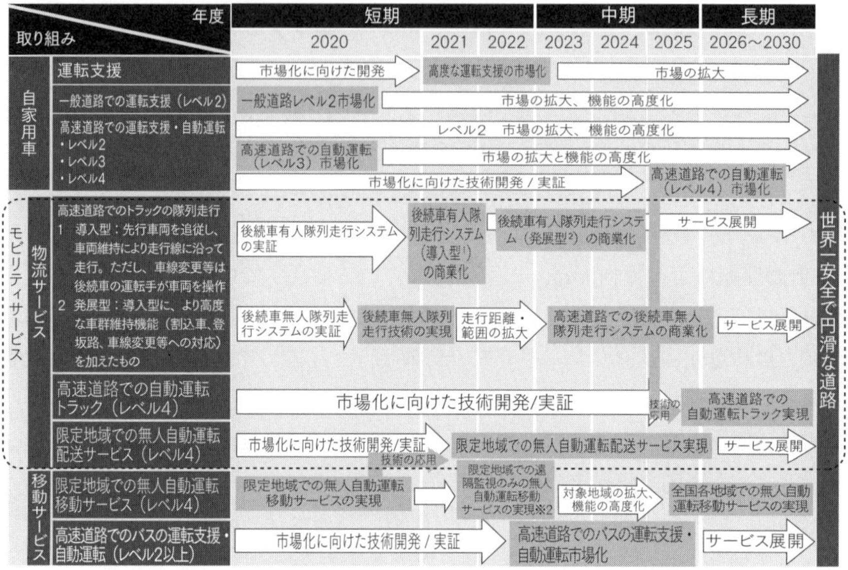

取り組み	年度	短期			中期			長期	
		2020	2021	2022	2023	2024	2025	2026～2030	
自家用車	運転支援	市場化に向けた開発 →	高度な運転支援の市場化			市場の拡大			世界一安全で円滑な道路
	一般道路での運転支援（レベル2）	一般道路レベル2市場化	市場の拡大、機能の高度化						
	高速道路での運転支援・自動運転・レベル2・レベル3・レベル4		レベル2　市場の拡大、機能の高度化						
		高速道路での自動運転（レベル3）市場化	市場の拡大と機能の高度化						
		市場化に向けた技術開発／実証					高速道路での自動運転（レベル4）市場化		
モビリティサービス　物流サービス	高速道路でのトラックの隊列走行　1 導入型：先行車両を追従し、車両維持により走行線に沿って走行。ただし、車線変更等は後続車の運転手が車両を操作　2 発展型：導入型に、より高度な車群維持機能（割込車、登坂路、車線変更等への対応）を加えたもの	後続車有人隊列走行システムの実証	後続車有人隊列走行システム（導入型）の商業化		後続車有人隊列走行システム（発展型）の商業化		サービス展開 →		
		後続車無人隊列走行システムの実証	後続車無人隊列走行技術の実現	走行距離・範囲の拡大	高速道路での後続車無人隊列走行システムの商業化		サービス展開 →		
	高速道路での自動運転トラック（レベル4）	市場化に向けた技術開発／実証				技術の応用	高速道路での自動運転トラック実現		
	限定地域での無人自動運転配送サービス（レベル4）	市場化に向けた技術開発／実証　技術の応用	限定地域での無人自動運転配送サービス実現				サービス展開 →		
移動サービス	限定地域での無人自動運転移動サービス（レベル4）	限定地域での無人自動運転移動サービスの実現	対象地域内の遠隔監視のみの無人自動運転移動サービスの実現		対象地域の拡大、機能の高度化		全国各地域での無人自動運転移動サービスの実現		
	高速道路でのバスの運転支援・自動運転（レベル2以上）	市場化に向けた技術開発／実証		高速道路でのバスの運転支援・自動運転市場化			サービス展開 →		

出所）高度情報通信ネットワーク社会推進戦略本部・官民データ活用推進戦略会議「官民 ITS 構想・ロードマップ──これまでの取組と今後の ITS 構想の基本的考え方」2021年6月15日

当し、この中で①高速道路でのトラックの隊列走行、②高速道路での自動運転トラック（レベル4）、③限定地域での無人自動運転配送サービス（レベル4）の実現時期が目標として定められている。

　自動運転の技術は米国自動車技術者協会（SAE）[42] および国土交通省が自動運転レベルを 0 ～ 5 までの 6 段階で区分しており、レベル 0 ～ 2 までの 3 段階の運転主体は「人」であるが、レベル 3 から運転主体は「システム」となり、レベル 3 が「条件付運転自動化」、レベル 4 が「高度運転自動化」、レベル 5 が「完全運転自動化」である。本ロードマップで登場するレベル 4 の「高度運転自動化」とはドライバーが運転動作を考える必要がなくなる自動運転レベルである。

　ここでロードマップ上のそれぞれの目標に関して詳細を見ると、①高速道路でのトラックの隊列走行はさらにそのレベルによって「導入型」と「発展型」に分かれ、「導入型」は後続車にも人が乗ることで、車線変更等の時には後続車の運転手が操作を行うモデルである。「発展型」はより高度な車群維持機能である割込車、登坂路、車線変更等への対応力を備えたモデルである。ロードマップでは

2021年に「導入型」、つまり「後続車有人隊列走行システムの商業化」を目指し、2023年から2024年末までにそれをさらに高度化させる。

　一方で「発展型」は2020年までに「後続車無人隊列走行技術の実現」を目標としており、2022年末から2025年までに「高速道路での後続車無人隊列走行システムの商業化」を目指している。

　次に②高速道路での自動運転トラック（レベル4）の目標設定であるが、こちらは「高速道路での自動運転トラック実現」が2025年後半から2030年までの長期目標として設定されている。

　最後に③限定地域での無人自動運転配送サービス（レベル4）の目標であるが、こちらは2021年後半から2025年末までの短・中期目標として「限定地域での無人自動運転配送サービス実現」が設定されている。

　このロードマップに沿った一連の活動のなかで、2021年6月15日にそれまでの取り組みとその後の ITS 構想の基本的な考え方が報告されているが、この中で物流サービスの自動運転技術に関する進捗も報告されている。図3.17はそのロードマップに沿って設定された目標の達成度を、2021 年 6 月 15 日時点で評価したものである。

　ロードマップでは2020年までの「後続車無人隊列走行技術の実現」、2021年に「後続車有人隊列走行システムの商業化」を目標としていたが、前者の「後続車無人隊列走行技術の実現」に関しては経済産業省と国道交通省から委託を受けた豊田通商が、2021 年 2 月22日に新東名高速道路の遠州森町 PA ～浜松 SA 間においてその走行技術を実現したことが公表されている[43]。

　また、「後続車有人隊列走行システムの商業化」に関しても、いすゞ自動車、日野自動車、三菱ふそうトラック、UD トラックスのメーカー4社が協調技術を使い商業化を目指すことが2020 年 7 月20日に日本自動車工業会より発表されたが、その後実証実験にて得られた知見に基づき4社各々が自社の商品開発に反映させるための商品開発を行っている。また2021年度からの「高速道路でのレベル4自動運転トラックの社会実装」政府プロジェクト（「RoAD to the L4」プロジェクトのテーマ3）にこれら4社が参画し、この中でインフラ支援や制度整備および周辺の運行管理・監視システムなどの標準化すべき協調領域に関し、各社開発中の車両にて走行中の事象に共通の挙動が取れるよう対応を検討していることが確認された[44]。

　これらに伴い、直近の2022年8月1日デジタル社会推進会議幹事会決定として

図3.17　「官民ITS・ロードマップ」目標達成度評価

	レベル	実現が見込まれる技術（例）	市場化等期待時期	評価（○：目標達成　△：一部実現　×：未実装）	
自動運転技術の高度化					
自家用	レベル3	高速道路での自動運転	2020年目途	・改正道路運送車両法の施行（2020年4月） ・改正道路交通法の施行（2020年4月） ・高速道路渋滞時における自動運転システム（レベル3）を市場化	○
	レベル4	高速道路での自動運転	2025年目途	・民間において車両技術開発を推進、レベル4におけるビジネス価値を検討中・高速道路上の合流部等における道路側から情報提供を行う仕組み等の検討	計画通り進捗
物流サービス	―	高速道路でのトラックの後続車有人隊列走行	2021年まで	・2021年度中の「導入型」有人隊列走行システム（ACC＋LKA）の商業化を発表 以降、発展型としてより高度な車線維持機能（割込車、登坂路、車線変更等への対応）を加えた有人隊列走行の開発・商業化を目指す	計画通り進捗
		高速道路でのトラックの後続車無人隊列走行	2022年度以降	・新東名（浜松SA～遠州森町PA）にて後続車の運転席を実際に無人とした状態でのトラックの後続車無人隊列走行技術を実現（2021年2月）	計画通り進捗
	レベル4	高速道路でのトラックの自動運転	2025年以降	・実現に向けた2020年度前半の具体的な工程表を作成 ・民間において車両技術開発を推進	計画通り進捗

出所）高度情報通信ネットワーク社会推進戦略本部・官民データ活用推進戦略会議「官民ITS構想・ロードマップ
　　──これまでの取組と今後のITS構想の基本的考え方」2021年6月15日

発表されたのが「デジタルを活用した交通社会の未来2022」であり、ここで新たに策定されたロードマップが図3.18である。

　図3.18の①高速道路でのトラックの隊列走行のロードマップを見ると、「導入型」は2023年度前半から2024年度末までの間に「高速道路での後続車有人隊列走行システム商業化」を目標としている。また、「発展型」においては2022年度後半から2025年度末までにかけて「高速道路（東京～大阪間）での後続車無人隊列走行システムの商業化」が目標となっており、先のロードマップどおりの進捗が継続している。さらに②高速道路での自動運転トラック（レベル4）および③限定地域での無人自動運転配送サービス（レベル4）の目標設定も先のロードマップから変更はなく、高速道路での自動運転（レベル4）は概ね2025年度を境に実現する可能性が高いと推測することができる。

　このように「2024年問題」と「自動運転による貨物の配送」実現可能時期を見比べてみると、ドライバー不足に対応するための長時間労働および低賃金の是正を促しながらも、生産年齢人口の減少による恒常的な人員不足を補うために、自動運転の導入に向けて着々と前進していることが理解できるのである。

図3.18　「デジタルを活用した交通社会の未来2022」ロードマップ

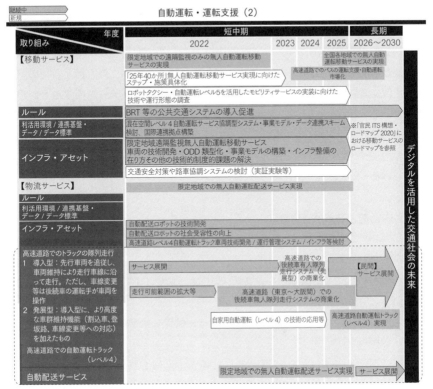

出所）デジタル庁　「デジタルを活用した交通社会の未来2022」2022年8月1日

ディスカッション：ドライバー不足を補うソリューション

（1）政府が推進する自動運転が実現するためには、どんな課題がハードルになるか考えてみよう。

（2）選択肢として外国人労働者に門戸を開くという議論があるが、その問題点は何か。また、この他にも日本の物流危機を救う手立てがないか、話し合ってみよう。

3章のポイント

➤　グローバルにビジネスを展開している船会社は、空のコンテナを戦略的に動かすことで利益の最大化を図っていて、グローバルロジスティクスのリスク管理ではこれを考慮する必要がある

➤　船会社の運賃設定には、①既存顧客重視型、②短期利益重視型、③バランス型という大きく分けて3つの方針があり、荷主企業はこの方針と各社の財務状況を鑑みて、安定的な協調関係を期待できるパートナーを探すことが重要である

➤　国内ロジスティクスの大半を担っているトラック物流は、単身・共働き世帯の増加やECの拡大、ドライバーの待遇問題などで、継続の危機が指摘されている

3章の内容をより深く学ぶために

E. H. フレーゼル（2007）『サプライチェーン・ロジスティクス』高橋輝男監訳、中野雅司訳、白桃書房。

オーシャンコマース『国際輸送ハンドブック』オーシャンコマース。＊毎年発行

谷川一巳（2016）『航空・貨物の謎と不思議』東京堂出版。

マルク・レビンソン（2007）『コンテナ物語──世界を変えたのは「箱」の発明だった』村井章子訳、日経BP。

李瑞雪・安藤康行編著（2022）『業界別 物流管理とSCMの実践』ミネルヴァ書房。

注

1 ）（1956年に始まった）コンテナリゼーションがグローバルサプライチェーンを大幅に再編し、物流における大幅規制緩和の誘因となり、北大西洋が中心だった世界貿易にアジアを組み込んだ。マルク・レビンソン（2007）『コンテナ物語──世界を変えたのは「箱」の発明だった』村井章子訳、日経BP、p.6より。

2 ）EC（Electronic Commerce：電子商取引）とは、リアルに店舗を構えるのではなく、インターネットを使って商品を販売するビジネスモデル。

3 ）オムニチャネルとは、企業とユーザーの接点であるチャネルを、ECサイトなどのwebサイトだけでなく、メールやスマホアプリといったその他のオンラインの接点、さらには店舗などのオフラインの接点も含めて様々なチャネルを連携し一貫した顧客体験を提供し、ユーザーにアプローチする販売戦略のこと。Adobe Experience Cloud「オムニチャネルとは？意味や戦略、成功事例をご紹介」2022年10月 7 日（https://business.adobe.com/jp/blog/

basics/omni-channel）より。

4）3PL（Third Party Logistics）とは、荷主の物流業務を荷主以外の第三者が包括的に受託してサービスを提供すること。

5）コンテナ運賃指数（CCFI）は以下を参照（https://en.sse.net.cn/indices/ccfinew.jsp）。

6）バルチック海運指数（BDI）は以下を参照（https://www.balticexchange.com/en/data-services/market-information0/indices.html）。

7）バルチック海運指数とコンテナ運賃指数の違いは、前者が鉄鉱石、石炭、穀物などのバルクカーゴと呼ばれる貨物を運ぶ不定期船の運賃指標であるのに対して、後者がコンテナ船を中心とした定期船、つまりコロナ禍での混乱の主役となった海運貨物の運賃指標であるため、以降では後者で議論を展開している。

8）国際通貨基金（IMF）「世界経済見通し（World Economic Outlook）」は以下を参照（https://www.imf.org/en/Publications/WEO/Issues/2021/03/23/world-economic-outlook-april-2021）。

9）日本の5大港とは東京港、横浜港、名古屋港、大阪港、神戸港の5つで、日本国内において総取扱貨物量、総貿易額で上位を占める港群である。

10）内航船とは日本国内の貨物輸送に使用され、国内港間を航海する貨物船のことで、自動車、鉄道、航空と比較した機関別では国内輸送の約4割を占めている。参考として、日本内航海運組合総連合会「貨物輸送について」（https://www.naiko-kaiun.or.jp/about/about_cargo/）。

11）国土交通省では毎月「港湾統計速報」を発表している（https://www.mlit.go.jp/report/press/joho05_hh_000704.html）。

12）玉井和久・佐々木友子・渡部富博（2016）「輸出入海上コンテナの我が国の地域別貨物量とその流動に関する一考察」『国土技術政策総合研究所資料』No.898。

13）海運における「アライアンス」とは、定期コンテナ船社による世界規模の戦略的協定のことである。『港湾』96巻2019年11月号、p.46、国土交通省 港湾局 港湾経済課 港湾物流戦略室より。

14）トランジットタイムとは、定期コンテナ船が特定の港間を何日で運行するかという運航日数のことである。コンテナ船の最大の特徴は定曜日に各港に到着することをコミットすることであり、トランジットタイムは顧客にとって非常に重要な情報となる。

15）Drewry 運賃指数は Drewry Maritime Research（英国）が提供するコンテナ運賃指数であり、CCFI とは異なり実際の海上運賃（金額）を示す指標である（https://www.drewry.co.uk/supply-chain-advisors/supply-chain-expertise/world-container-index-assessed-by-drewry）。

16）ONE 社ホームページより（https://jp.one-line.com/ja/vessels）。

17）後藤洋政「コンテナ運賃の指標と物価に与える影響の整理」『日本海事新聞』2022年1月27

日付。

18) Drewry ホームページ（https://www.drewry.co.uk/home）。

19) Altman, E. I. (1968) "Financial Ratios, Discriminant Analysis and the Prediction of Corporate Bankruptcy," *Journal of Finance*, Vol.23, No.4, pp.589-609.

20) フォワーダーとは、自らは輸送手段を持たず、船舶・航空機・トラック・JR などを利用し、荷主と直接契約して貨物輸送を行う事業者のこと。日本通運「ロジスティクス用語集 フォワーダー」（https://www.nittsu.co.jp/support/words/ha/forwarder.html）より。フォワーディングとは輸出入を行おうとする荷主から貨物を預かり、実際に貨物を輸送する船会社や航空会社などとやり取りをして、輸送の手配をすることであり、これを行うのがフォワーダーである。

21) 大里和哉「デジタルツインとは――製造・建設から SCM へ活用広がる、現実と仮想の『双子』」日経クロステック Active 2022年9月5日（https://active.nikkeibp.co.jp/atcl/act/19/00217/082600068/）。

22) AIS（Automatic Identification System：船舶自動識別装置）とは、海上を航行する船舶同士が、航行情報を相互に交換するための装置で、衝突予防と人命安全という観点から、SOLAS 条約によって搭載が義務化されたシステムである。

23) Loh, J. "Many Uses of Digital Twins in Maritime Industry," DIGITAL TRANSFORMATION, MARITIME NEWS, 2022, May, 30.

24) 公共社団法人全日本トラック協会「日本のトラック輸送産業現状と課題 2022」、p.11。

25) 「【ズーム補正済】佐川急便？がブチギレ？荷物投げまくりぶつけまくり」（https://www.youtube.com/watch?v=SIXNyz6rGyU）。

26) 国土交通省「宅配便の再配達削減に向けて」（https://www.mlit.go.jp/seisakutokatsu/freight/re_delivery_reduce.html）。

27) 「日本の物流トラックドライバーの労働力は2027年に需要分の25%が不足。96万人分の労働力需要に対し、24万人分が不足と推計～ BCG 調査」ボストンコンサルティンググループプレスリリース、2017年10月27日（https://www.bcg.com/ja-jp/press/japan-press-release-27october2017-logistics）。

28) 国土交通省「平成29年10月期の宅配便再配達率について」2018年1月31日（https://www.mlit.go.jp/report/press/tokatsu01_hh_000364.html）。

29) 厚生労働省「職業安定業務統計」（https://www.mhlw.go.jp/toukei/list/114-1b.html）。

30) 厚生労働省「令和2年賃金構造基本統計調査 結果の概況」（https://www.mhlw.go.jp/toukei/itiran/roudou/chingin/kouzou/z2020/index.html）。

31) 総務省「令和2年労働力調査」（https://view.officeapps.live.com/op/view.aspx?src=https %3A %2F %2Fwww.stat.go.jp %2Fdata %2Froudou %2Freport %2F2020%2Fft %2Fzuhyou %2Fa00700.xlsx&wdOrigin=BROWSELINK）を参照。ただし「道路貨物運送

業」のみの比率は総務省へのヒアリングによる。

32）中小企業基本法では「資本金 3 億円以下又は従業員300人以下」の企業を中小企業と規定している。

33）公益社団法人全日本トラック協会「自由民主党政務調査会 国土交通部会 ヒアリング資料」令和 3 年 5 月19日。

34）『月刊ロジスティクス・ビジネス』ライノス・パブリケーションズ、2022年 3 月号の特集「2024年問題」解説の中で、NX 総合研究所の金澤匡晃氏が「問題の本質は何か、物流に何が起きるのか」で詳細に整理している。

35）詳細は e-Gov 法令検索「平成元年法律第八十三号 貨物自動車運送事業法」（https://elaws.e-gov.go.jp/document?lawid=401AC0000000083）を参照。

36）詳細は e-Gov 法令検索「平成元年法律第八十二号 貨物利用運送事業法」（https://elaws.e-gov.go.jp/document?lawid=401AC0000000082）を参照。貨物運送取扱事業法は平成15年（2003年）3 月31日に廃止され、平成15年 4 月 1 日より貨物利用運送事業法に改正されている。

37）詳細は厚生労働省「自動車運転者の労働時間等の改善のための基準（改善基準告示）」（https://www.mhlw.go.jp/stf/seisakunitsuite/bunya/koyou_roudou/roudoukijun/gyosyu/roudoujouken05/index.html）。

38）コンテナドレージとはすなわちトラックによるコンテナ輸送のことであるが、（海上）コンテナ業界の慣習として「コンテナドレージ」が一般的に利用される。

39）国土交通省「高速道路におけるトラックの後続車無人隊列走行技術を実現しました」令和 3 年 3 月 5 日（https://www.mlit.go.jp/report/press/jidosha07_hh_000362.html）。

40）山本康正「Inside USA 激化する自動運転の開発競争 ロボタクシーや物流が主戦場」『週刊東洋経済』2022年 5 月21日号、p.42。

41）ITS とは、最先端の情報通信技術を用いて人と道路と車両とを情報でネットワークすることにより、交通事故、渋滞などといった道路交通問題の解決を目的に構築する新しい交通システム。国土交通省 道路局「ITS とは？」（https://www.mlit.go.jp/road/ITS/j-html/whatsITS/index.html）より。

42）SAE International "SAE International――Advancing Mobility Knowledge and Solutions"（ https://www.sae.org/）.

43）豊田通商「高速道路におけるトラックの後続車無人隊列走行技術を実現」2021年03月05日（https://www.toyota-tsusho.com/press/detail/210305_004779.html）。

44）2023年 3 月 3 日、日本自動車工業会広報部への問い合わせに対する回答情報である。

※いずれの URL も最終アクセス日は2023年 4 月10日。

4章

戦略とオペレーションを融合する S&OP

中村　祐作

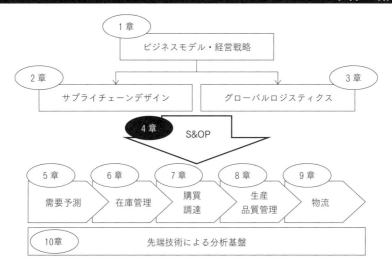

　事業の戦略とオペレーションを整合させると聞くと、当たり前のことに思えるかもしれません。戦略とは目指すゴールに対し、現在地から進むべき方向を示すものです。実際にこれを実現するためには、マーケティングや営業、ファイナンス、製造、調達、物流、人事、IT など、多様な機能が足並みを揃えてそれぞれの活動を推進する必要があります。ここで部分最適に陥らないために、トップマネジメントがガバナンスを効かせる仕組みが重要になるのです。

　また、ビジネス環境は常に変化します。社会構造や顧客の心理は変化し、ビジネスに関連する技術も進歩していきます。その中で、時代に乗り遅れずに適宜、戦略を見直していくことが競争力を生み出します。そこで、環境変化を常にモニタリングし、企業活動をコントロールしていくことが必要になります。

　これらを組織として実行していくのが S&OP です。4章では、製造業だけでなく、コンサルティングや教育、社会インフラ、金融といった幅広い業界でも重要になってきている S&OP について学びましょう。

　S&OP（Sales and Operations Planning）という言葉が出てきたのは1980年代後半である。企業のグローバル化が進み、サプライチェーンがより複雑になるにつれて、企業は顧客が必要とする製品を単に供給するだけでは、売上は達成できても利益を確保することは難しくなった。

　米国のオリバー・ワイト社により1988年に定義されたS&OP[1]は、2000年頃に欧米のトップダウン型の企業で本格的に導入され、ビジネスニーズに合った需給バランスをとるプロセスとして注目されている。

　本章では、このS&OPについて①基本的なフレームワークとビジネスにおける価値、②経営視点でのS&OPの実践、③ビジネス現場のS&OPの実際と課題という3つの節で解説する。

4－1　S&OPのフレームワークとビジネス価値

S&OPの考え方

　現代のグローバル企業は従来のモノづくりやサプライチェーンのプロセスを踏襲しているだけでは利益を確保することが難しくなっている。企業が存続し続けるためには、ヒト・モノ・カネという有限のリソースを効率的に活用し、利益を確保し、企業価値を上げなければならない。この「利益」という観点がS&OPでは重要になってくる。

　日本の製造業や流通業の多くが従来取り組んできたのは、主に「モノ＝数量」を軸に意思決定するプロセスだ。これはマーケットの需要を満たすために「必要な数量を供給する」「売上目標を達成する」などの観点において必要な考え方である。一方、S&OPは「カネ＝金額」を軸に意思決定するプロセスといえる。

　この違いを説明するために1つ例を挙げよう。ある企業では、製品Aと製品Bを製造・販売している。製品Aを生産するために外注している工場が、キャパシティの問題で1,000個までしか生産できなかったとしよう。一方、同じ工場でも、製品Bであれば1,500個まで生産できるとする。納期の関係上、製品AとBはどちらかしか生産することはできない。

　製品Aと製品Bの1個当たりの販売価格と利益は図4.1のとおりである。従来のSCMの考え方と、S&OPの考え方では、それぞれ製品AとBどちらを生産する方が良い意思決定だろうか？　シンプルに考えるため、生産した製品はすべてマーケットで販売可能とする。

図4.1　S&OP による意思決定

	製品 A	製品 B
生産可能数量	1,000	1,500
製品 1 個当たりの販売価格（円）	400	300
製品 1 個当たりの利益（円）	100	60

　まずは従来の SCM の考え方で見てみよう。製品Aの場合、1 個当たりの販売価格は400円であり、生産可能数量は1,000個である。つまり、すべての製品が売れると400（円）×1,000（個）＝400,000（円）の売上となる。同様の考え方で、製品Bの場合、450,000（円）の売上である。つまり、売上で比較すると製品Bを生産するという意思決定がよいことになる。

　次に、S&OP の考え方で見てみよう。この場合、製品を販売した後の利益に注目することになる。製品Aの場合、製品 1 個当たりの利益は100円であり、生産可能数量は1,000個である。つまり、すべての製品が売れると100（円）×1,000（個）＝100,000（円）の利益が確保できる。同様の考え方で、製品Bの場合、9,000（円）の利益である。つまり、利益で比較すると今度は製品Aを生産するという方がよい、という意思決定が導き出される。

　今回は理解を優先させるためシンプルな例にしたが、S&OP の考え方とは、意思決定の結果、長期的に見て企業が必要な利益を確保できるということがポイントとなる。一部の企業では、工場のキャパシティやマーケットでの販売可能数量の情報をインプットするのが「業務部門」の役割であり、製品の価格やコスト、損益を中長期の視点で意思決定するのが「事業部門」の役割という分担になっている[2]。

　こうした企業において、経営者視点で中長期の売上・コスト・損益をコントロールする「事業部門」と生産・販売・在庫管理（実行計画）などを司る「業務部門」が情報共有し、意思決定速度を高めることで財務目標の達成を促進するプロセスが S&OP である。もちろん、この役割分担でなくても S&OP は可能であるが、本章では話を展開しやすくするため、一旦、この組織構造で話を進める。

　そもそも経営とオペレーション（オペレーションズマネジメント）は切っても切り離せない関係である。1 章で解説したように、VUCA の時代では特に経営戦略とオペレーションは連動していなければならない。これは、本章で述べる S&OP がもたらす①経済的な側面に加えて、世界的な人口爆発、食糧危機や資

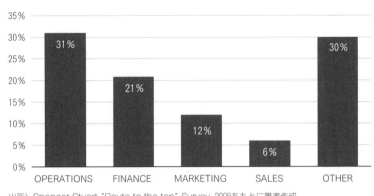

図4.2　CEO 就任直前のポジション（米国 S&P500企業）

出所）Spencer Stuart "Route to the top" Survey, 2008をもとに筆者作成

源の枯渇など社会課題の解決に寄与する②社会的な意義（パーパス）の側面、そして持続可能でより良い社会の実現を目指すための③環境への配慮といった観点からも重要である。企業はこれら経済、社会、環境の観点から総合的に評価される時代となり、経営戦略とオペレーションの連携は30年前とは比べ物にならないほど難易度の高いものとなった。

　図4.2は米国の Spencer Stuart というグローバルエグゼクティブサーチを手掛ける会社が発表したデータである。

　米国 S&P500企業の CEO（Chief Executive Officer：最高経営責任者）に対する調査で、31％は CEO になる直前のポジションはオペレーションだったと回答している。この傾向は2000年初頭まで非常に強く、同社の調査で COO（Chief Operating Officer：最高執行責任者）は CEO へのほぼ独占的な足掛かりのポジションであり、新しい CEO のなんと76％が COO からの昇格であった[3]。

　COO の役割は組織によって非常に多岐にわたっている。戦略的な役割でプロジェクトをリードしたり、複雑なオペレーションを管理・監督したりすることで、組織のあらゆる側面の知見を獲得することができるため、CEO の後継者と見なされることが多い。2000年以降、徐々にその割合は減ってきてはいるが、2020年においても Divisional CEO（地域本社社長、子会社社長など）と COO が依然として、CEO の後継者になる割合が最も高く、30％台後半となっている。

　このように、経営を語るうえで欠かせないオペレーションの経験・知識を獲得することは、読者の今後のキャリアにとっても非常に有益となるであろう。次に

図4.3　S&OP の基本フレームワーク

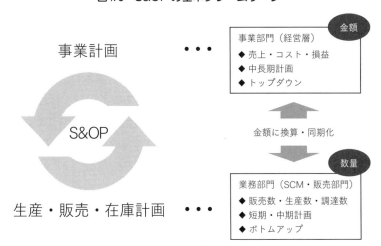

S&OP の基本的なフレームワークを紹介しよう。

S&OP の基本フレームワーク

　まず図4.3を見てほしい。S&OP の基本フレームワークは、本節冒頭で仮置きした「事業部門」と「業務部門」が金額ベースで情報を共有し、需給を調整するプロセスである。

　ここでいう事業部門は経営層、事業管理部門、もしくは製品の開発・マーケティングを手掛けるブランドホルダーやマーケティング部門である。一方、業務部門は生産・在庫管理を司る SCM 部門や販売部門である。基本的に業務部門は数量で計画し、販売・生産・調達を実行する役割だ。S&OP プロセスでは、数量の情報を事業部門とシェアするために、金額の情報に変換する必要がある。したがって、数量から金額に変換するために単価やコスト情報を付加し、「売上や利益」の情報に変換する。

　これはビジネスにおいて非常に重要なプロセスといえる。なぜかというと、経営層の必要とする「カネ＝金額」の視点で業務部門の数量計画が評価されないと、経営層が投資家に対してコミットしている事業計画が達成可能かどうかトラッキングできないからである。加えて、金額の視点での情報がないと経営層を業務部門のオペレーションに巻き込むことができず、利益を軸とした素早い意思決定が

できないからだ。

　現在、ビジネスや市場のグローバル化が進み、消費者ニーズが多様化して、異業種や海外からも競合企業が台頭してくることにより、販売計画の精度を高めることの難易度が上がりつつある。つまり、将来を見越して需給を調整する「事前対応」よりも、マーケットの変化に素早く反応できる「事後対応」を重視する傾向が高まってきた。販売・生産・調達計画に関する複数のシナリオを想定し、「利益」の観点からベストな意思決定を行うことが S&OP の目的となる。

　この目的をふまえると、S&OP を推進するうえで、以下の 3 点が重要になることが理解できる。

　①　情報の可視化と共有（数量→金額の変換）
　②　自社のビジネスに適したプロセスの構築
　③　トップマネジメントの巻き込み

　①情報の可視化と共有については、業務部門が計画した販売・生産・調達などの計画を金額に換算し、情報を一元管理、部門を横断して全社に共有することが重要である。なぜなら、経営層は売上や利益といった金額で考えるのに対し、業務部門が従来の SCM の考え方で生産や在庫計画を「数量」で考えることを重視してしまうと、情報の断絶が起きてしまうからだ。これでは両者が見ているものが違うので、意思疎通に時間を要したり、経営層は適切な意思決定を下したりすることができない。

　各拠点の数量情報を素早く集約し、金額に換算するには、IT インフラを整備することも重要である。テクノロジーの力を借りて数量・台数的な情報を金額・損益情報に素早く変換できれば、マーケットの変化に素早く対応することも可能になる。

　例えば、販売計画に対する売上実績をリアルタイムにモニターし、売上が計画を上回っている場合、追加生産や輸送モードを変更してリードタイムを縮めるなど、「事後対応」のためのオプションを利益の観点から判断できるようになる。そのためにも、全社で金額と数量情報を一元管理して可視化し、情報共有を行うことが重要である。

　②自社のビジネスに適したプロセスの構築について、S&OP はいきなり全部をやろうとするのではなく、まずはできる範囲で小さくスタートすることがポイ

ントである。企業によって主要顧客の売上構成比やチャネル比率、業務プロセス
は異なるし、活用できるインフラも限られている。例えば、数量を金額に換算す
るための価格やコスト情報などのマスターデータは、すべての企業がシステムで
一元管理しているとは限らず、マニュアルで個々のシステムから情報を持ってこ
なければならないことが多い。グローバル企業の場合、本社と海外販社ではマス
ターデータのマネジメント方法が異なる場合もある。

　また、新製品は価格やコスト情報が決定するタイミングが遅く、必要なタイミ
ングで情報が手に入らない場合もあるだろう。したがって、まずは主要顧客や主
力ブランド、既存品だけに対象を絞るなど、スモールスタートで始めることが重
要だ。S&OP プロセスを導入するにあたり、「Start Small But Score Big（小
さく始め、大きな効果を上げる）」は常に頭に入れておきたい考え方である。少
ないリソースや労力でなるべく影響の大きい顧客やチャネルに絞ってスタートし、
投資対効果を上げることが重要だ[4]。

　S&OP を導入すると、販売や SCM、生産などの業務部門に加えて経営層や財
務部門が関わることでステークホルダーが増える。そのため S&OP プロセスの
構築・推進には専門スキルと強力なリーダーシップを兼ね備えた人材が必要だ。
場合によっては S&OP 部門を独立して立ち上げ、需給調整に必要な情報を一元
化させることも重要である。S&OP 専任として組織に一定の権限を持たせ、収
集した情報から S&OP 組織が経営層とともに意思決定を行う。そして判断の結
果を販売計画や生産計画に展開していく。このように、S&OP 専任部門を立ち
上げることで、部門を跨ぐ大きな決断をスピーディーにこなすことが可能になる
というメリットが得られる。

　③トップマネジメントの巻き込みについて、S&OP 会議は決まった時間に決
まったアジェンダで開催することが通例である。販売、SCM、生産管理等の各
部が事前に部門内で問題の対策を検討し、週もしくは月1回の S&OP 会議で対
応策を協議、決定する。売上や利益など、事業計画に対する実績を確認し、必要
があれば販売や生産計画を調整する。ここで重要なのは、経営層などトップマネ
ジメントが S&OP 会議に参加[5] し、会議内でスピーディーに意思決定、アクシ
ョンにつなげることである。

　通常、販売部門や生産部門、製品開発部門など、部門を跨いでの意思決定が必
要な場合、当事者だけでは議論が平行線になり意思決定できない場合が多い。こ

れは、例えば販売部門は売上目標達成のために安売りしてでも売りやすい製品を売る傾向があり、一方で製品開発部門はブランドの持つ資産価値を高めたいなど相反する意思が働くためだ。また、販売部門は欠品を嫌うためなるべく在庫を抱えたいが、SCM部門は在庫を抑えてコストを最適化したい、なども同様の例である。こうした利益が相反する問題に対するアプローチとしては、トップマネジメントが「金額」の観点から意思決定をすることが重要である。

VUCA の時代における S&OP の価値

「S & OP」の考え方が米国で生まれてから30年以上になるが、最近になって再び注目されるようになってきたのはなぜだろうか。大きな理由は VUCA の時代に突入し今までにない経営リスクに対応することが必要になってきたからだ[6]。

以下で挙げるように、経営を取り巻く環境が劇的に変化している。

- 消費者ニーズの多様化
- 企業の海外マーケットへの進出
- 海外生産拠点の設立
- 海外サプライヤーからの調達
- 製造に関わる一連の業務のアウトソース化
- 為替変動
- 他業種からの競合参入など

サプライチェーンやマーケットの複雑化が急速に進んだ結果、企業は収益性を担保するための管理体制を強化することが必須課題となった。企業活動を支えるサプライチェーンの役割は、従来のように注文に応じて数量ベースで製品を供給するだけでは不十分となり、上記の課題に対応することが求められるようになったのである。すべての経営課題に対して S&OP が万能薬的な効果を発揮するわけではないが、特に以下の2点において S&OP の効果は高い。

① SCM がモノづくりの上流と連携し、利益確保に貢献する
② マーケットの変化に柔軟に追随する「事後対応力」を高める

① SCM がモノづくりの上流と連携し、利益確保に貢献する、について、企業規模が大きくなるほど起こり得る課題として、製品の企画開発、および調達～生産～物流～販売の計画および実行がバケツリレー式に行われ、情報の断絶や局所

最適が様々な箇所で発生することが挙げられる。そこで、より迅速に、収益にインパクトのある意思決定を行っていくためには、製品開発や事業計画および収益管理といったモノづくりの上流と SCM が連携し、S&OP のスコープを広げることが重要である。

　例えば、製品を企画・設計する段階から、販売数量計画を金額情報に変換し「売上や利益」の観点で製品のラインナップを評価する取り組みがある。製品企画の早い段階でラインナップを絞ることができれば、開発部門のワークロード（業務負荷）は軽減され、利益創出に貢献する製品にリソースを集中させることができる。

　また、日本のサプライチェーンでは従来から「欠品は悪」とされ、「カスタマーの需要に合わせて迅速に製品を供給する」ことが重要と考えられてきた。しかし、製造業において海外の生産拠点の活用やアウトソーシング（外部委託）が浸透した結果、競合間での生産キャパシティの取り合いなど生産側の制約も無視できなくなった。つまり、顧客の要望に対して100％の供給を目指そうとするとコストが掛かりすぎてしまうため、収益性が担保できなくなりつつある。したがって、SCM 部門は S&OP 観点で製品開発部門と連携し、供給制約を鑑みながら製品の利益率や戦略的な重要性に応じて供給の優先順位をつけ、利益を確保することが重要になってきたのである。

　②マーケットの変化に柔軟に追随する「事後対応力」を高める、については、現在、企業のグローバル化、異業種や海外からの競合企業の台頭、消費者ニーズの多様化などにより、予測精度を高めることは非常に難易度が高くなった。つまり、将来を予測して販売計画や生産計画を調整する「事前対応」よりも、マーケットの変化に柔軟に対応できる「事後対応」を重視する傾向が高まってきた。

　特にハイテク産業、エレクトロニクス産業などは競合他社との価格競争が激しく、利幅が小さい業界である。こうした外部環境の変化による需要の変動が大きく、市場規模も飛躍的に伸びないような業界の場合、収益を確保する難易度は今後ますます高まるであろう。こうした業界で特に S&OP は効果を発揮する。

　市場の変化を事前に想定することが困難な場合は、複数のシナリオを予め想定しておき、具体的な対応策や意思決定の基準を設けておくことが有効である。詳しくはこの後の「経営者視点での S&OP 実践」で解説するが、売上は伸ばせなくても、利益を上昇させることで戦略的に企業価値を高めることができるのであ

る。

　次に、経営視点での S&OP を語るうえで欠かせない企業価値とコストモデル
について解説する。

4 － 2　経営者視点での S&OP 実践

経営のゴールと企業価値

　「企業経営のゴール」とは何だろうか。これには様々な答えがあると思うが、
資本主義社会において、1 つの答えは「企業（株主）価値の最大化」といえる。
それでは企業価値はどんな指標で測ることができるだろうか？　その 1 つは「株
価」である。この節では、S&OP プロセスがどのようなメカニズムで企業価値
である株価に影響を与えるかを解説する。

　企業経営のゴールの 1 つは「企業価値（＝株価）を高め、人や社会に還元する
こと」であり、株価は企業価値を測る重要な指標の 1 つだ。この株価はどのよう
に表すことができるだろうか？　難しい財務モデルを考える必要はなく、シンプ
ルに考えよう。図4.4を見てほしい。

　1 株当たりの株価（PRICE/SHARE）は、2 つの要素の掛け算で表すことが
できる「① EPS（Earnings per Share：1 株当たりの純利益）」と、「② P/E
Ratio（Price Earnings Ratio：株価が 1 株当たり純利益の何倍になっているか、
株価収益率）」だ。

　① EPS は 1 株当たりどれだけ利益が出たかで表される。分母の「発行済み
株式数」については、企業は自社株買いなどで発行株式を買い戻すなどができ
るが、一般的な製造業においては企業活動の本質ではないのでここでは分子の
「利益」に注目しよう。「利益 ＝ 総収入－総費用」で計算される。つまり、**収
入を増やすか、費用を減らせば利益は上昇し、株価に良い影響を与える**。ここ
でのポイントは、収入はフラットでも、費用を戦略的に減少させることができ
れば利益は上昇するというところである。後述するが、ここに S&OP の強み
がある。競争が激しく、売上を伸ばすことが難しい業界であっても、戦略的な
S&OP によって費用（コスト）を抑えれば利益を上昇させることができる。

　② P/E Ratio は簡単にいうと、投資家がある企業の株を買うときに「これ
くらいなら支払ってもいいよ（Willingness to Pay）」という意思を示す指数

図4.4　企業価値＝株価を表す指標

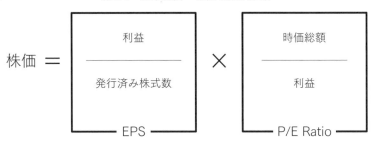

$$株価 = \frac{利益}{発行済み株式数}_{EPS} \times \frac{時価総額}{利益}_{P/E\ Ratio}$$

だ。この指数が高ければ高いほど、投資家が企業の株を高く買いたいという意思表示の目安である。**持続可能な戦略**をとっている企業に対しては、市場からの評価が上がり、P/E Ratio が上昇する傾向が強い。

　誤解を恐れずにシンプルにまとめると、「持続可能な戦略を通して、収入の増加、もしくは費用の抑制（またはその両方）を実現させ、利益を上昇させている企業」は、株価が上がるということである。これは、経営において非常に重要な考え方だ。この考え方をふまえたうえで、次に S&OP によるサプライチェーンと経営の連携について解説する。

経営とサプライチェーンをつなぐ S&OP

　前項で、「持続可能な戦略によって利益を上げ続けている企業」は市場が好意的にとらえて株価が上がることを述べた。では、次に利益を考えるうえで欠かせない「企業のコストモデル」について解説する。

　みなさんは企業の製品価格の「5大要素」[7]というと、すぐに頭に浮かぶだろうか？　図4.5を見てほしい。この図は、一般的な製造業のコストモデルである。

　製品のコストは、①材料費、②労務費、③製造間接費、④販売管理費（販管費）、の大きく4つに分類される。そして、売上からこれらのコストを差し引いて、最後に残ったものが⑤利益になる。

　製造業においてコストの割合が大きいのが材料費だ。業界にもよるが、鉄鋼業や木材・パルプ・紙製造業などは多いところで販売価格の50％近くを占める[8]。次に、労務費（製造業の工場で働く人の人件費など）、製造間接費（製造業の工場でかかる光熱費、設備投資、間接労務費など）で、これらを加えると「売上原価」となり、一般的な製造業だと原価が約80％となる。製造業において、この

図4.5　一般的製造業のコストモデル

	① 材料費：	45 %	
＋	② 労務費：	10 %	
＋	③ 製造間接費：	25 %	
＝	売上原価：	80 %	
＋	④ 販管費：	15 %	
＋	⑤ 利益：	5 %	
＝	販売価格：	100 %	

「原価」を抑えるほど利益が大きくなるのはコストモデルを見れば明らかである。

　さらに、忘れてはいけないのが販売費および一般管理費（販管費）だ。これは製品を売るための営業・マーケティング費用や広告費などの外部委託費用、役員や人事・経理など、本社・バックオフィスの人件費（給与）などである。売上からこれらのコストをすべて差し引いて残ったものが利益となる。一般的な製造業の利益率は5〜10％だ。

　まとめると、「売上 －（材料費 ＋ 労務費 ＋ 製造間接費 ＋ 販管費）＝ 利益」という式が成り立つ。

　この式を変形すると、「材料費 ＋ 労務費 ＋ 製造間接費 ＋ 販管費 ＋ 利益 ＝ 売上（販売価格）」となる。つまり、製品の価格はこの5つの要素（コスト）で成り立っていることがわかる。これは足し算引き算しか使っていない非常にシンプルな式だが、企業経営の本質を表す計算式なのでぜひ覚えておいてほしい。

　では次に、これら製品価格の「5大要素」のうち、企業の外部に出ていくお金はどれくらいだろうか？　図4.6を見てほしい。5大要素のうち、最も割合の大きい「材料費」は、製造業が材料を購入する際に支払うコストである。したがって、材料費は100％すべてが企業の外に出ていくお金となる。次に、「労務費」は、製品の製造に関わる社員に支払う給与であるため、100％企業内に残る。「製造間接費」は工場で使う機械を買うための設備投資や、工場の光熱費などがあり、だいたい半分程度は外部に流出する費用である。「販管費」については、外部企業にマーケティングや広告などを委託する費用が企業の外に出ていくことになり、おおまかに約2％とする。

　このように考えていくと、企業の外部に出ていくお金は約60％となる。つまり、

図4.6　コストモデルと企業外部に流れるお金

```
    ① 材料費：      45 %    →      45 %
  + ② 労務費：      10 %
  + ③ 製造間接費：  25 %    →      13 %
  = 売上原価：      80 %

  + ④ 販管費：      15 %    →       2 %
  + ⑤ 利益：         5 %
  = 販売価格：     100 %    →      60 %
```

企業が100円の製品を売り上げたとして、企業の内部に残る金額は40円、残り60円は外部に出ていくお金ということになる。あくまで概算でよく、まずはシンプルに、企業が外部に支払っているコストの概要をおさえることが経営者視点では重要である。

　本題に戻ろう。企業のコストモデルが理解できると、「持続可能な戦略によって利益を上げ続ける企業」になるためにどうすればよいかが明確になる。つまり、第一に ①外部に流出する金額のうち、割合が大きい「材料費」をはじめとする売上原価を適切にコントロールすること、次に ②効率よく生産～販売活動につなげることで製造間接費・販管費を適切にマネジメントすること、これら2つの活動を通して利益を確保することがポイントとなる。S&OP プロセス導入とは上記2つのアクションを戦略的に実現することであり、S&OP が経営・ファイナンスとサプライチェーンをつなぐ役割を担うのである。順番に解説しよう。

　S&OP プロセスでは、まず需要予測の立案からスタートする。次に、生産部門の制約条件を加味して生産計画が立案され、需要と供給能力のギャップを確認する。両者にギャップがあれば、売上・利益視点でコントロールを行う。具体的には、生産タイミングの調整、各販売拠点への在庫配分、納品時期の調整、残業や外注化の検討などである。特に、最初のステップである需要予測および販売計画は、S&OP プロセスでは金額情報に変換され、事業計画との整合性が確認される。

　しかしながら、需要予測が営業部門からの販売計画である企業の場合、往々にしてこれは事業計画を大きく上回っている場合が多い。なぜなら、営業は業績が「利益」ではなく「売上」で評価されることが多い。したがって、過剰在庫によ

図4.7　S&OP とコストインパクト

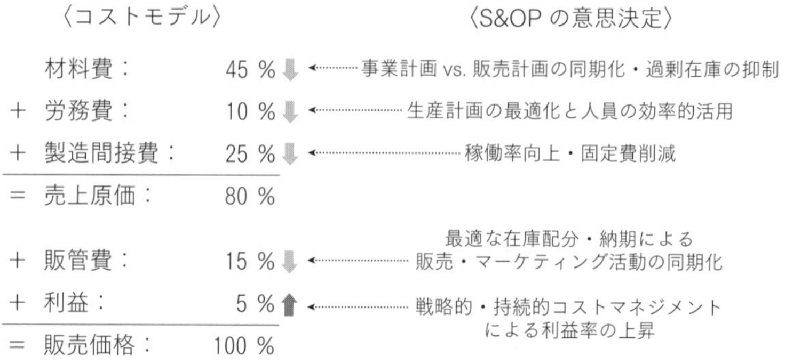

〈コストモデル〉　　　　　　　　　〈S&OP の意思決定〉

	材料費：	45 % ↓	◀⋯⋯ 事業計画 vs. 販売計画の同期化・過剰在庫の抑制
＋	労務費：	10 % ↓	◀⋯⋯ 生産計画の最適化と人員の効率的活用
＋	製造間接費：	25 % ↓	◀⋯⋯ 稼働率向上・固定費削減
＝	売上原価：	80 %	
＋	販管費：	15 % ↓	最適な在庫配分・納期による ◀⋯⋯ 販売・マーケティング活動の同期化
＋	利益：	5 % ↑	戦略的・持続的コストマネジメント ◀⋯⋯ による利益率の上昇
＝	販売価格：	100 %	

　って利益が減ることよりも、欠品による売上の機会損失を嫌うため、高めの販売計画を組む傾向が強いからだ。事業計画との比較により、販売計画のギャップが早期にキャッチできれば、S&OP を通じて事前にコンフリクトを解消し、生産計画をコントロールすることができる。結果として過剰な材料発注や、過剰在庫の生産を防ぐことができ、無駄な材料・在庫処分の費用削減により原価低減につなげることができるのである。これら一連のプロセスは、前述の5大要素でいうと「材料費」もしくは売上原価に含まれる「その他原価」の低減につながる。

　一般的に S&OP の対象となる計画期間は、6 ～18カ月で、需給調整の対象期間よりも長期的である。なぜなら、S&OP は需要計画に対して供給が十分であるかを確認し、生産能力の管理を行うためだ。生産計画の適切なコントロールは工場で働く製造部門の人員の効率的な活用や稼働率の上昇、固定費の削減につながる。つまり、これらの活動は最終的に製品価格の5大要素のうち「労務費」「製造間接費」の削減につながる。

　さらに、S&OP による需給ギャップのコントロールは販売計画の調整も含まれる。S&OP プロセスにより経営層を巻き込んだ意思決定が可能となり、各販売拠点への在庫配分、納品時期が最終決定される。これにより、販売に関わる営業・マーケティング活動を「在庫の供給量、供給タイミング」に同期させることができ、5大要素のうち「販管費」の効率的な活用につなげることができる。

　つまり、S&OP から得られる恩恵は材料費の削減だけでなく、生産計画の最適化による労務費・製造間接費の削減や、供給計画と販売計画の同期化に付随した販管費の最適化にまで及ぶ。一連の活動すべてが利益に効いてくるため、経営

に2重にも3重にも影響を与えるプロセスなのである。前述した S&OP の強み
は、たとえ競争が激しい業界であっても、適切に費用をコントロールすれば、売
上は横ばいでも利益を増加させることが可能な点にある。さらにこの利益を新た
な投資に回すことで、売上のトップラインを拡大することも目指せる（図4.7）。

　次のケーススタディでは、読者に「利益最大化の意思決定」を体験してもらう
ため、最適な在庫計画、つまり「いくつ在庫を用意すれば利益が最大化できる
か？」に焦点を当てる。

∞∞∞∞∞∞∞∞∞∞∞∞∞∞∞∞∞ **ケース　ドーナツはいくつ作るべきか？** ∞∞∞∞∞∞∞∞∞∞∞∞∞∞∞∞∞

　これまでの議論で、S&OP プロセスが「企業のコストモデル」の様々な要素
に影響を与え、結果として利益に大きなインパクトを与えることが理解できたと
思う。この節では「利益」を最大化させるために材料および商品在庫をいくつ用
意するべきか、ケーススタディを通して学んでいこう。

　あなたは町で人気のドーナツ屋を経営している。あなたはこれから10日間、海
外出張でお店を空けることになる。その間、スタッフには毎日いくつのドーナツ
を生産しておくべきか指示しなければならない。シンプルに考えるため、毎日同
じ数のドーナツ生産するように指示することとする。

- ドーナッツの販売価格は299円
- ドーナッツを1つ作るために124円のコストがかかる
- 作りすぎてあまってしまったドーナツは、翌日に持ち越して販売することは
  できない
- 夕方のある時点で売れ残ってしまったドーナツは99円に値下げして売り切る
- あなたは10日間店を空け、スタッフは10日間、指示された数のドーナツを作
  る

　ドーナツの毎日のデマンド"Demand"、つまり顧客の需要は図4.8、図4.9の
とおり、確率的に変化することがわかっているとする。各デマンドが現れる確率
は右欄の"Probability"である。あなたは一体いくつドーナツを作るように指
示すると、利益が最大化できるだろうか？

図4.8　1日のドーナツのデマンド（定価での販売数）

Demand	Probability
3	0.46%
4	1.39%
5	2.78%
6	4.63%
7	6.94%
8	9.72%
9	11.57%
10	12.50%
11	12.50%
12	11.57%
13	9.72%
14	6.94%
15	4.63%
16	2.78%
17	1.39%
18	0.46%

注）合計100%

図4.9　ドーナツが1日に定価で売れる数とその確率

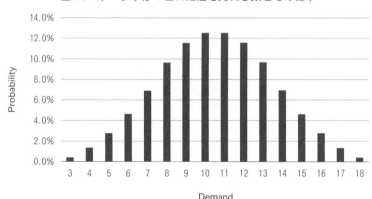

注）10〜11個を境に上下に均等にばらつく（正規分布という）

Newsvendor Problem（新聞売子問題）で利益を最大化する

　ここでは2つの解法でケース問題を解説する。解法1では、期待値の考え方を用いて用意するドーナツが3〜18個だった場合、それぞれについての利益の期待

値を計算する。解法2では、Newsvendor Problem（新聞売子問題）[9]と呼ばれる意思決定モデルを用いて、「Cost of overstocking by one unit（MC：Marginal Cost、限界費用）」「Benefit lost by understocking by one unit（MB：Marginal Benefit、限界便益）」という2つの数字を使って、利益を最大化させるドーナツ生産数を求める。

【解法1】

高校数学で習う期待値の考え方を用いる。このケースの場合、利益の期待値は「ドーナツのデマンドの確率×利益」で求められる。

例えば、「ドーナツを11個準備した場合の利益の期待値」を計算してみよう。

毎日のドーナツが定価の299円で売れる数（デマンド）は3〜18個なので、まずは3個だった場合の計算を考える。用意するドーナツは11個なので、ドーナツは3個売れて、8個が残ることになる。よって売上は、3個×299円＋8個×99円＝1,689円となる。一方、ドーナツを作るコストは、計11個作っているので、11個×124円＝1,364円である。

つまり、利益は「売上ーコスト」となり、1,689円−1,364円＝325円となる。デマンドが「3」となる確率は0.46%なので、このときの期待値は「確率×利益」つまり、「0.46% × 325円 ≒ 1.50円」である。

同じように、デマンドが「4」、「5」、「6」…の場合とすべての場合の期待値を計算し、最終的にそれぞれの期待値を合計したものが「ドーナツを11個準備した場合の利益の期待値」であり、1,633円である（図4.10）。

これで、「ドーナツを〇〇個準備した場合の利益の期待値」の計算方法が理解できた。あとはドーナツを1〜18個それぞれ準備した場合の期待値を同じように計算し、最も利益が高い場合を採用すればよいことになる。

これを計算すると、ドーナツを14個準備した場合の利益の期待値が1,717円となり、最大となることがわかる。

【解法2】

解法1では期待値の考え方を用いて計算したが、計算量としては大変である。これを、Newsvendorモデルを用いて解くとより短時間で解くことができる。

ポイントは、以下のMC（Marginal Cost）とMB（Marginal Benefit）という2つの考え方である。

図4.10　ドーナツを11個準備した場合の利益の期待値

	ドーナツの販売価格			299円				
	ドーナツ1個のコスト			124円				
	売れ残ったドーナツの販売価格			99円				
	生産数量			11個				

Demand	Probability	生産コスト	販売数量	正規価格の売上	売れ残り個数	割引価格の売上	利益	期待値
3	0.46%	1,364	3	897	8	792	325	1.50
4	1.39%	1,364	4	1,196	7	693	525	7.30
5	2.78%	1,364	5	1,495	6	594	725	20.16
6	4.63%	1,364	6	1,794	5	495	925	42.83
7	6.94%	1,364	7	2,093	4	396	1,125	78.08
8	9.72%	1,364	8	2,392	3	297	1,325	128.79
9	11.57%	1,364	9	2,691	2	198	1,525	176.44
10	12.50%	1,364	10	2,990	1	99	1,725	215.63
11	12.50%	1,364	11	3,289	0	0	1,925	240.63
12	11.57%	1,364	11	3,289	0	0	1,925	222.72
13	9.72%	1,364	11	3,289	0	0	1,925	187.11
14	6.94%	1,364	11	3,289	0	0	1,925	133.60
15	4.63%	1,364	11	3,289	0	0	1,925	89.13
16	2.78%	1,364	11	3,289	0	0	1,925	53.52
17	1.39%	1,364	11	3,289	0	0	1,925	26.76
18	0.46%	1,364	11	3,289	0	0	1,925	8.86

100.0%

ドーナツを11個準備した場合の利益の期待値 = 1,633円

MC：デマンドよりも1個多くドーナツを作ってしまった時のコスト（金額）

MB：デマンドよりも1個少なくドーナツを準備してしまった時の機会損失額

MC = 124円 − 99円 = 25円

MB = 299円 − 124円 = 175円

Newsvendor モデルでは、利益を最大化させる最適な供給率（SL）[10] は、以下の式で示されることがわかっている[11]。

最適な供給率（SL）= MB／（MB + MC）

したがって、最適な供給率（SL）は、

SL = 175円 ／（175円 + 25円）= 87.5%

これで最適な供給率が計算できた。最後に、87.5%の供給率を満たすために必要な用意すべきドーナツの数はいくつだろうか？

問題文で与えられたとおり、図4.11が1日のドーナツのデマンドとそれぞれの確率である。つまり、ドーナツのデマンドが「3個」である確率は0.46%であり、

図4.11　ドーナツ生産数と供給率の関係

Demand	Probability	SL ＝供給率
3	0.46%	0.46%
4	1.39%	1.85%
5	2.78%	4.63%
6	4.63%	9.26%
7	6.94%	16.20%
8	9.72%	25.92%
9	11.57%	37.49%
10	12.50%	49.99%
11	12.50%	62.49%
12	11.57%	74.06%
13	9.72%	83.78%
14	6.94%	90.72%
15	4.63%	95.35%
16	2.78%	98.13%
17	1.39%	99.52%
18	0.46%	100.00%

←ドーナツ14個用意した場合の供給率

　裏を返すと「4〜18個」である確率は100−0.46＝ 99.45％となる。したがって、ドーナツを3個生産した場合の供給率は0.46％（欠品率は99.45％）となる。

　同じ考え方で、ドーナツのデマンドが「3個もしくは4個」である確率は0.46＋1.39 ＝ 1.85％ である。したがって、ドーナツを4個生産した場合、供給率は1.85％（欠品率は98.15％）となる。つまり、ドーナツをN個生産した場合、デマンド3〜Nまでの確率の累計値が供給率となる。

　図4.11の右欄で各デマンドの確率の累計値（＝供給率）を計算した。供給率が87.5％に最も近くなるのは、N＝14の所であり、ドーナツを14個用意した場合の供給率は90.72％である。

　よって解法1と同様、利益を最大化させるために準備すべきドーナツの数は14個となる。

ディスカッション：現実のビジネス現場における課題

（1）実際のビジネスで上記の Newsvendor Problem の考え方を用いようとした場合、どのような業界で活用できるだろうか？

（2）また、現実にはどのような課題があるだろうか？

【ヒント①】Newsvendor Problem は、需要がランダムでかつ販売期間をすぎ

ると製品の価値が低下する状況における「利益最大化」の考え方である。例えば、食品業界など、製品の鮮度によって価値が低下する業界、かつ製品数（SKU数）が少ない企業などは活用の余地があるだろう。また、Newsvendor Problem の考え方を応用した例として「フライトチケット問題」がある。ある一定期間をすぎると製品の価値が低下するという観点を、フライトチケットの「正規運賃枠」と「ディスカウントチケット枠」をいくつ用意すべきかという問題に応用されている[12]。

【ヒント②】Newsvendor Problem のチャレンジングな部分としては、今回は商品がドーナツ1種類だったが、現実にはドーナツの商品は複数あるだろう。商品の種類が増えるほどワークロードが増していくため、リソースの問題が挙げられる。また、ドーナツのデマンドが常にランダム（正規分布）であるとは限らない。販売データを蓄積して、デマンドパターンを分析する必要がある。商品が消費財の場合、供給率が低いと営業部門や顧客からクレームが上がるなど、顧客満足の観点も欠かせない。トップダウンで供給率は98％を死守すべきなど、サービスレベルを決められてしまう場合もある。近年ではこうした領域に AI が活用され始めており、予測モデルの進化や自動化などでビジネスに寄与している。企業の戦略、競合やビジネス環境など様々な内的・外的要因の影響もあり、正解は1つではない。

🚚📋 コラム　海外の MBA で学ぶオペレーションズマネジメント

　日本の大学でサプライチェーンやオペレーションを専門的に学ぶ機会は少ないですが、海外の大学やビジネススクールではこうした科目が必修として当たり前に採用されています。それだけ経営におけるオペレーションの位置づけが重視されているといえます。ここでは海外の MBA で学ぶことができるオペレーションズマネジメントの内容を紹介します。

　本書の6章で紹介するような在庫マネジメントの基本（リードタイム、サイクル在庫や安全在庫、Economic Order Quantity など）やプロセスマネジメント、ボトルネックなどの考え方は「オペレーション」の科目があり、多くの場合は必修授業で学ぶことができます。また、選択科目には

- 戦略とソーシング（仕入れ・供給）に特化した「ストラテジック・ソーシング」

- ファイナンスのエッセンスを取り入れた「サプライチェーン・コストマネジメント」
- 最先端の AI・プログラミング技術の知見を取り入れた「サプライチェーン・アナリティクス」
- イノベーションをどのように意図的に起こすかにフォーカスした「イノベーション・ストラテジー」
- 地域企業と連携し実際にチームを組んでコンサルティングを行う「コンサルティングプロジェクト」
- 顧客との交渉を戦略的・定量的に行う「ネゴシエーション」

という科目まであります。

　ビジネススクールの生徒は自分の希望するキャリアに合わせて授業を選択し、さらに専門性を深めることができるのです。スクールによってはこれらオペレーションズマネジメント関連の単位を複数取得して条件を満たすとCertificate（修了証書）が取得できる制度もあり、オペレーション分野の人材育成を支援しています。

4－3　ビジネス現場の S&OP の実際と課題

戦略を実現するオペレーション

　ここまで S&OP の基本フレームと経営者視点の S&OP 実践を解説してきた。実際にビジネスの現場で S&OP を導入する際、最も重要視すべきは企業全体の「戦略」である。会社が業界において戦略的にどのポジションを目指しているかを理解せずに S&OP プロセスは構築できない。現場で実際に S&OP を導入・推進しようとすると、業界や企業によってオペレーションは様々であるため、自社のビジネスに適したプロセスの構築が重要になる。この節ではビジネス現場でどのように S&OP が実践され、どんな課題があるのかを解説する。

　オペレーションとは"プロセス"であり、プロセスが存在する企業・組織には必ず適用することができるものである。そして、良いオペレーションとは、**組織の戦略とアライン（Align）**しているものだ。アラインとは整列される、同調するといった意味だが、組織の戦略とアラインしたオペレーションとはどういうことかもう少し具体的に説明しよう。業界や業種によって様々だが、オペレーショ

ンの評価指標として代表的なものに Cost（Price）、Quality、Delivery（Time）、Flexibility（Variety）の 4 つがある[13]。

Cost：原価低減、低価格
Quality：高品質
Delivery：製品開発スピード、納期スピード
Flexibility（Variety）：柔軟性、製品の種類の多さ

　1 章では QCDS を紹介したが、ここでは企業が競合優位を生み出すための要素として、Hayes & Wheelwright 氏の提唱する 4 つを紹介する。こうしたフレームワークは 1 つの正解があるわけではなく、あくまでも考えを整理し、説明の説得力を増すための道具である。

　企業はどの要素に特化して顧客に価値を提示するかを戦略として意思決定し、オペレーションにアラインさせることが重要である。そこから企業の特色・強みが形成されると言っても過言ではない。例えば、Time（製品提供や製品開発のスピード）を重視した企業の例として、スペインのファッションブランドZARA がある。通常、アパレル業界の製品開発の平均は 6 カ月だが、ZARA は独自の工場ネットワークにより最短 2 週間で新製品を完成させる[14]。

　そしてもう一点重要なのは、上記 4 つの指標は、企業が極めようとすると必ずトレードオフが発生するということだ。ZARA はあらゆる面でスピード重視の戦略をとっているが、そのトレードオフとして Price（Cost）を妥協している。新興国の工場を活用すればよりコストを抑えて製品を生産し、利益率を高められるが、ZARA はそれをせずにほとんどの衣類を自国スペインや近隣国で生産している。前述の製品価格の 5 大要素でいうと、「労務費」が高くなる構造だ。これにより、新興国に比べると高い人件費が影響し、製品のコストは高くならざるを得ないが、その代わり圧倒的なスピードを手に入れたのである。つまり、戦略決定の重要なポイントは、「何をやらないのか」を意思決定することともいえる。

　どの指標を重視すべきかについて正解はない。企業の目的と戦略によってどの指標を重視すべきかが変わるためだ。しかし、一度企業としての戦略が決まれば、オペレーションは必ず連携させる必要がある。では次に、ビジネスの現場においてどのような戦略のもとにオペレーションをアラインさせ、S&OP を実践しているか、複数の事例を通して学んでいこう。

　S&OP の大きなメリットの１つは「事業部門」が作成する売上・損益などの事業計画と「業務部門（生産・販売・在庫管理）」が作成する販売計画のギャップを早期にキャッチできることである。繰り返しになるが、営業部門は在庫の欠品を嫌うため、販売計画を高めに作成する傾向にある。５章で紹介する、需要予測の専門家であるデマンドプランナーを配置していない企業の場合、カウンターとなる需要予測がないため、販売計画どおりに製品在庫を生産し、過剰在庫のリスクが発生する。このリスクを回避するには、営業部門から上がってきた販売計画の積み上げと事業計画を金額ベースで比較し、±５％以内に納めることがポイントとなる。ある事業会社の例を挙げよう。

　株式会社Ａ（以下、Ａ社）は日本に本社を置き、世界各地域に地域本社を持つグローバル消費財メーカーである。製品の品質には定評があり、Made in Japan を重視して高品質、高付加価値の多様な製品を生産し、全世界で販売している。一方で、製品の企画開発プロセスには時間を要しており、新製品の企画から実際に市場で製品発売するまで20カ月以上をかけている。つまり、戦略としては Quality、Variety を重視し、Time、Cost をトレードオフとして妥協している。

　Ａ社のアジア地域は毎年10％以上の伸び率で売上が伸長しており、会社全体の売上をけん引している。アジア地域本社の事業部門から送付される今年の事業計画（金額ベース）は売上10％増の成長を予定していた。一方、同じくアジアの営業部門は販売計画を作成し（製品別、数量ベース）本社に送付する。日本の本社ではこの販売計画をベースに日本の工場で生産する製品の在庫計画、生産計画を決定する。ところが、いざアジア販売会社の販売計画を金額ベースに変換してみると、事業計画と比べて大きく上回っていることがわかった。これは前述のとおり営業部門が在庫の欠品リスクを嫌うことから製造業で頻繁に起こる問題である（図4.12）。

　Ａ社のビジネスモデルは、材料を全世界から調達、日本の工場で製品を生産し、アジア各国に輸出して販売しているため、材料発注〜生産〜販売までのリードタイムは長く７カ月である。これが日本生産による高品質・高付加価値を担保する代わりに、Cost、Time を犠牲にしているということだ。したがって、より長期の販売計画に対して事業計画とマッチしているかを精査しないと、事業計画を

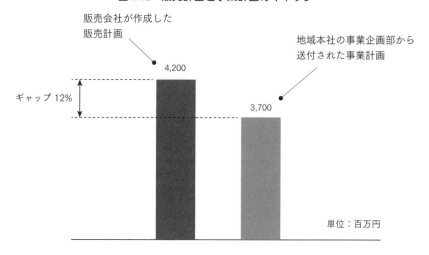

図4.12　販売計画と事業計画のギャップ

達成したとしても過剰在庫や欠品を起こしやすいというリスクを孕んでいることになる。もちろん、事業計画も正しいとは限らないが、少なくとも想定外の需給リスクの発生を抑えることができる。

　S&OPプロセスの導入により、A社は販売計画と事業計画の、金額ベースでのギャップを早期にキャッチすることができるようになった。これにより早期に対策をとることが可能だ。

　ここで、現実のビジネスの難しさはどんなところにあるだろうか？　例えば、新型コロナウイルスのようなパンデミックが起きたとしよう。これによって海外旅行客の激減によるインバウンド需要の消失や空港の免税店の閉鎖などが起きた際、たとえ直近6カ月の販売計画を下方修正したとしても、リードタイムが長いことがネックとなり、すでに材料は発注してしまっている状態である。上記のS&OPプロセスで製品の生産は止められたとしても、大量の材料在庫が残ることになってしまう。

　しかし早期にこれを予測することで、例えばあまりそうな材料を他の製品へ転用したり、製品を販売以外の用途に使用したりするなどの対策を予め考えておくことができるようになる。こうした問題は、早めに手を打つほど選択肢が多くなる傾向がある。VUCAな環境下では、S&OPの出口は生産調整だけではないことを意識しよう。

　また、A社は製品のラインナップを幅広く展開しており、サプライチェーンもグローバルに張り巡らせていることから、S&OPプロセスを推進する際に非常に多くのワークロードを費やしていた。特にサプライチェーンが複雑な中でS&OPを推進していくにはグローバル人材の確保、業務プロセスの整流化、そしてプロセスを支えるインフラの整備という3点が必要不可欠であるが、優秀な人材の替えがきかなかったり、インフラが本社とローカルオフィスで統一されていなかったり、標準化されていなかったりすることが課題となる。

事例　バイオテック企業の人的リソース管理

　改めて、S&OPは金額を判断軸として需要と供給の最適なバランスを決定するプロセスである。一般的な製造業の場合、需給調整の対象はプロダクト、つまり「商品」である。供給の調整をする場合、工場の生産ラインのキャパシティ調整や、製造部門の人員配置の調整になることが多い。一方、プロダクトが「サービス」の場合はどうだろうか？　米国のバイオテック企業の例を見てみよう。

　株式会社I（以下、I社）は米国に本社を置き、世界各地域の研究機関や企業・大学で使われる分析機器を製造するバイオテック企業である。近年、I社はこの分析機器を用いて測定した「生態データ」（遺伝子検査をするために唾液から抽出されたDNAや、米国で主流のNIPT（新型出生前診断）で使われる母体血液中の新生児のDNAなど）を、専門知識を持ったスタッフが代行で分析し、レポートを作成して、研究機関に送付する「分析代行サービス」を立ち上げた。この新たな分析代行サービスはI社の利益の成長に貢献するようになった。

　分析代行サービスはI社の研究所に所属するリサーチャー（研究員）が行う。専門スキルであるため、複数の分析手法を行うことができる上級リサーチャーもいれば、単純なリサーチ手法のみを担当するリサーチャーもいる。毎年12月は分析依頼のピークとなり、通常は2週間以内で顧客に分析結果のレポートを納品できるところ、この時期は研究員のリソース不足により納品に1カ月以上かかる。

　そこで、I社ではS&OPプロセスを導入して「分析代行サービス」における需給コントロールを行うことにした。つまり、この場合は生産キャパシティの調整ではなく、研究員のリソースキャパシティの調整である。例えば、分析Aの需要と供給のバランスは図4.13のとおりである。

図4.13　サービスの需給バランス①：分析 A

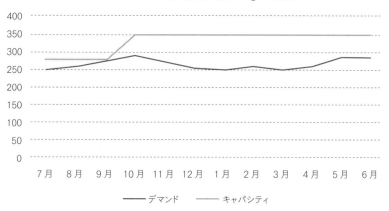

図4.14　サービスの需給バランス②：分析 B

　12月と１月は明らかにデマンドがキャパシティを超えている。このため分析レポートの納品が通常より遅れてしまうことがグラフ上でも確認できる。一方で、分析Bの需要と供給のバランスは図4.14のとおりである。

　分析Bのデマンドは、分析Aと比較すると大きな上下はなく、年間を通して安定している。また、10月より産休から復職した研究員が１人追加となり、キャパシティにも余裕があることがわかる。企業でよく起こり得ることは、部門間でサイロ化が起こり、情報やリソースの共有ができていない問題である。S&OP プロセスにより部門全体を横ぐしで俯瞰することができれば、このような部門を跨

いだ需給調整が可能となる。I社の例の場合、分析手法Bを担当する研究員を分析手法Aも担当できるようにトレーニングし、一定期間リソースを分析Aに振り分けることができれば、研究員のリソースを効率的に活用して売上、利益を伸ばすことが可能だ。

　I社のように複数の分析手法を担当できる研究員を増やすなど、供給のフレキシビリティを上げておくと急な需要変動に対応できるなどメリットも大きい。一方で、実際の現場には課題もある。まずは需要予測精度の問題である。どんなに供給側のフレキシビリティを上げても、需要予測の精度が低いと需給調整の負担が大きくなる。特に分析代行サービスの場合、最終的なカスタマーは依頼元の企業や研究機関の先にいる顧客である。つまり、依頼元の企業・大学や研究機関と協力して需要予測の精度を高めるようアプローチする必要があるが、取引先によっては需要予測の精度に対するプライオリティが低い場合もある。こうした取引先をいかに巻き込んで精度を上げていくかは現場の課題である。これはプロダクトを扱う卸売業や物流業、自動車業界における Tier 2、3 などの部品メーカーでも同様だ。

　また、研究員の人員確保やトレーニングにはある程度の時間がかかることも考慮に入れておく必要がある。新しい分析手法を担当できるようになるまで目安として3カ月の期間を必要とするが、マーケットのトレンドをふまえて需要が伸びそうな分析手法に対応できる研究員は前もって育成しておく必要がある。S&OPやサプライチェーン部門と研究部門である R&D がしっかりコミュニケーションできる土壌を作っておくことも必要だろう。

◇◇

　本章の最後に、S&OP で考慮すべき顧客満足に関する事例を紹介する。

　製造業におけるオペレーションという観点で考えたときに、顧客満足とは何だろうか？　様々な答えがあるだろうが、1つは店舗（オンライン／オフライン）に訪れた顧客がほしいと思った製品が「いつでもそこにある」状態であろう。近年では従来のリアル店舗に加えて、オンラインで購買する割合が年々増えている[15]。顧客が製品と出合うタッチポイントが多様化しているため、欠品を起こさない在庫配置の難易度は益々上がっている。

　Eコマース市場が大きく成長するにつれて、リアル店舗の役割も変化している。セールスフォース・ドットコム調べによると、顧客は初回購入する場合、71％がリアル店舗で購入しているという[16]。

　つまり、店頭で実際に製品を見て試したい、特に初回購入のときは店頭での体験を大事にしたいという顧客は多く存在するということである。5章のCRMのところでも解説するが、企業は製品軸ではなく、顧客軸で複数の購買の接点（チャネル）における体験を快適なものにしていくことが重要になっている[17]。これはオムニチャネル戦略などとも呼ばれるが、このためにS&OPプロセスで支援できることは何だろうか？　次の外資系メーカーの例を見てほしい。

∞∞ 事例　アパレルメーカーのオムニチャネル戦略と在庫管理オペレーション ∞∞

　ある外資系アパレルメーカーS社は、多数の顧客接点を持っている。直営店での自社製品の販売に加えて、大型チェーン店に製品を卸して販売もしている。また、自社のサイトでのオンライン販売の他、AmazonやZOZOなどのサードパーティーのEコマースサイトでも販売している。こうした多チャネルの販売を行うことで、多様な価値観を持った顧客との接点を増やし、ブランド・製品認知の拡大と顧客体験の向上に取り組んでいる。

　このように複数チャネルでの展開をしている企業が必ず直面するのは、「在庫をどのように配置すべきか」という課題だ。各チャネルの売上実績やマーケットの動向によって在庫最適化を図ることは当然なのだが、あくまでも予測なので確実性はない。冒頭に述べたように、顧客満足のために製品が「いつでもそこにある」という状態を維持しようとすると、あっという間に過剰在庫を抱えてしまい経営を圧迫することにもなりかねない。

　そこでS社は、「在庫の流動性」に着目した。個別配送システムを整備し、オンライン／オフライン両店舗の在庫を可能な限り一元化したのである。つまり、S&OPプロセスによって需要と供給をモニタリングし、リアル店舗に配置する在庫は必要最低限の量だけを確保し、補充分の在庫は倉庫に置くことにした。倉庫に置かれている在庫にはチャネルの区別はされておらず、製品が売れて補充が必要になったチャネルに順次出荷されていく。仮にリアル店舗で欠品が起きていても、顧客はリアル店舗で他のカラーの同製品を試すことができ、気に入ればオンラインでオーダーまで済ますことができる。そして翌日には顧客の家に直接製品が配送される仕組みだ。

　顧客にとっては店頭で実際に製品を試すことができ、購入だけ済ませて手ぶらで帰ることができる。S社はこの仕組みにより、店舗に配置する在庫は必要最低限に抑えることができ、かつ在庫を後方に保持していくことで流動性を持たせ、

品切れによる機会損失を防ぐことができたのである。

　このＳ社の仕組みはメリットだけだろうか。本節の冒頭で述べたことを思い出してほしい。戦略とオペレーションは、ある分野に特化すると必ずトレードオフが発生するのである。Ｓ社の場合「在庫流動性の向上」と「個別配送システム」により、Variety（製品の品揃え）と Time（製品提供のスピード）は向上させたが、倉庫から顧客の自宅への個別配送が増加したことにより Cost（配送費）の面ではデメリットが生じた。しかし、これが戦略的オペレーションのポイントである。

　Ｓ社は「顧客満足」を重視し、製品の選択肢の広さと個別配送サービスに投資することで顧客に価値を提示した。企業にとって配送コストは上がったが、顧客からするとサービスレベルが向上したことになる。正解は１つではないが、このように企業はどの分野に特化して顧客に価値を提供するかを戦略として意思決定し、オペレーションとアラインさせることが重要であり、ひいてはそれが企業文化や特色・強みに昇華されていくのである。

ディスカッション：企業戦略とトレードオフ

　興味のある企業を取り上げ、戦略のトレードオフを整理してみよう。また、企業がなぜその戦略を採用しているかを話し合ってみよう。

4章のポイント

➤　中長期の需給バランスの調整に関する意思決定のスピードと質を高める S&OP では、①需給情報の可視化と共有、②自社ビジネスに適したプロセス設計、③トップマネジメントの関与が重要になる

➤　S&OP の意思決定領域は、需要予測から在庫・生産計画、調達・物流管理にまで及ぶが、製造業のコストモデルの５要素のいずれか、または複数に影響する

➤　事業の戦略とは、①価格、②品質、③開発期間・納期、④商品の多様性のトレードオフにおける競争領域の選択になるが、S&OP ではオペレーションをこの選択に整合させる

4章の内容をより深く学ぶために

Palmatier, G. E., and Crum, C. (2002) *Enterprise Sales and Operations Planning: Synchronizing Demand, Supply and Resources for Peak Performance*, J. Ross Publishing.

注

1) Ling, R. C., and Goddard, W. E. (1988) *Orchestrating Success: Improve Control of the Business with Sales & Operations Planning*, John Wiley & Sons.

2) 企業によって呼び方は変わることに注意。

3) Hildebrand, C. A., Stark, R., and Charlesworth, S. "The Last Mile to the Top： Future CEOs Who Beat the Odds," Spencer Stuart, 2021, December (https://www.spencerstuart.com/research-and-insight/future-ceos-who-beat-the-odds).

4) Krishnan, K. (2020) "How to Start an Effective S&OP Process," *Journal of Business Forecasting*, Vol.39, Issue2, pp.5-8, p.15.

5) Swaim, J. A., Maloni, M., Bower, P., and Mello, J. (2016) "Antecedents to Effective Sales and Operations Planning," *Industrial Management & Data Systems*, Vol.116, No.6, pp.1279-1294.

6) ウィリー C. シー「危機に強いサプライチェーンを築く法」DIAMOND ハーバード・ビジネス・レビュー編集部訳『DIAMOND ハーバード・ビジネス・レビュー』2020年12月号、pp.20-28。

7) Anklesaria, J. (2007) *Supply Chain Cost Management: The Aim & Drive Process for Achieving Extraordinary Results*, AMACOM.

8) 経済産業省 中小企業庁「中小企業実態基本調査 令和 2 年確報」。

9) Anupindi, R., Chopra, S., Deshmukh, S. D., Van Mieghem, J., and Zemel, E. (2011) *Managing Business Process Flows: Principles of Operations Management*, 3rd ed., Pearson.

10) デマンドを満たす供給を行える確率。

11) 9) に同じ。

12) 逆瀬川浩孝 (2005)「モデルの効用」『オペレーションズ・リサーチ』50巻、 8 号、pp.541-544。

13) Hayes, R. H., and Wheelwright, S. C. (1984) *Restoring our Competitive Edge: Competing Through Manufacturing*, John Wiley & Sons.

14) "The Secret of Zara's Success：A Culture of Customer Co-creation," *Martin Roll*, November, 2021 (https://martinroll.com/resources/articles/strategy/the-secret-of-

zaras-success-a-culture-of-customer-co-creation/).

15）経済産業省 商務情報政策局 情報経済課「令和 3 年度 電子商取引に関する市場調査 報告書」2022年 8 月。

16）「消費者の行動が『買い物のため外出』から『いつでもどこでも購入』に変化。"エッジ"含め 8 チャンネルを使用【セールスフォース・ドットコム調べ】」Impress Business Media Web 担当者 Forum、2019年12月17日（https://webtan.impress.co.jp/n/2019/12/17/34877）。

17）櫻井康彰・舩石智彦・戸塚康文「日本企業のビジネスモデルを顧客起点に転換する方法」『DIAMOND ハーバード・ビジネス・レビュー』2022年 7 月号、pp.67-75。

※いずれの URL も最終アクセス日は2023年 4 月10日。

第 II 部

オペレーション編

5章

未来を創る需要予測

山口　雄大

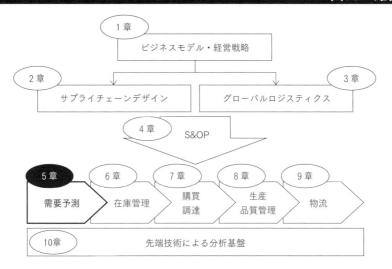

　5章ではオペレーションの起点となる需要予測について学びます。受注生産のビジネスであれば需要予測は不要だ、という意見もありますが、顧客の手にわたる最終製品ではなく、その原材料や生産のための人員、設備の需要予測は本来、必要なはずです。さらに、そもそも提供しようとしている製品やサービスの価値が、顧客や市場にどれくらい求められているかも予測することが有効です。例えばコンサルティング業界でも、組織が提供できるスキルや知見と市場ニーズの需給ギャップをふまえた採用や教育が行われます。

　つまり需要予測は様々な業界においてオペレーションのトリガーであり、それに基づいた需給ギャップの可視化とビジネスリスクの評価をふまえ、企業として意思決定していくことが競争力を生み出すのです。需要予測は奥深い領域ですが、まずはビジネスにおける役割や基本的な考え方、近年の進化について把握しましょう。

5－1　需要予測が生み出す価値

オペレーションを始動させる需要予測

　ビジネスで必要な商品（モノやサービス）を用意するためには、それらがいつ、どれくらい必要かを予測しておかなければならない。その予測をもとに、モノの原材料を調達したり、サービスに必要な設備を確保したりする。この他にも、関わる人員のシフトや、輸配送のための配車計画にも使われる。この意味で、需要予測はオペレーションのトリガーの役割を担うといえる。さらに、需要予測と各種オペレーションの制約を整理すると、売上や利益の見通しを立てることも可能になる。これが企業の目標である事業計画と乖離しているのであれば、期中で新たなアクションを検討するのが有効になるだろう。本章ではこの需要予測について、①ビジネスにおける価値、②考え方、③進化の方向性という3つの軸で解説する。

　実は、需要予測はビジネスだけでなく、私たちの日常生活にも関係がある。まずは牛乳、そして停電と、身近な事例で需要予測の本質的な価値を説明しよう。

◇◇◇◇◇◇◇◇◇◇◇◇◇◇◇◇◇◇◇◇　事例　牛乳廃棄・大規模停電　◇◇◇◇◇◇◇◇◇◇◇◇◇◇◇◇◇◇◇◇

　2021年の年末に、牛乳を大量に廃棄する懸念がある、というニュースが農水省から発表された[1]。この原因は、2020年から世界で流行した新型コロナウイルスである。このパンデミックはすぐには収まらず、変異株が次々と現れ、爆発的な感染と収束を繰り返した。人の外出が抑制され、外食需要が激減した結果、業務用牛乳の消費も激減し、廃棄が問題になったのである。

　もちろん、生産者も手をこまねいていたわけではない。牛乳よりも消費期限の長いチーズやバターなどに転用するといった対応も行われた。しかし、それら乳製品の需要が激増したわけではなく、備蓄量にも一定の上限がある。機械的な工場とは異なり、牛に生産量の調整を依頼することもできないため、牛乳の在庫が積み上がるリスクが顕在化したのである。

　もう1つ事例を紹介しよう。2022年の3月に東京電力と経産省から節電が呼びかけられた[2]。この原因は、福島県沖で発生した最大震度6強の地震だ。これにより10カ所以上の火力発電所が停止したのである。また、3月にしては低い気温だったことも追い打ちをかけた。寒ければ暖房機器の使用が増え、消費電力も増

加する。これにより、停止しなかった発電所の最大出力の合計を、電力消費量が
上回ることが予測された。

　大規模な停電が急遽発生すると、病院や高齢者向けの施設で大きな被害が出て
しまう可能性が高い。停電によって医療機器に不具合が出れば、最悪の事態も考
えられる。もちろん一般家庭でも、冷蔵庫や浴室など、様々な生活シーンで不便
が発生するだろう。

◇◇◇

警告の裏にある需要予測

　これらの事例はどちらも、事前に、警告を発しているといえる。そしてこれら
からわかることは、警告の発信の裏には需要予測があるということだ。前者であ
れば牛乳の需要予測であり、後者であれば電力の需要予測である。基本的にはど
ちらも過去の需要に関するデータがあり、様々な原因となる要素との関連も分析
できるようになっているはずだ。例えば、月々、業務用や給食用の牛乳の需要が
どれくらいの水準で推移していて、ゴールデンウィークや夏季休暇などの長期休
暇がどれくらい影響するかなどの知見をふまえ、予測が行われる。消費電力も同
様に日本の各エリアにおける水準や、気温との関連である季節性も分析できるだ
ろう。

　こうした需要予測に対し、牛乳の在庫や電力の生産キャパシティといった供給
側の条件を比較することで、未来の需給ギャップが可視化できたのである。ここ
から大量廃棄や大規模停電といった大きなリスクがわかり、政府から国民への情
報発信に至ったのだろう。

　このような記憶に残る大きな出来事ではなくても、私たちは毎日、様々な情報
発信に基づいて意思決定を行っている。想像しやすいのは天気予報だろう。これ
は気象予測に基づいて雨や花粉、紫外線など、人にとってのリスクを発信してく
れる。私たちはこれをふまえ、傘を用意したり、行き先や移動手段を変更したり
と、行動を変える（図5.1）。

　ここからわかるとおり、重要なのは予測そのものではない。予測に基づいて考
えられる困ること、つまりはリスクの想定と、そうならないための意思決定であ
る。多くのビジネスでも同様だ。製造業、小売業、サービス業など、様々な業界
で需要予測が必要である。商品がいつ、どれくらい顧客に必要とされるかの予測
に基づいて、それが過不足した場合のリスクをイメージし、そうならないように

図5.1　需要予測から需給リスクを想定

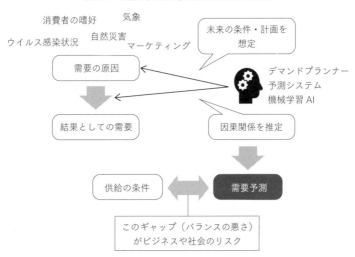

準備する。製造業であれば、生産のための原材料の発注や生産ラインの確保、小売業であれば日々の発注[3]や販売員のシフト作成、サービス業であれば必要な設備の準備などである。

　近年、AIやIoTといった先進的な技術のビジネス活用が始まり、SCMや需要予測の高度化が注目されだした。しかし、単純に既製の高度なシステムを導入したところで、ROA（総資産利益率）や在庫回転率などの経営に重要な指標は改善できない。オペレーションズマネジメント全体の標準的な知識と各業界の実態を知ったうえで、例えば需要予測や生産管理といった専門領域を熟知したプロフェッショナルが、ビジネス価値を創出する技術活用をリードしなければならないのである。

　第Ⅱ部でオペレーションの全体像をつかみ、実務と学習、研究を通じて、ビジネス価値創出をリードできるプロフェッショナルを目指してほしい。

需要予測の目的とマインド

　需要予測には未来のリスクを可視化できるという価値がある。これによって関係者が意識や行動を変え、結果として需要が予測と乖離していくこともある。実は冒頭で紹介した牛乳の大量廃棄も、東電管轄エリアの大規模停電も、両方とも回避できた。それは、警告を聴いた国民が行動を変えたためだ。

　もったいないという気持ちが牛乳の消費を促進させ、停電を避けようという想いが節電につながったのだろう。需要予測という観点からは、予測ははずれたという結果になるが、社会的には大きな価値を生み出したといえる。

　これはビジネスでも同様に極めて重要な視点だ。需要予測とは、必ずしも未来を正しく予測することが目的にならない。需要に影響する様々な情報を収集、分析し、未来をその時点で可能な限り確からしく予測することが重要だ。

　この予測をもとに、未来に起こりうる問題を想定する。これをできる限り防ぐために、関係者へ予測を発信し、それぞれの新しいアクションを促すのである。ボストンコンサルティンググループのヘンダーソン研究所の所長らも、正確とは言い難い未来予測からは実践的な洞察を導き出すことが重要だと述べている[4]。具体的には、

- その領域の複数の専門家が予測の際に着目している変数やトレンドを把握する
- 専門家の意見が一致している予測はある程度、信頼できる
- 逆に予測がばらついている点は、競争優位につながる戦略構築に有効活用できる可能性がある
- 複数のシナリオを想定することで、ビジネスのレジリエンスについて検討する

といったことが挙げられている。

　こうして社会やビジネスを良い方向に導くのが需要予測の目的となる。この目的をふまえると、需要予測を担うデマンドプランナーという職種には、以下の3点が重要になる[5]ことが理解できる。

① 市場や顧客に関する情報のオーナーシップ
② 予測の説明責任
③ 様々な関係者からの信頼

　需要予測の担当者は、その時点で未来を予測するために必要な情報を、可能な限り漏れなく収集する必要がある。もちろんビジネスでは、すべての情報が完全に揃うことはありえないと考えてよい。その中で意思決定をしていくのがビジネスパーソンであり、だからこそ知見やスキルが必要になるのである。具体的には、各社が扱う商材の需要にはどんな情報が重要なのかという知見や、それを適切に解釈するスキルである。

　必要な情報を収集するための知見は、AI の活用がより一般的になる時代でさらに価値を持つ。なぜなら、予測 AI の出来はアルゴリズムというよりむしろ、学習データによって決まる場合が多いからだ。これを適切に選択するためには、需要の背景にある市場の動きや顧客の心理など、因果関係を正しく想定できる知見が必要になる。

　また、需要予測には予測モデルが使われる場合が多い。1940年代に考案された指数平滑法[6]を応用したモデル（ホルト・ウィンタース[7]や ARIMA[8]など）や、近年では AI を使ったモデルが一般的である。しかしマーケターやファイナンスの担当者、上位の意思決定を担うマネジメント層が予測モデルについて詳しい場合は多くなく、専門用語で予測を説明してもビジネスはうまく動かない。デマンドプランナーには、どんな情報をどうやって分析したからこの予測値になっているかを、4章で解説した S&OP プロセスなどでわかりやすく説明する責任がある。それも単に予測値の理論的な根拠を説明するというよりは、予測値の背景にある市場や顧客心理の動きを、仮説とともに理解してもらう必要があり、良いデマンドプランナーとは「数字で物語を語れる人」だとされている[9]。

　こうした需要予測の立案と発信、丁寧な説明を繰り返すことで、デマンドプランナーはマーケティングや営業、生産管理や原材料発注、ファイナンスといった関連部署の担当者からの信頼を得ることができる。

　デマンドプランナーが関係者から信頼を得るための行動は、次のとおり、整理されている[10]。

- 可能な限り必要な情報を集め、確からしい予測ロジック（モデル）を使う
- 予測の前提（外的環境の条件など）を明確に、わかりやすく整理する
- 需要の原因にならない要素（例えば予算や生産効率など）を予測に影響させない
- 統計学や機械学習などの専門用語でなく、売上や利益などのビジネス言語で説明する
- パフォーマンスとコミュニケーションで需要予測のエキスパートとして認められる

　筆者自身の経験からも、海外で似たようなキャリアを歩んだ実務家の論文からも、デマンドプランナーの信頼構築には短くない年単位の時間がかかるといえる。しかし、ここで整理した行動とマインドで根気よくコミュニケーションを続けて

表5.1　需要予測プリンシプル

予測精度	Forecast Accuracy	実績と予測値の乖離をもとに測定
予測の偏り	Forecast Bias	需要予測の誤差の傾向
予測範囲	Forecast Horizon	どれくらい先まで予測するか
予測粒度	Forecast Granularity	予測の物的単位
予測周期	Forecast Interval Forecast Period Forecast Bucket	予測の時間単位

いけば、マーケティング、営業、ファイナンス、SCM、さらには経営層からも信頼されるデマンドプランナーになれる。

予測精度の評価

　需要予測を含むオペレーションズマネジメントの標準的な知識体系は、本書「はじめに」でも紹介した ASCM/APICS という米国の団体が整理している。各領域の概念や定義の統一を図り、グローバルに発信しているため、本書でも専門用語は基本的にこれに準拠する。需要予測でまずおさえておくべきポイントは表5.1のとおりとなる。

　最初に予測精度の定義を確認しておこう。予測精度といっても、その指標には様々なものがある。ビジネスにおける需要予測で代表的なものは MAPE（Mean Absolute Percentage Error：平均絶対予測誤差率）であり、次の式で算出できる。

$$\text{MAPE} = \Sigma\,(\,|\,実績 - 予測値\,|\,/\,実績\,)\,/\,商品数（SKU数）$$

　分子は実績と予測値の差の絶対値（先述の式の｜　　｜）であり、予測誤差（Forecast Error）と呼ばれる。どちらからどちらを引いても構わない。扱うのが1つの商品であれば、これを予測精度といってかまわない。しかし多くのビジネスでは複数の商品を扱っているため、それらの予測誤差を平均して評価する。ここで留意すべきなのは、正負の相殺だ。

　実績が予測を上回った場合も、下回った場合も、どちらも誤差である。これらをそのまま合計してしまうと相殺され、実際よりも誤差が小さく見えてしまう。そこで、複数の商品の予測精度を測定する場合は、予測誤差の大きさである絶対予測誤差（Absolute Forecast Error）を計算する必要がある。

　もう１つ留意すべきポイントがあり、それは需要規模の大きさだ。例えば月に100個しか売れない商品と10万個売れる商品であれば、10個の誤差の意味が大きく変わってくる。これを適切に評価するために、誤差を実績で割った[11] 誤差率（Percentage Error）が有効だ。

　こうして算出する商品別の予測誤差率の平均値が MAPE である。さらに商品ごとの価格や売上規模の幅が広い企業であれば、単純平均ではなく、売上による加重平均を使うのが一般的である。これは weighted-MAPE などとも呼ばれるが、金額ベースにせよ数量ベースにせよ[12]、売上規模が大きい商品の誤差率を重視する指標である。

　ちなみに IBF の調査[13] では、需要予測を評価している企業の６割が MAPE を活用しているそうだ。そのうちの半数が weighted-MAPE を活用していて、やはり経営的な観点を鑑み、こちらが推奨されている。

　また、新商品の MAPE はすでに発売になっている既存商品と比較し、２〜３倍程度になることが報告されている[14]。これは筆者が10年以上携わってきた日本の化粧品市場でも同様であるし、米国で20年以上、需要予測に関わってきたプロフェッショナルの感覚[15] も同じだそうだ。

　もう１つ代表的な需要予測の管理指標として、Bias もおさえておくとよいだろう。これは次の式で算出できる。

$$\text{Forecast Bias} = \Sigma（予測値 - 実績）$$

　ここでΣは商品の合計ではなく、期間合計を意味するのが ASCM/APICS の定義[16] である。

　Forecast Bias で確認しておきたいのは２点である。まず、ここでは予測値から実績を引いている。これは実績よりも高い予測値を Over-forecast と呼び、逆を Under-forecast と呼ぶためであり、言葉のイメージに合わせている。

　また、あえて絶対値ではなく、正負で誤差を相殺させる。これにより、予測誤差の程度ではなく、予測の傾向を表現しているのである。つまり、Bias を見るだけでは需要予測の精度は評価できない。あくまで予測値が高い傾向なのか、低い傾向なのかを把握するための指標である。

　実際のビジネスでは、MAPE と Bias の両方をモニタリングすることで、需要予測の改善に向けたアクションを検討する。需要予測を担うマネジャーはこうした精度管理指標を理解し、その推移から自社の予測の問題点や市場変化を提言で

きるようにしたい。

　建設業をクライアントとし、工具やケミカル製品、ソフトウェアなどを販売して
いるヒルティという企業では、MAPE と Bias の両方を管理している[17]。世界
9 地域別に、グローバルの需要予測チームが提示する統計的な予測と、各地域の
予測チームがそれにエリアプロモーションや市場、各地域の顧客に関する情報な
どを加味して立案する予測を分けて管理しているのだ。ヒルティでは地域別に、
需要予測の難しさには差があると考えられている。そのため、予測精度を横並び
で比較するのではなく、統計的な需要予測との差を FVA（Forecast Value
Added：予測付加価値）としてモニタリングし、改善のためのアクションを定
期的に検討しているのである。

　重要なのは、的確に需要予測の現状を把握し、問題点を明確にすることである。
需要予測の原理原則をふまえたうえで、複数の指標で予測精度を評価し、各社の
需要予測をマネジメントすることを目指していただきたい。

需要予測の難しさ

　需要予測の難易度は、次の 3 点をふまえて解釈する。

① 長い予測範囲ほど難しい
② 細かな予測粒度ほど難しい
③ 短い予測周期ほど難しい

　1 つ目は想像しやすいが、遠い未来ほど想定外の環境変化が起こる可能性が高
くなる。自然災害やパンデミック、気象、為替レートなど、多くの商材の需要に
影響する外部環境要因を数年先まで正確に予測することはほとんど不可能である。
こうした現象は非常に多くの要素の影響を受けていて、その中の 1 つの少しの変
化でも、長期的には結果に大きく影響してしまうからだ。

　また、ビジネスにおいては企業も行動を変えていく。例えば2020年以降のコロ
ナ禍では、レストラン事業をたたみ、お弁当の宅配ビジネスへ進出した企業もあ
るかもしれない。事業を変えなくても、マーケティングプロモーションを変更し
た企業は多いだろう。例えば緊急事態宣言下で集客を狙うキャンペーンなどは批
判の対象になる可能性がある。キャンペーンの内容や時期を変更した企業は多い
はずだ。こうしたアクションの変更も長期の需要予測を難しくする。

　2 つ目は需要予測の実務に関わったことがないと想像が難しいかもしれない。

サイズやカラーバリエーションまでも含めた管理の最小単位はSKU（Stock Keeping Unit）と呼ばれるが、この物的単位での需要予測は最も難しい。ちなみに商品を構成する原料や容器などの需要は予測[18]の対象外である。これはSKU別の需要予測から一意に計算できるからだ。

　例えば、ユニクロのエアリズムを想像してみよう。エアリズム合計での需要は、過去の水準や季節性をふまえ、今年の気象予測を考慮すれば、ある程度の精度で予測できそうだ。もちろん、競合メーカーが類似機能を持つ製品を発売すればその影響は受けるだろうが、強いブランドを築いているユニクロはこうした影響を受けにくいといえる。しかし、Mサイズの白、Sサイズの黒などのSKU別となると、流行色の影響を受ける可能性もあり、需要予測は難しくなっていく。ベージュが新配置されると、グレーなどと需要が分散することもあるだろう。逆に、SKU別には実績よりも高い予測値もあれば、低い予測値もあり、カテゴリ全体ではそれらが相殺されるため、精度は高くなる傾向がある[19]。

　3つ目は時間単位である。これも物的粒度同様で、単位が大きくなるほど、中で誤差が相殺されるため、精度は高くなる傾向がある。例えば、天気が需要に影響するテーマパークの来場者数を考えてみよう。1日ごとには、晴れや雨といった天気で来場者数が変動することが想定できる。一方で1カ月、さらには1年などとなると、晴れや雨の日の数は過去と大きくは変わらない可能性が高い。この場合、大きな時間単位での需要には、天気の影響は小さくなるといえる。

　物的粒度や時間単位が小さくなるほど、需要予測に考慮すべき要素が増える。こうした要素を変数とも呼ぶが、多変数の場合、従来の統計学を使うデータ分析では予測が難しくなってくる。そこで期待されるのがAIの活用だ。予測AIは単に今の予測モデルを置き換えるのではなく、例えばより小さな物的粒度、時間単位の予測に活用するなど、新たな価値を追求するために導入するのがよいと考えている。

　これと関連し、ベイン・アンド・カンパニーのパートナーらが、特に不確実性の高い環境下における予測の難しさについて4つのポイントを整理しているが[20]、需要予測の観点で解釈すると以下のとおりとなる。

① 需要に影響する変数の数
② 変数同士の関係性（統計学でいう多重共線性）
③ 安定した状態（定常状態）の想定

④ 定常状態に達するまでの期間

　例えばブランド力の高い化粧品は訪日外国人からの需要が大きく、日本への旅行者数が需要予測において重要な変数となる。これには各国の渡航に関する規制や日本の受け入れルール、それに影響するウイルスの感染状況、日本における地震や台風などによる被災状況、為替レートなど、極めて不確実性の高い様々な変数が影響する。

　さらに、ウイルスの感染状況は各国の渡航規制に影響するし、それが為替レートにも影響するかもしれない。ウイルスの感染が終息するのが定常なのか、普通の風邪のようにくり返すのが定常なのか、また、それまでにかかる年月はどれくらいなのか、正確に予測することはどんなシンクタンクでも不可能といえるだろう。

　こうした環境下では極端なものも含めて複数のシナリオを描き、各需要予測に対する在庫や調達、生産などの戦略オプションを事前に検討しておくことが有効になる。また、各オプションにおけるリスクヘッジも併せて検討しておくのがよい。

　さらに需要変化の予兆となる情報（サインポスト）をモニタリングすることで、アジャイルにオペレーションを更新できるS&OPのようなコミュニケーションと意思決定の仕組を機能させることが競争力を生み出す。不確実な環境下でも需要予測が難しいと諦めるのではなく、因果関係を整理したうえで複数のシナリオにおける需要予測を行い、精度を評価して、市場変化に合わせて意思決定を更新することが事業戦略を実現に導くのである。

ディスカッション：裏に予測がありそうな事例を話し合ってみよう
（1）本節冒頭では、背景に需要予測がある事例として、牛乳の大量廃棄と大規模停電を紹介したが、この他にも同様の事例がないか、グループで話し合ってみよう。
（2）また、それらの需要予測の①範囲、②粒度、③周期についても整理してみよう。

🚜 コラム　オリジナルアイデアの発信と意見交換が専門領域を進化させる

　需要予測にフォーカスしている本章では、様々なグローバル知見も参考文献として紹介していますが、中でも Institute of Business Forecasting & Planning[21] (IBF) という団体は、需要予測に携わるビジネスパーソンとして知っておいてほしいと思います。これは1981年創設の、世界で4万人以上の需要予測プロフェッショナルがメンバーになっている研究団体です。ディズニーやユニリーバ、マイクロソフト、P&G、Apple、ウォルマート、Amazon といったグローバル企業の実務家や、セント・ジョーンズ大学やマサチューセッツ工科大学などの教授らが、論文や講演などで知見を共有し合っています。

　IBF が発行する *Journal of Business Forecasting* という雑誌には需要予測や S&OP をテーマとした論文が掲載されていますが、新規性があり、かつビジネスで有効だと思われるアイデアでないとアクセプトされません。ここに掲載される、世界の需要予測プロフェッショナルが認める知見から学ぶことはたくさんあります。

　需要予測のような専門領域は、様々な業界、ビジネスモデルの現場から生まれる知を抽象化し、一般化して発信することが重要です。これを各プロフェッショナルの目線でレビューし、議論することが知を深めるからです。こうして専門領域が進化すると感じています。

5－2　需要予測の考え方

　ここでは実際に、筆者の友人が立ち上げたビジネスケース[22]を例にして、需要予測の考え方を解説する。このケースはビジネス立ち上げ期の話であり、すでにビジネスを開始している企業には当てはまらないと思われるかもしれない。しかし、需要予測の考え方は同じだ。ビジネスにおける需要予測で重要なのは、顧客の心理と行動を想像し、どんな情報を集め、どうやって分析すべきかを考える力である。オレオやリッツなどのお菓子を扱うモンデリーズの需要予測ディレクターの女性も、需要予測のリーダーにとって最も重要なスキルとして、ビジネスに関する洞察力（Business Acumen）を挙げている[23]。

∞∞∞∞∞∞∞∞∞ **ケース　販売ビジネスを始めよう！　どれくらい仕入れる？** ∞∞∞∞∞∞∞∞∞
　今、あなたが新しいビジネスを始めるとしよう。日本ではまだあまり知られていない、世界の希少なワインを輸入し、EC で販売するというビジネスモデルだ。あなたはこれまで、世界中を旅してきたこともあり、他の人にはない広い人脈とワインの知識を備えている。特に生まれたハンガリーにはワイナリーを経営している知り合いも多く、まずはそこから仕入れる予定だ。資金集め、販売サイトの準備は順調に進んでいる。

　さて、そろそろ希少ワインを発注する時期だ。スタート時に販売するワインの目星はつけているものの、本数の想定ができていない。どうやって発注数を考えればよいのだろうか？

∞∞∞

背景にある因果関係を整理する

　まずは需要予測の原理原則で説明した予測範囲・粒度・周期を整理する。今回は発売から 1 カ月間・SKU 別・月単位にする。発注には SKU 別の需要予測が必要になるし、月に 1 回の発注を想定するためだ。需要予測の観点では、発注は細かい方がよい。先述のとおり、予測範囲は短い方が高精度になるからである。できるだけ最新の情報を考慮した予測に基づいた発注が望ましい。一方で、調達や生産の観点からは、まとめての発注の方が、都合がよい。これは生産や物流の効率が高まり、コストが低くなるためだ。実際のオペレーションではこうしたトレードオフの中での意思決定が多くなる。

　つづいて考えるのは、需要の背景にある因果関係である。なぜ、その需要が生まれるのか、つまりは顧客の心理や行動を想像することだ。ここで役に立つのが学術的な理論やそこから考案されたフレームワークである。フレームワークの使用ありきで分析に入ることはおすすめしないが、考えを漏れなくダブりなく整理するためには有効で、説明の際の説得力も増す。

　需要の因果関係を整理するには、マーケティング関連のフレームワークが有効で、例えば4P や3C[24] が挙げられる。ここでは4P を使って話を進めよう。4P とはマーケティングで重要な 4 つの要素を示している。

- Product：商品。モノやサービスが提供できる価値。需要予測目線では、その価値を求める人がどれくらい存在するかが重要。

表5.2　希少ワインの4P

4P	本ケースの場合	今回の需要予測では
商品 Product	どのワインを売るか	差別化戦略も考慮する
流通 Place	EC プラットフォーム	まずは他者と同等と想定
施策 Promotion	基本はプラットフォームでの告知	まずは他者と同等と想定
価格 Price	いくらで売るか	利益や目標も考慮する

- Place：流通。モノやサービスをどんな場所、ルートで顧客に提供するか。これをふまえ、リーチできる顧客数の規模感を想定する。
- Promotion：施策。商品を告知する様々なマーケティングプロモーション。メーカーが小売店に行うリベートなどのトレードプロモーション、小売店が消費者に行う店舗での特売やちらし配布などのリテールプロモーション、メーカーが消費者に行う全国キャンペーンなどのコンシューマープロモーションといった分類がある[25]。
- Price：価格。基本的には価格が安い方が需要は大きくなる。しかし、ブランドビジネスでは高い価格が商品の価値を支える面もあり、需要予測では価格弾力性を考慮することが重要である。

希少ワインのビジネスでは、表5.2のとおり整理できる。これら４つの要素を軸に、需要を予測していこう。ここで留意すべきは、これらの要素は独立ではない[26] ということだ。例えば、高級ワインであったらEC だけでなく、デパートでも販売する方がブランディングにつながる。その場合、リアル店舗での施策も重要になるし、価格もそれなりに設定する方がよさそうだ、などと各要素は関連しているということだ。

要素に分けたのは１つずつを別々に検討するためではなく、これらマーケティング要素が類似するベンチマーク商品を想定するためである。商品そのものだけでなく、マーケティング要素が類似するベンチマーク商品の実績を参考にする予測ロジックは、特に新商品において、様々な業界で王道になっている[27]。

需要予測とはデータ分析であり、分析とは比較[28] だといわれる。ここから具体的に説明していこう。

表5.3　世界のワインの価格帯別販売実績

価格帯	P国産	Q国産	R国産
3,000〜5,000円	300本	400本	600本
10,000円程度	50本	100本	300本

分析とは比較なり

　今回のビジネスケースでは、流通はEC、施策はその販売プラットフォームからの告知が基本になる。まずはこれ以外を想定しないで予測を行う。この場合、同じプラットフォームで販売している商品からベンチマークを探す。ここで重要なのが、残る要素のうち、商品のカテゴリと価格帯の2つの類似性を考慮して情報を集めるという発想だ。

　商品カテゴリはワインにしぼって情報を収集するとしよう。ハンガリーワインだけでなく、世界には様々なワインがあり、その価格帯と販売実績を調べる。幸い、例えばMakuake[29]では商品ごとの販売実績がウェブサイトに掲載されているので調査は容易だ。簡単には調べられない場合でも、すぐに諦めず、プラットフォーマーに交渉するなど、データの入手には力を注がなければならない。需要予測にはデータ、モデル（ロジック）、スキルが必要だからだ。

　この調査によって、表5.3の販売実績がわかったとしよう。このデータはわかりやすさを目的に、架空のものとしている。実際には同価格帯でも複数SKUを販売していたり、数種類をセットにして販売したりしている。

　価格帯も2種類で情報収集ため、この需要（販売本数）の差は、商品カテゴリ内の条件、つまりは商品自体の魅力の差によるところが大きいと考えることができる。前提として、流通や施策はほぼ同じ条件と想定しているが、実際には例えば、P国産のワインは日本市場に出回っていて、スーパーなどでも買えるため、ECにおける需要と分散しているといった可能性も考慮する必要がある。この3国のワインの市場流通は同程度と仮定して話を進めよう。

　ワインの魅力としては、P＜Q＜Rという解釈になる。この並びの中で、ハンガリーがどこに位置しそうかを想像する。これは直感で行うだけでなく、世界のワイン通にヒアリングしたり、インターネットで各国産ワインに関する評判を調査したりするとよいだろう。新商品の発売前の市場調査がこれに該当する。

　例えば、ヒアリングやインターネット検索の結果、ワインの魅力度はP＜Q＜ハンガリー＜Rだった場合、ハンガリーワインの価格帯別の需要予測の幅は表

表5.4　ベンチマークワインの実績から予測する幅

価格帯	ハンガリー産
3,000〜5,000円	400〜600本
10,000円程度	100〜300本

5.4のとおりとなる。

　こうして需要予測を一定の幅に収束させた後は、ビジネスの戦略や売上、利益の目標を加味していく。戦略として、まだ日本ではほとんど知られていないワインを紹介していくという差別化を図るとする。この場合、スタート時の商品の認知度は低めになると考えられ、需要も小さくなるだろう。一方で、ワイン通が主な顧客となるため、販売価格はやや高めでもよいかもしれない。5,000円の価格設定で400本、12,000円で150本、などと予測する。売上としては380万円という予測になる。この時点の、目標を考慮しない、過去データの分析に基づく需要予測はベースフォーキャストと呼ばれる。

　こんな人的判断に頼った予測で不安に思われるかもしれないが、現実のビジネスではルールのあるゲームとは異なり、次々と新しい価値を持つ商品、施策が考案される。そのため、同じ形式のデータが数万件などと揃うことはまれである。多少データ分析に詳しい方であれば、重回帰分析や機械学習で先述の原因要素の需要への影響を推定しようと思うかもしれない。しかし、それは同じ形式、条件のデータが大量に存在することを前提としている。もちろん、こうしたロジックも必要であり、5-3節では機械学習AIで価値を生み出す考え方を解説する。ただ、新しい情報を柔軟に加味できる人的判断は、現実の需要予測では重要であり、Judgmental Models（判断的モデル）という名で、世界で知られている[30]。

　さて、これまでの投資やプラットフォームへの支払いなどを考慮した場合、売上目標が500万円だったとしよう。ここで改めて最初に整理した因果関係に立ち返り、このギャップを埋めるために何ができそうかを考える（表5.5）。こうして限られた情報の中でも需要予測を行い、発注数を考えていくことになる。

　実際には、この例のように希少ワインでここまで販売実績がわからないかもしれないし、きれいに売上規模が並ばない可能性もある。その場合、価格帯は固定したまま、商品カテゴリの幅をもう少し広げ、希少な別の飲料や食品の実績を調べることを推奨する。あくまでも飲食料かつ希少という特殊な属性に限定しているのは、比較の際に考慮すべき条件をできる限り少なくするためである。需要予

表5.5　予測モデルに沿って需要伸長を考える

商品 Product	より認知度の高いワインを仕入れる。 ただし、戦略との整合に注意。 または扱う SKU 数を増やす。 この場合は予測精度の低下に注意。
流通 Place	別の EC プラットフォームでの販売も検討。 または特設イベントでのリアル販売を検討。 どちらも追加投資が必要になることに注意。
施策 Promotion	広い人脈を活かした情報発信を展開する。 同業者の施策を調査し、そのリーチや魅力を超える策を検討。
価格 Price	一定の価格帯の中で価格を上げることを検討。 他の商品カテゴリも含め、価格弾力性を調査する。

測の主要な一側面がデータ分析であり、分析が過去や他との比較であるならば、条件の差の考慮が極めて重要になり、それが少ない方が、予測誤差が小さくなる可能性が高い。

　以上のように、ビジネスにおける需要予測は、単に過去データの分析を精緻に行い、当てることだけを目的にするものではない。限られた情報の中で可能な限りデータに基づく予測を行い、目標とのギャップを可視化し、それをどうやって埋めるかを考えるのを支援するのである。この意味で筆者は、特に不確実性が高まっている環境下において、これからの需要予測は需要創造という発想が重要になると述べている[31]。

　このケースを執筆するにあたって参考にした実際の例では、Makuake における過去の食品系プロジェクトの売上規模が100〜200万円程度であったことを鑑み、最高値を目指して400万円という高い目標を設定していたそうだ。そしてこれを見事に達成している。これを主導した高橋賢太郎氏は、日本とハンガリーのハーフであるという出自と、生来のコミュニケーション力を活かした圧倒的な人脈という強みがあり、4P における「施策（Promotion）」で、他の出品者では難しいプロモーションを実施することができた。具体的には、商品画像やその魅力を伝えるクリエイティブ（広告制作物）、ワイン愛好家への直接的なリーチなどを人脈で獲得することができている。

　過去データの分析による需要予測では、当時の最高値である400万円という予測はできない。しかし、データドリブンの需要予測と目標値のギャップを、自身の強みを活かした「施策」で埋めることで、過去にはない需要を創造することが

できたといえよう。新商品や新規ビジネスなど、特に不確実性の高い環境、条件下では、こうしたマインドが極めて重要になる。

過去データのある商品の需要予測

　ここでケースとして取り上げた例は、新商品の発売前の需要予測[32]に近い。しかし既存商品でも基本の考え方は同じである。過去の売上データのある既存商品の需要予測では、時系列モデル（Time Series Models）が使われている場合が多い。これは過去の時間に沿って連続的なデータの特徴を分析し、未来の水準とパターンを予測するロジックだ。

　時系列モデルには、単に過去の実績をそのまま未来の予測とする Naive モデルや、移動平均法といった単純なものから、各種特徴を指数平滑法で表現して組み合わせる多重指数平滑法やホルト・ウィンタースモデル、クロストンモデル[33]など、様々なものが開発されている[34]。ノイズも考慮する ARIMA モデルが有名であるが、これらの時系列モデルは、需要の因果関係の観点ではブラックボックスなモデルである[35]。

　これは、因果関係を考慮しないという意味ではない。過去と因果関係が大きく変化しないという前提で、過去を数学的に引き延ばすロジックである。つまり、数学的に高度な時系列モデルを使うからそれでよいと考えるのは間違いであり、因果関係とその変化をふまえたうえで、予測モデルを活用すべきといえる。

　実際のビジネスでは、過去とすべての条件が変わらないということはなく、時系列予測はベース値として考える場合が多い。ここに未来の新たな条件、具体的にはマーケティングプロモーションや外部環境の変化想定を加味する。これが目標に届かないのであれば、商品改良や流通チャネルの新規拡大、追加施策の実施、需要に合わせた価格の変更などを検討することになるというのは、先述のケースにおける需要予測と同じである。

　現実のビジネスでは、各社が扱う商品数はかなり多いだろう。製造業でも、少なくとも数百、多い企業であれば数千〜数万を超える。小売業や卸売業であれば、数十万〜数百万を超える場合も少なくない。この場合、すべての商品に対してケースのように丁寧な予測を行うことは、リソースや効率の観点から非現実的になる。そこで、統計的な予測モデルや予測 AI を実装したシステムが有効になる。

　新商品や既存商品でも一部の主力を除くと、流通や価格が大きく変化する可能性は低く、大きな施策の対象にもなりにくいため、過去の需要の水準、トレンド、

季節性をふまえた統計的な予測で高い精度を期待できる。これらの需要予測は可能な限り効率化し、分析のリソースを新商品と主力商品に振り分けるのが効果的になる。

ディスカッション：カフェを開こうと思ったらどんな情報を集めるべきか

　みなさんがカフェを開くと仮定し、以下をディスカッションしてみよう。

（1）どのエリアに、どんなコンセプトのカフェを開くのがよいだろうか。継続的に利益を上げていくことも考え、なぜその戦略を選択したかを整理しよう。

（2）提供メニューを考え、どれくらい飲み物、食べ物の材料を仕入れるかを考えてみよう。その際にはどんな情報が必要になるだろうか。

🚚 **コラム　需要予測のモデル**

　本書では需要予測モデルの詳細は説明しませんが、ここで代表的なものを次のページに示す**表5.6**で整理しておきます。興味のある方は注に挙げている文献など[36]を参照してください。

　現実的にはデータ制約の問題もあり、少数の不定形な情報でも柔軟に加味できる判断的モデルが併用される場合も多いといえます。例えば筆者はプロフェッショナルの直感を数値化するAHP（Analytical Hierarchy Process）を使った予測モデル[37]を提案しました。

　機械学習AIによる新商品の需要予測も期待されています[38]。筆者が関わった取り組みはロジスティクス大賞2021で「AIデマンドマネジメント賞」（JILS）を受賞している[39]ので、興味のある方は論文[40]や講演動画[41]などを参照してください。

5−3　需要予測の進歩

　10章で詳しく解説するが、近年、オペレーションの各領域はAIなどの先進的な技術で劇的に進化し始めている。需要予測は1940年代から指数平滑法をはじめとする統計学が応用されてきた分野であるが、様々な業界でAIの有効性検証が

表5.6　様々な予測モデル

大分類	小分類	予測モデル	筆者解説
定性的	判断的	専門家ヒアリング	エキスパートの知見や直感を参考
		トップダウン	目標や予算からの組み立て
		営業積み上げ	営業担当者の報告値を収集
		デルファイ[注]	匿名で予測値と根拠を収集、開示これを何度か繰り返す
	調査	コンセプト調査	商品コンセプトに対する一部モニターの評価を調査
		パネルデータ	一部パネル店やテスト展開店でのデータから推計
定量的	観察	ナイーブ	直近実績をそのまま予測値にする
	因果	単回帰分析	1つの原因要素で需要を説明 直線的な関係性を表現
		モンテカルロ	確率的に発生する過程を 乱数を使ってシミュレーション
	時系列	指数平滑	過去実績の加重平均 直近実績により重みを付けるのが一般的
		ARMA	自己回帰と予測誤差の移動平均の組み合わせ さらに階差の概念を加えると ARIMA
	教師あり分類	ニューラルネットワーク	非線形の関係性に対応 複数の入力を組み合わせ、 それが閾値を超えた場合に次の入力になる この過程を何度も繰り返すのが 深層学習（ディープラーニング）
	予測分析	重回帰分析	複数の原因要素で需要を説明
		決定木	各条件を順番に Yes or No で枝分かれさせる これを複数組み合わせたものが ランダムフォレスト
		ARIMAX	ARIMA モデルに因果関係を示す要素 X を追加したもの
		アンサンブル	複数の予測モデルの組み合わせ 精度が高くなる場合が多い
	教師なし分類	クラスタリング	クラスターの中心からの距離で 分類する k-means が有名
		隠れマルコフ	前の時点の状態が次に影響する過程を マルコフ過程と呼ぶ 直接は観測できないマルコフ過程を 想定するのが隠れマルコフモデル

出所）Wilson, J. Eric, *Predictive Analytics for Business Forecasting & Planning*, Graceway Publishing Company, 2021,p.164をもとに筆者作成
注）Moon, M. A., *Demand and Supply Integration: The Key to World-Class Demand Forecasting, Second Edition*, DeG PRESS, 2018. より

実施され、ARIMA モデルなどの時系列モデルなどは、実務家の間では"古典的"統計学とも呼ばれるようになっている。

　もちろん、扱う商材の需要の特性（規模や季節性、因果関係の単純さ）によっては、直感的に理解しやすい従来の予測モデルも有効だ。しかし、ビジネスの環境の不確実性が増し、シナリオ分析[42]も求められる中では、需要の因果関係を表現した予測モデルが優位になる。ここで1つ、AI を使った客数予測の事例を紹介しよう。

◇◇◇◇◇◇◇◇◇◇◇◇◇◇ **事例　気象予測を使った発注効率化** ◇◇◇◇◇◇◇◇◇◇◇◇◇◇

　2022年1月、ソフトバンクと日本気象協会が協同し、小売・飲食店向けに来店客数の AI 予測サービスを開発したと発表があった[43]。ソフトバンクは通信のインフラを整備し、携帯電話やスマートフォンを販売していて、人がいつ、どこにいるかという人流データを保持している。一方、日本気象協会は気象予測を専門的に行っている団体だ。この他に、カレンダー情報（曜日や祝日など）、店舗の過去の売上と来店客数、業界ごとに特徴的な変数を AI に学習させたそうだ。

　店舗、日ごとの来店客数を精度高く予測することで、商品や食材の発注精度を上げたり、従業員の最適なシフト作成を可能にしたりすることを狙っている。来店客数の予測も広義には需要予測の一種といえ、この事例の予測範囲・粒度・周期を整理すると表5.7のとおりになるだろう。

　製造業の SCM における、数カ月先までを範囲とし、SKU 別・月単位といった需要予測と比較すると、時間的に短く、細かな予測といえる。予測範囲が短い分、需要予測は容易になるが、周期が短いのは予測を難しくする。

　AI は人と比較し、膨大な量の情報を分析するのが得意であり、需要予測の観点ではより細かなセグメントの予測精度を高めることができると筆者は考えている。細かなセグメントとは具体的に、予測粒度と予測周期のことを指していて、粒度も SKU 別だけでなく、エリア別、顧客別といったレベルの分解を想定している。こうした細かなセグメントにおける需要ほど、需要に影響する要素が多く、因果関係が複雑になるのは5−1節の需要予測の原理原則のところで述べたとお

表5.7　小売・飲食店における来店客数予測

予測範囲	予測粒度	予測周期
14日間	店舗単位（の客数）	日

りだ。

　そのため、店舗別・日別といった細かなセグメントにおける需要予測にはAIが優位性を持つ可能性が高い[44]。海外でもSCM高度化の方向性として、より多くのデータを使った、細かな単位での市場需要予測や小売業者からの注文予測の有効性が提案されている[45]。

　利用料は1店舗当たり、月額5,390円（発表当時）であり、これで30日分の発注業務やシフト作成業務が効率化できるのであれば、アルバイトを雇う時給を鑑みると、決して高いとはいえないだろう。もちろんどの店舗でも、いつでも精度の高い予測が可能になるとは思わない。あるエリアの近隣で大きなイベントがある日は、それを考慮して発注や人員シフトをアレンジすることが有効になるだろう。イベントも回数を重ねれば、学習データになるかもしれないが、イベントの内容や規模次第では人数も変わるはずであり、それが毎回同じである可能性は極めて低い。この場合、学習データの質としては不十分になる。

　それでも多くの店舗、期間で発注やシフト作成業務を効率化できるのであれば、生産性を高めることができるだろう。店舗での販売やサービスに携わる従業員は、顧客の体験をより高めるために時間や労力を使うことができるようになる。これが他店と比較して競争力を生み出せるのであれば、AI導入は成功といえるだろう。

　AIの導入によって業務内容を変革し、新しい価値創出に注力できるようにすることは、単に業務を自動化するデジタライゼーションと区別して、デジタルトランスフォーメーション（DX）と呼ばれていることは1章でも説明したとおりである。つまり競争力を生む新しい価値創造のための業務変革までを含めてDXと呼ぶ。

AIで価値を生むための人の役割

　予測AIを導入した後でも人に残る役割として、次の3つが挙げられている[46]。

① 予測AIの訓練
② AI予測の説明
③ AI予測精度の維持

　AIを使ったDXでは、精度の高い予測AIでビジネスまたは社会的な価値をいかに創造するかをオペレーションに落とし込むことが重要だ。そのためにはま

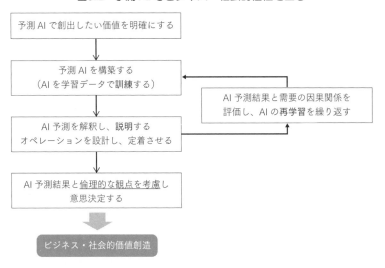

図5.2　予測 AI でビジネス・社会的価値を生む

ず、AI 導入で目指す価値を明確にする必要がある。本節冒頭で紹介した小売・飲食業界における来店客数予測の事例では、発注や人員シフト作成の効率化は目的ではないと推察している。それによって創出できる従業員の時間を、顧客の満足度をより高めるものへ転用することであるはずだ（図5.2）。

　来店客数を正しく予測できれば、それに対応できる人員を配置しておくことで、顧客を待たせる時間を短くすることができ、快適な購買体験を提供できるかもしれない。小売業界の大きな戦いとして Amazon とウォルマートの戦いが有名[47]だが、両者とも扱う商材で差別化を図っているとは言い難い。しかし両者ともに、ほしいモノがいつでもストレスなく買える、といった購買体験で差別化を図り、競争力を維持しようと様々な取り組みを進めている。

　Amazon のインターネット通販の利便性はみなさんも感じているとおりだが、米国では2017年に高級食品スーパーのホールフーズを買収し、リアル店舗でも顧客体験の価値創出を図っている。具体的には、オンラインで注文したものを店舗の駐車場で受け取れるサービスであり、顧客は買い物の時間短縮という快適なサービスを享受している。コロナ禍では感染リスクを嫌う顧客にも好評だっただろう。ただ、このサービスのためには、従業員がオンライン注文分の商品をピックアップし、袋詰めしておく必要がある。そのためには他の業務の生産性を高めなければ、コストが増加してしまう懸念もある。

　一方ウォルマートも、2021年に完全自動運転のトラックでの配送や、飛行機型ドローンでの超高速配送を開始している[48]。自動運転であればドライバー不足でも迅速な配送を実現できるし、ドローンであれば、離島や道路が未整備のエリアでも短時間で配送できる。米国でもまだ一部地域の展開だが、様々な企業と協同しながら、新しい技術を使って顧客サービスのレベルを高めることを目指しているのだ。

　このように、AIやロボティクスなどの高度な技術を導入することによって、最終的には顧客にどんな価値を提供できるのかを整理しておくことが重要になる。

　訓練とはAIの学習データのマネジメント、つまりは需要の因果関係の想像とそれに基づくデータの収集である。スマートフォンを多くの消費者が所有するようになり、個人によるSNSでの情報発信量が爆発的に増え、その中のいくつかは高い信頼性を獲得している。SNSのプラットフォームも多様化し、つぶやきから画像、さらには動画配信とその手法も進化している。こうしたコミュニケーション手法は2000年頃にはほとんど見られず、様々な商材の需要への影響度は大きく変化してきたといえるだろう。

　これからもこうした技術の進歩、消費者心理の変化などによって、各種商材の需要の因果関係が変化していく可能性が高い。これを常に考え、予測AIの学習データを更新し続けないと、精度の高い需要予測AIは構築、維持できない。

　目的を明確にし、精度の高いAIを構築した後は、それを定例オペレーションで運用できるようにする必要がある。需要予測でいえば、先述の人に残る役割の2つ目、AI予測の説明だ。近年ではNECの異種混合学習[49]やDataRobotの特徴量のインパクト[50]など、AI予測の根拠の可視化技術も進化している[51]。しかし、時系列分析や重回帰分析でも同様であるが、やはりコミュニケーション相手に配慮した予測値の説明は必要である。

　AI予測を説明するには、需要の因果関係と学習データの理解が必須となる。冒頭の来店客数の事例でも、予測値の解釈に基づいた発注、シフト作成のアレンジが必要になるだろう。来週、台風が来るという気象予測が出ているとして、それが十分なデータ量でAIに学習できているのであれば、その来店客数をそのまま信頼することができる。しかし、新たなウイルスの感染拡大によって緊急事態宣言が出されるという情報が入った場合、その影響は十分にAIに学習させられているとはいえないだろう。

　こうしたAI予測値の解釈と、不足している情報の考慮を、定例のオペレーシ

ョンとして設計することが有効になる。筆者はメーカーで新商品の需要予測に
AI を導入したが、この予測値解釈のオペレーションをリバース・フォーキャス
ティング[52] と名づけ、定例プロセスにした。リバース・フォーキャスティング
によって AI 予測値の根拠を評価し、足りない情報がある場合はそれを明確にし
て、マーケターや営業担当者とコミュニケーションするのである。不足している
情報が需要を増加させる可能性が高いものであれば、需要の上方変動を想定し、
在庫計画に反映することでリスクヘッジができる。これをリードするのも、デマ
ンドプランナーの新たな役割になる。

AI で進化する CRM

　需要予測 AI は顧客の心理や行動を分析しているとも解釈でき、そのために収
集したデータは CRM にも活用することができる。AI の実務活用において、こ
れは ROI（Return On Investment：投資利益率）を高める重要な考え方になる。
ビッグデータの収集、管理にはコストがかかり、それはできるだけ多くの業務領
域に活用できることが望ましいためだ。

　SCM の文脈で CRM が語られることはまれであるが、オペレーションズマネ
ジメントの視点では CRM ははずせない（サプライチェーンにおいて逆方向の
SRM も同様で、これは 7 章「未来に続く調達戦略」で解説する）。なぜならモ
ノやサービスの提供において、顧客との関係性を良好に保つコミュニケーション
は極めて重要になるからだ。

　ベイン・アンド・カンパニーの調査[53] によると、CRM は1990年代後半から
2000年にかけて、CRM パッケージの登場によって投資が盛んになった。しかし、
期待した効果が得られず、一度は下火になっている。その後、CRM の重要性の
認識には変わりがなく、再び投資が盛り上がり、近年では AI を使った高度な分
析がこれを支援すると考えられている。

　先述の調査によると、CRM のプロセスは次の 5 つのステップからなるサイク
ルで実行される。

ステップ 1．商品（製品・サービス）の開発
　　　　　　　↓
ステップ 2．販売　＊ここで需要予測が重要になる
　　　　　　　↓

ステップ３．経験価値（体験・コト）の提供

↓

ステップ４．顧客の維持・（新規）獲得

↓

ステップ５．ターゲット設定とマーケティング
⇒再びステップ１へ

　オペレーションの観点では、本書「はじめに」でも述べたとおり、上記ステップ３の製品、サービス提供時の物流を含めた体験が競争上重要になっている。従来は商品自体の機能や品質が差別化の主要因であり、それをマスマーケティングで大衆に周知していくことが競争力を生み出していたが、これが多くの業界で変化しているのはみなさんも実感されているとおりだ。

　ID-POS（買い物客の年代や性別、過去の購買履歴など）の取得、分析が進み、データドリブンのターゲット設定や個人にフォーカスした（パーソナライズ）マーケティングが、EC ビジネスの領域を中心に展開されている。Amazon や楽天などでのオンライン購買におけるレコメンデーションはこのわかりやすい一例だが、この背景にはビッグデータの分析がある。

　2021年に講談社、集英社、小学館という出版３社と丸紅が新会社を設立[54] し、AI による業務効率化を目指すという取り組みが開始された。これは企業を越えたデータ分析による１種の高度な CRM といえそうだ。出版社ごとに漫画やビジネス書、児童書など、強みを持つ分野がある一方で、読者はあらゆるカテゴリの書籍を購入するのが一般的だ。企業を越えたデータ共有によって、１つの企業だけで分析するよりも消費者のことを知ることができる。

　結果、読者は関心がある複数のカテゴリをまとめて買いやすくなったり、適切なレコメンドによって書籍とのよい出会いがあったりする。出版社としてもより細かなセグメンテーションによって、今までよりも効果的なマーケティングを展開できる可能性が高い。さらには、そうした分析をふまえ、複数の出版社が協同して新しい商品を開発することも可能になるだろう。このような需要分析は AI によって高度化することができる[55]。

　こうした個や従来よりも細かなセグメントにフォーカスするパーソナライズと並び、データドリブンの CRM ではシームレス化も重要になると指摘されている[56]。これは EC とリアル店舗など、複数の購買チャネルにおける体験を顧客軸

で統合していくことだ。顧客はどこで買っても、購買データが統合され、ポイントなどの特典も統合される。オムニチャネル戦略などとも呼ばれるが、

- EC で買って店舗で受け取る（配送料が無料になる傾向がある）
- 店舗で買って自宅に送ってもらう（店舗に希望の色やサイズなどがなくても自宅に希望の商品が届く）

といった自由な購買体験の提供が競争力になってきている。

　ただし顧客体験のシームレス化を進めるためには、組織を変革する必要がある。例えば過去のグローバル消費財メーカーのようにブランド縦割りの組織では、顧客軸での CRM を検討するのは難しいだろう。トヨタや村田製作所、花王や資生堂などが採用しているマトリクス型の組織はこれに対する１つの解になるかもしれない。一人の顧客が複数のブランドを複数のチャネルで購買することはめずらしくなく、その目線でコミュニケーションを図ることがこれからの CRM では重要になる。

　4章で解説した S&OP を中心に、オペレーションもこうした顧客軸の組織をふまえて再構築する必要がある。需給に関する意思決定も、ブランド縦割り、事業縦割りで行うのでなく、マトリクス型の合意形成が必要になるだろう。

　ここで注意すべきなのは、どの顧客層にアプローチするかは、CRM 分析が教えてくれるわけではない点だ。これはすでに20年以上も前に指摘されている[57]。CRM に高度な分析を導入する前に、次の４つの点を確認しておくべきだ。

① どの顧客層にアプローチしていくかの顧客戦略を明確にしておく
② データドリブンの CRM を推進するための組織改革を先に行う
③ 最新 CRM パッケージを導入するのではなく、自社のレベルに合ったものを選択する
④ 一方通行の囲い込みで顧客に嫌がられないようにする

　AI を使った分析がより高度になっていくと、ID-POS といった個人情報に近いデータを扱うことになるかもしれない。そこで企業サイドで重要になってくるのが倫理観だ。

AI 活用で求められる倫理観

　AI 導入による DX の目的を明確にし、学習データをマネジメントして予測 AI

の精度を高め、そこからビジネスのチャンスとリスクを可視化するオペレーションを定着できたとしよう。最後は、これをふまえた意思決定が重要になる。先述の来店客数予測の事例でいえば、顧客の購買・サービス体験の満足度を高めるために、予測結果をもとに必要な商品をタイムリーに用意したり、サービスを提供する人員を配置したりするという流れは理解いただけただろう。さらに、気象予測と来店客数予測の結果を合わせて考え、飲食店が傘の貸し出しサービスを始めてもよい。こうした予測をもとにした、新しいアクションの意思決定は人が担う重要な業務である[58]。しかし、ここで倫理観を大切にしたい。

　例えば、気象予測で午後から急に大雨になるとわかっていたとしよう。AIに需要予測、さらにはそれをふまえて利益を最大化する値付けの推奨値を提示させたら、大雨の数時間前から傘の販売価格を上げるという案が出てくる可能性がある。こうして利益を追求した場合、短期的には目的は達成できるかもしれないが、この小売業は消費者からの信頼を失い、長くは存続できないだろう。AIによる需要予測を使うダイナミックプライシングも1つの戦略として注目されるが、特にこうした倫理観が問われるものだと感じる。

　AIの学習データを集め始めると、個人情報に限りなく近いものを欲する可能性がある。筆者もID-POSを使った、顧客別の需要予測モデルの開発を提案した経験がある。各顧客が、

- どの店舗で
- 年間いくら消費財に支出し
- 買い物の頻度はどれくらいで
- 前回購入したものは何か

などだけでなく、できれば

- どの地域に住み
- 年収や可処分所得はいくらで
- どんな趣味嗜好を持っているか

などもデータで表現できれば、プロモーションの種類との相性なども分析でき、新商品の需要予測精度を高められるのではないかと考えた。しかし、特に後者は個人情報に近く、企業側で入手するのが困難であるし、そもそも入手すべきではないかもしれないとも思う。

　実際、EUでは日本よりもこうした観点での検討が進んでいて、2018年にはすでに一般データ保護規則（GDPR）[59]が施行され、消費者に関する情報が守られ

ている。企業はあらゆるデータを求めるのではなく、こうした観点で顧客への配慮を忘れないようにしたい。

　この他にも、マイクロソフトのチャットボットが差別的な発言を繰り返すようになったり、住宅ローンの審査に人種や性別が考慮されてしまったり、AI を活用するビジネスパーソンにはそうした事態における説明責任があることを理解しておく必要がある。AI も人と同様に、学習データによって出力にバイアスが発生する可能性があることに留意すべきだと指摘されている[60]。

　需要予測は AI のような新しい技術によって、進化できる可能性が高い。しかしそのためには、顧客の心理、行動を適切に想像できるビジネスプロフェッショナルが、最終目的を設定し、継続的に学習データをマネジメントして、予測結果を解釈しなければならない。さらには、AI の予測結果に責任を持ち、それをどうビジネスや社会で価値に変換できるかを、倫理観を持って考えられる力が重要になるのだ。

5 章のポイント

➤ 需要予測の本質的な役割は、未来を読むことではなく、起こりうるリスクを可視化し、関係者のアクションを変えることで、社会・ビジネス価値を創出することである

➤ 需要予測のためには、数字の背景にある因果関係の想像が重要であり、それはマーケティング（市場調査・商品開発・プロモーション）と密接な関係がある

➤ 需要予測や CRM に AI が活用され始め、より小さなセグメントでの予測やシナリオ分析などで新たな価値を生み出しているが、アクションの意思決定には倫理面からの考慮も必要であり、それは人の役割となる

5 章の内容をより深く学ぶために

入山章栄（2019）『世界標準の経営理論』ダイヤモンド社。

チャールズ・マンスキー（2020）『マンスキー データ分析と意思決定理論——不確実な世界で政策の未来を予測する』奥村綱雄監訳、高遠裕子訳、ダイヤモンド社。

山口雄大（2021）『需要予測の戦略的活用』日本評論社。

注

1 ）「金子農相、牛乳の消費拡大呼びかけ 5000トン廃棄の懸念」『日本経済新聞』2021年12月17日付。

2 ）「経産省・東京電力、家庭や企業に節電要請 発電所停止で」『日本経済新聞』2022年3月21日付。

3 ）小売業の一店舗における日々の発注のための需要予測は、商品ごとの売上規模が1日に数個などと非常に小さい場合があり、この需要予測はAIでも難しい。こうした場面では品切れによる機会損失または過剰在庫の廃棄ロス、どちらを抑制する方がよいかを考え、これを考慮して在庫計画を工夫するのが現実的となる。しかし小売業においても、複数店舗を管轄する調理センターの原材料発注や、プライベートブランドの生産計画立案のための需要予測は有効になる可能性が高い。需要予測の目的、そのためのプリンシプル（予測範囲・粒度・周期など）を整理し、それぞれで有効になる予測モデルや在庫計画を検討するのがよい。

4 ）マーティン・リーブス、スバシニ・ラマスワミー、アンネリース・オデイ「ビジネス予測はほぼ確実に的中しないが、それでもなお価値がある——競争優位につなげる6つの方法」『DIAMONDハーバード・ビジネス・レビュー』2022年4月1日（https://dhbr.diamond.jp/articles/-/8492）。

5 ）Chase, C. W. (2016) *Next Generation Demand Management: People, Process, Analytics, and Technology*, John Wiley & Sons.

6 ）Brown, R. G., and Meyer, R. F. (1961) "The Fundamental Theorem of Exponential Smoothing," *Operations Research*, Vol.9, No.5, pp.673-685.

7 ）ホルトとウィンタースは考案者2名の名前。Winters, P. R. "Forecasting Sales by Exponentially Weighted Moving Averages," *Management Science*, Vol.6, No.3, pp.324-342.

8 ）Auto Regressive Integrated Moving Average の略。Box, G. E., Jenkins, G. M., and Reinsel, G. C. (2008) *Time Series Analysis: Forecasting and Control*, 4th ed., John Wiley & Sons.

9 ）Wilson, E. J. (2021) *Predictive Analytics for Business Forecasting & Planning*, Graceway Publishing Company.

10) Gilliland, M. (2021) "The Forecaster's Predicament：Communicating Uncertainty Effectively," *Journal of Business Forecasting*, Vol.40, Issue3, pp.4-10.

11) 予測を分母にする場合もあるが、グローバルで一般的なのは実績。重要なのは分母の選択によって、実績が上の場合と下の場合の誤差率が異なることだ。これは企業のビジネスモデルやライフステージをふまえ、品切れと過剰在庫のどちらをより防ぐべきなのかを熟考して戦略的に採用すべきものである。具体的な議論については山口雄大（2021）『需要予測の戦略的活用』日本評論社、第16章などを参照されたい。

12) 経営層やファイナンス部門にレポートする際は金額ベースでの加重平均、購買・生産部門にレポートする際は数量ベースでの加重平均が適している。コミュニケーション相手の関心単位に合わせるのが基本。

13) Jain, C. L. (2021) "Answers to Your Questions," *Journal of Business Forecasting*, Vol.40, Issue3, p.3.

14) Jain, C. L. "Benchmarking New Product Forecasting and Planning," IBF's Research Report 17, Institute of Business Forecasting & Planning, 2017.

15) Bower, P. (2012) "Forecasting New Products in Consumer Goods," *Journal of Business Forecasting*, Winter 2012-2013, pp.4-7.

16) APICS, CPIM PART1 VERSION6.0, 2018.

17) Dworak, B., Sahamie, R., and Young, D. (2022) "Forecast Value Added：Learnings from a Global Rollout," *Journal of Business Forecasting,* Vol.41 Issue2, pp.14-19, 23.

18) 従属需要と呼ばれる。逆に予測の対象となる SKU 別の需要は独立需要と呼ぶ。APICS, CPIM PART1 VERSION6.0, 2018より。

19) Jain, C. L. "Benchmarking Forecast Errors," IBF's, Research Report 13, Institute of Business Forecasting & Planning, 2014.

20) マイケル・マンキンズ、マーク・ゴットフレッドソン「予測不能な時代の戦略策定法——柔軟性と敏捷性を高める5つのステップ」池村千秋訳、『Diamond ハーバード・ビジネス・レビュー』2023年1月号、pp.66-78.

21) Institute of Business Forecasting & Planning (https://ibf.org/).

22) 日本ではまだあまり知られていない海外の希少な製品を紹介、販売するビジネス。2022年のビジネス開始時には、高橋氏の故郷でもあるハンガリーの貴腐ワイン（世界3大貴腐ワインの1つ）などが紹介された。PRODUCTX（https://www.productx-japan.com/)。

23) Coussot, A.-L. (2022) "20 Questions with a Planning Leader," *Journal of Business Forecasting*, Vol.41, Issue2, p.26.

24) ① Consumer, Customer：消費者や顧客、② Company：自社（組織能力や優位性）、③ Competitor：競合企業という3軸のことで、マーケティング戦略などを評価する。

25) Allenby, G. M. (ed.) (2010) *Perspectives on Promotion and Database Marketing: The Collected Works of Robert C Blattberg*, World Scientific.

26) 各原因要素が独立ではない場合、単純な足し算の重回帰式による予測モデルの信頼性は多重共線性により低くなる。

27) 筆者が自身の需要予測講座や講演を通じて調査した結果、約100社のうち過半がベンチマーク商品の実績を参考に新商品の需要を予測していた。ちなみに目標を販売計画とする企業も約4割を占めていた。

28）早稲田大学ビジネススクールで企業価値の創造について教えていただいた佐藤克宏客員教授（役職は2022年時）の言葉である。

29）Makuake「大人だけに許されたとろける甘み。ワインの概念が変わるハンガリー産の貴腐ワイン」（https://www.makuake.com/project/productx_wine/?from=keywordsearch&keyword= ワイン &disp_order= 2 ）。

30）Jain, C. L.（2020）*Fundamentals of Demand Planning & Forecasting*, Graceway Publishing Company.

31）山口雄大「需要予測でサプライチェーンの未来を創る」『月刊ロジスティクス・ビジネス』2022年 5 月号、pp.44-49。

32）表5.6（p.156）で紹介しているモデルの他にも、消費者の認知、行動のプロセスに合わせて試算していく Assumption-Based Modeling や、季節性などの需要特性が近そうな類似品のパターンを当てはめる Looks-Like Analysis など、多様なモデルが提案されている。
Kahn, K. B.（ed.）（2012）*The PDMA Handbook of New Product Development*, John Wiley & Sons.

33）Croston, J. D.（1972）"Forecasting and Stock Control for Intermittent Demands," *Operational Research Quarterly*, Vol.23, No.3, pp.289-303.

34）30）に同じ。

35）Sankaran, G., Sasso, F., Kepczynski, R., and Chiaraviglio, A.（2019）*Improving Forecasts with Integrated Business Planning*, Springer.

36）より具体的にその商品の需要水準の見極めや、トレンド、季節性の抽出について学びたい方は山口雄大（2021）『新版 この 1 冊ですべてわかる 需要予測の基本』日本実業出版社、第 3 章「過去データのある商品の需要予測」を参照いただきたい。指数平滑法やホルト・ウィンタース、ARIMA、状態空間モデルなどの数式を学びたい方はそれぞれの脚注で挙げている原著論文を参照いただくのがよい。

37）Yamaguchi, Y. and Iriyama, A.（2021）"Improving Forecast Accuracy for New Products with Heuristic Models," *Journal of Business Forecasting*, Vol.40, Issue3, pp.28-30.

38）Wilson, E.（2018）"Preparing for Demand Planning in 2025," *Journal of Business Forecasting*, Vol.36, Issue4, pp.16-19.

39）公益社団法人日本ロジスティクスシステム協会「2021年度ロジスティクス大賞 受賞 6 事例決 定！！」（https://www1.logistics.or.jp/news/detail.html?itemid=536&dispmid=703&msclkid=b7c44123cf7b11ecba9cca2c3d028a6d）。

40）山口雄大（2021）「新製品の発売前需要予測における AI とプロフェッショナルの協同」『LOGISTICS SYSTEMS』30巻、pp.36-43。

41）DataRobot「新製品の需要予測におけるプロフェッショナルと AI の協同」（https://

www.datarobot.com/jp/recordings/ai-experience-japan-dec-2020-on-demand/
user-case-study-day2-shiseido-ai-in-forecasting-demand-for-new-products/）。

42）例えば1年後の気象予測は現在でも難しいが、それが需要に影響する場合、①猛暑、②平
年並み、③冷夏といった複数のシナリオを想定し、それぞれにおいて需要がどうなるかを分
析することを、需要予測におけるシナリオ分析という。他にも、為替レートやウイルスの感
染状況、競合ブランドのマーケティングプロモーションなど、予測することが極めて難しい
要素に対してシナリオ分析を行い、在庫計画、生産設備や物流アセットの確保など、サプラ
イチェーン全体でプロアクティブにリスクヘッジ策を検討しておくことが有効。

43）「ソフトバンクと気象協会、小売り・飲食向けAI需要予測」『日本経済新聞』2022年2月
1日付。

44）筆者はより小さなセグメントでの需要予測を、需要が発生する現場やタイミングに近いと
いう意味で、「エッジ・フォーキャスティング（Edge-forecasting）」と名づけている。AI
を使った、未来を切り拓く4種の需要予測として、この他にAI予測の根拠分析からAIの再
学習につなげる「リバース・フォーキャスティング（Reverse-forecasting）」、不確実性の
高い説明変数に対して複数のシナリオを想定する「レンジ・フォーキャスティング（Range-
forecasting）」、環境変化を常時モニタリングし、予測を俊敏に更新する「アジャイル・フォ
ーキャスティング（Agile-forecasting）」を論文で提唱している。
　　Yamaguchi, Y. (2022) " 4 Practical Ways to Drive Business Value with AI
Forecasting," *Journal of Business Forecasting*, Vol.41, Issue2, pp.34-37.

45）デイビッド・シムチ＝レビ、クリス・ティマーマンス「サプライチェーンのデジタル化を
シンプルに進める方法——思いのほかコストも労力もかからない」渡部典子訳『DIAMOND
ハーバード・ビジネス・レビュー』2022年3月号、pp.104-113。

46）H. ジェームス・ウィルソン、ポール R. ドーアティ「コラボレーティブ・インテリジェン
ス：人間とAIの理想的な関係」DIAMONDハーバード・ビジネス・レビュー編集部訳
『DIAMONDハーバード・ビジネス・レビュー』2019年2月号、pp.98-109。

47）Jindal, R. P., Gauri, D. K., Li, W., and Ma, Y. (2021) "Omnichannel battle between
Amazon and Walmart：Is the focus on delivery the best strategy?" *Journal of
business research*, Vol.122, pp.270-280.（月刊ロジスティクス・ビジネス編集部訳「アマゾ
ンとウォルマートのオムニ戦争」『月刊ロジスティクス・ビジネス』2022年1月号、pp.60-
64）

48）後藤文俊「米ウォルマートの脱チェーンストア戦略」『月刊ロジスティクス・ビジネス』
2022年1月号、pp.16-21。

49）NEC「AIの需要予測で食品ロス削減へ　需給最適化プラットフォーム」（https://jpn.nec.
com/vci/optimization/index.html）。

50）DataRobot DOCS「特徴量のインパクト」（https://docs.datarobot.com/ja/docs/

modeling/analyze-models/understand/feature-impact.html）。

51）Wick, F., Kerzel, U., and Feindt, M.（2019）"Cyclic Boosting-an Explainable Supervised Machine Learning Algorithm," *In 2019 18th IEEE International Conference On Machine Learning And Applications*（ICMLA）, pp. 358-363.

52）従来の根拠データを分析して予測を行う流れとは逆に、AI から提示された予測値から根拠や妥当性を評価する流れになるため。

53）ダレル K. リグビー、ダイアン・レディンガム「CRM の成否を占う 4 つの質問——第二次ブームで失敗しないために」鈴木英介訳『DIAMOND ハーバード・ビジネス・レビュー』2005 年 4 月号、pp.18-35。

54）「講談社、集英社、小学館と出版流通改革を実現する新会社設立に向けた協議開始について ～出版界と読者の利益のために～」丸紅プレスリリース、2021 年 5 月 14 日（https://www.marubeni.com/jp/news/2021/release/00042.html）。

55）出版 3 社と丸紅の AI を使った分析高度化の事例について、筆者が需要予測の観点から次の動画で解説している。

　　「【需要予測】大手出版社 3 社と大手商社が新会社設立！見えてくることとは？『すごい需要予測』山口雄大氏—PHP 研究所」（https://www.youtube.com/watch?v=TlK3wwsi8qs&t=629s）。

56）デイビッド C. エデルマン、マーク・エイブラハム「顧客体験は AI の力で進化する——パーソナライズ化とシームレス化が欠かせない」渡部典子訳『DIAMOND ハーバード・ビジネス・レビュー』2022 年 7 月号、pp.40-51。

57）ダレル K. リグビー、フレデリック F. ライクヘルド、フィル・シェフター「CRM『失敗の本質』—— 8 年間の調査が明かす 4 つの落とし穴」リット三佐子訳『DIAMOND ハーバード・ビジネス・レビュー』2022 年 7 月号、pp.76-87。

58）ビジネス +IT「『AI ×プロ』が最強のワケ、コロナ禍の牛乳大量廃棄を防いだ新たな需要予測とは」（https://www.sbbit.jp/article/sp/97735）。

59）JETRO「EU 一般データ保護規則（GDPR）について」（https://www.jetro.go.jp/world/europe/eu/gdpr/）。

60）フランソワ・キャンデロン、ロドルフ・シャルメ・ディ・カルロ、ミダ・ドゥ・ボンド、テオドロス・エフゲニュー「AI が社会の信頼を得るために企業は何をすべきか——来るべき規制強化に備える」東方雅美訳『DIAMOND ハーバード・ビジネス・レビュー』2022 年 2 月号、pp.12-24。

※いずれの URL も最終アクセス日は 2023 年 4 月 10 日。

6章

サプライチェーンをつなぐ在庫管理

河合　亜矢子

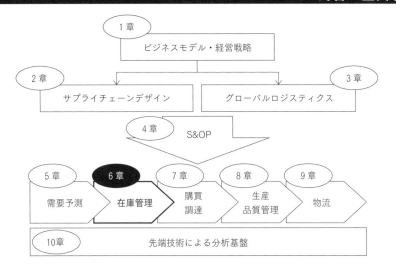

　「在庫は罪庫」という言葉があるとおり、従来はいかに在庫を少なくオペレーションを推進していくかが重視されてきました。これは製造業におけるモノだけでなく、サービス業においても、常に人や設備があまっているという状況は好ましくないという意味で同じです。しかし新型コロナウイルスの感染拡大によるパンデミック後に世界中で半導体不足が深刻化した例にも見られるように、経営環境の不確実性が高まる中、ビジネスの持続可能性を考慮し、改めて在庫の役割が見直されています。持続可能性のみならず、異常事態におけるビジネスの立て直し力、レジリエンシーへの関心が高まっていることもその要因の1つです。

　VUCAな環境下で在庫運用にもより戦略的な姿勢が求められており、それが企業の競争力の源泉の1つになります。これを各社のビジネスモデルや戦略などをふまえて考えていくために、在庫管理の基本的な考え方や最近の動向について把握しておきましょう。

6－1　在庫のメリット・デメリット

　みなさんは食料を買いすぎたり、外食で頼みすぎたりすることはないだろうか。こうしたことが製造業や小売業などビジネスの世界においても発生し、さらには国内のみならず世界規模でも生じるため、食品の廃棄・ロスが大きな社会問題になっている。在庫のリスクを実感してもらうために、まずは食品廃棄の事例を紹介しよう。

◇◇◇◇◇◇◇◇◇◇◇◇◇◇◇◇◇◇ **事例　食品廃棄から考える在庫の意味** ◇◇◇◇◇◇◇◇◇◇◇◇◇◇◇◇◇◇

　商品、部材を発注するとき、売れた量だけ注文するということがしばしば行われる。少し丁寧な場合は、まず棚にある在庫量（現在庫量）を確認し、もともとそこにあったはずの数（積み付け数）との差分を注文するようなこともある。注文してから品物が届くまでの期間を補充リードタイムというが、注文した翌日にモノが届く場合と、例えば海外からモノが届くときのように、補充リードタイムが長い場合では、注文量を決める際に考慮しなければならない要因が異なるということは容易に想像できるだろう。我が国では国土が狭く物流サービスがとても充実しているので、注文した品物が翌日には届くということも日常的だ。

　このように補充リードタイムが極端に短い場合には、今日売れた量だけを補充するような注文を出すという方法をとれば、考慮しなければならない要因が非常に少なくて済む。一方で補充リードタイムがより長い場合、注文してからモノが届くまでの間に在庫切れを起こさないようにしなければいけないと考えるので、現在の在庫量はどれくらいか、商品や部品が届くまでの間に商品がどれくらい売れるか、あるいは部材をどれくらい使用するか、その間に突然の大量受注や商品の到着遅延など突発的な事象が起こった場合にどうするか、など様々な要因を考慮に入れて毎回の注文を行うことになる。

　では、考慮すべき要因が少なくて済むように、補充リードタイムはできるだけ短く、少量ずつ多頻度で発注するのが最善の策なのだろうか。もちろんこの答えはノー。多頻度で発注するということは、その分、発注に関わる事務的な手間や輸配送の費用が発生してしまうからである。

　商品や部品は種類を問わずあればよいというものではなく、必要なモノが必要な時、必要な場所になければならない。必要なモノが不足すればもちろん、その

時その場所で作るべきモノが作れない、顧客が求めていたモノを提供できないという不都合が生じる。逆に必要以上のモノがあれば、モノあまりが生じる。これが賞味期限、消費期限のある食品であれば、その期限をすぎれば当然売り物にならなくなるので廃棄しなければならないといった不都合が生じる。

2020年の環境省調査[1]によると、日本の食品ロス発生量は年間約522万トンだといわれている。これは、コンビニエンスストアのおにぎりを1年間で1人当たり約434個捨てているくらいの量だ。このうち、事業系の食品ロス発生量は275万トンと推計されており、実に多くの食べ物が捨てられていることがわかるだろう。2015年の国連サミットで採択された持続可能な開発目標（SDGs、他の項目については1章参照）のターゲットの1つに、2030年までに小売や消費レベルにおける世界全体の1人当たり食品廃棄物を半減させることが盛り込まれるなど、国際的に食品ロス削減の機運が高まっている。国連環境計画（UNEP）のFood Waste Index Report 2021[2]において、小売業界における食品ロスの発生状況が報告されているが、生鮮食品や医薬品などを生産・輸送・消費の過程で途切れることなく低温に保つ物流方式、コールドチェーンの整備された先進諸国が上位（食品ロスの発生量が多い）を占めている。これはコールドチェーンの整備状況以外の要因も食品ロスの発生に大きな影響を及ぼしていることを意味している。

日本も例外ではない。まだ食べられる多くの食品が廃棄されている一方で、世界には飢え、またはそれに関係する要因で死亡している人々が毎年1,300万人もいる。年間306万人以上（つまり10秒に1人）の子供たちが、栄養不良に起因して5歳の誕生日を迎えられずに命を落としているという現実[3]を、我々はどう受け止めるべきだろうか。

〰〰〰〰〰〰〰〰〰〰〰〰〰〰〰〰〰〰〰〰〰〰〰〰〰〰〰〰〰〰〰〰〰〰〰〰〰

さてここでもう一度、日常業務の場面に視点を戻す。金（カネ）、製造設備、保管スペース、人員といった有限の経営資源を有効に活用するためには、コスト、リスクと顧客への提供価値のトレードオフをバランスしながら、今必要なモノ、必要な量といった意思決定を行う必要がある。このように、**様々な要因を加味し、必要なモノが必要な時、必要な場所にあるよう望ましい在庫水準を維持する活動や方法のことを在庫管理という。**

在庫管理の難しさは生産や輸送などの活動に必要な時間である補充リードタイムが長く、需要や供給、故障などコントロール困難な不確定要素による不確実性が大きく、複数の異なる組織から成る意思決定の段階が多いほど増す。補充リー

ドタイムが長いほど、考慮しなければならない不確実性が増え、組織の壁が増えるほど不可視な部分が多くなるからである。

　これらの要因は具体的に、生産遅延や材料の欠品、突然の災害による出荷困難、想定外の受注による販売機会の損失という形で表れる。在庫はこうした様々な困難を緩和し、日々の生産・出荷業務を円滑に進めるための重要なバッファ（緩衝材）機能を果たす。つまり、大きな経営環境の変化に際しても、場合によっては事業活動を継続しやすくなり、危機からの回復力であるレジリエンシーを高めることになる。

　本章では次項で在庫管理の意義への理解をもう少し深めた後、在庫管理業務で生じる３つの重要な問いへの解を論じる形で、在庫管理の基礎的な考え方について紹介する。さらには、より強固で柔軟なサプライチェーン全体の最適化という文脈の中で、少し高い視座から、これからの在庫管理の姿について述べる。

在庫の機能

　みなさんが商品を購入するときのことを想像してみてほしい。店に目当ての商品がなかったらどうするだろうか。場合によってはその店で代替品を購入するということもあるだろうが、時にはその店での買い物をあきらめ、別の店で目当ての商品を買うこともあるだろう。また納期が１カ月ですと言われて、自動車ならば待てるが、例えば扇風機ならば待てないのではないだろうか。

　逆の立場、つまりサービス提供者の視点からこれを見てみると、顧客が自社での商品購入をあきらめるということはすなわち、販売機会を逸しているということになる。また、製造現場に目を移してみると、必要な部品・部材がなければ製品は製造できず、製造できなければ顧客にモノを届けることはできない。これはもちろん、製造現場に限ったことではなく、サービスの場面でも、そのサービスに必要とされるモノがなければ、満足なサービスを提供することはできない。

　一方で、店舗の棚に何カ月も全く売れる気配のない商品が陳列されている場合も深刻だ。この商品を仕入れるための費用が無駄になっているだけでなく、売れない商品に占領されているスペースにより需要の高い商品を陳列すれば利益を得られるという意味で、スペースの無駄も痛手だ。また、賞味期限、消費期限があるような食品であれば、期限をすぎれば販売することが不可能となり、既に述べたような社会問題につながるだけでなく、廃棄処分にかかる費用も甚大だ。

　これらの例からも明らかなように、在庫はなくてもありすぎても困る。もう少

し正確にいうと、必要な在庫は持たなければならないし、不必要な在庫は持ってはならないのである。

つづいて、必要な在庫と不必要な在庫への理解を深める。

在庫には、

① バッファ（緩衝材）としての機能
② 負荷の平準化
③ 時間稼ぎ

という3つの機能がある。

まず、①バッファとしての機能は冒頭でも少し触れたとおり、補充リードタイム、不確実性、意思決定の段階という在庫管理を困難にする要因の緩衝材としての在庫である。主に不確実性への備えに寄与する機能であり、在庫を持つことによって、販売機会損失を回避し、生産遅延を避け円滑な経営活動を維持することができる。

次に、②負荷の平準化はコスト効率を向上させる機能である。変動する製品需要に対して、需要量に合わせてその都度生産し、出荷する方式にも利点は多い。しかし、労働力の手配や設備の稼働率を考えたときに、生産量を平準化することによって得られる利点が多いのもまた事実だ。そこで、先々の需要を見越しつつ、人や設備の稼働率が最適になるよう一定量を生産し、製品出荷時までは在庫として保管しておく方法をとる。あるいは、自社で対応できる能力には限りがあるため、現在の工場能力（キャパシティ）を超える将来の需要が予めわかっている場合には、キャパシティに余裕のある時期に前もって将来の需要分を製造して在庫しておくという方法がとられる場合もある。日焼け止めやアイスクリーム、使い捨てカイロなど、ピークシーズンに需要が集中しやすい商材でこうした方法が採用されている。

このように自社のキャパシティに制限があるために必要となる在庫のことを見越在庫という。在庫の負荷平準化機能によって、生産や原材料の入手に関する能力制限の緩和、平準化や稼働率の維持が可能だ。人員や設備の拡張など生産能力を上げることによって見越在庫の削減を考える場合には、需要パターンの異なる品種を組み合わせた生産設備への切り替えを検討するなどの工夫によって、設備稼働率を無駄にすることなく、在庫も削減できる方法を考える必要がある。

3つ目は③時間稼ぎの機能だ。自動車と扇風機の例でも見たように、一部の製

品や BtoB の経営環境では入手までに時間を要しても顧客に待ってもらえる場合があるが、多くの場合そうはいかない。顧客は目当ての商品がすぐに手に入らなければ、代替商品を購入するか、異なる店で購入するなどすぐに入手可能な別の手段を選択するだろう。店頭の完成品在庫、あるいは製造過程の途中に存在する仕掛在庫は、顧客への提供スピードの迅速化など、企業の競争力を高めるために保有する攻めの在庫と捉えることができる。つまり、在庫の時間稼ぎ機能によって顧客への提供価値向上を図るのである。

　また、少し違った観点から見ると、事業に不可欠で入手困難な部品の備蓄在庫もこの種の戦略的在庫の一環であると捉えることができる。平準化機能と同様に、時間稼ぎ機能によってできる戦略的在庫も企業努力によって削減することは可能だ。この場合、例えば部品構成を再設計して汎用部品を採用したり、プロセスの再設計によって生産スピードを向上させたりすることによって在庫削減と顧客への提供価値の向上を両立させることが可能となる。

在庫のリスク

　以上のように、在庫には持つ意味、つまりメリットがある反面、多くのリスクも存在する。在庫には大きく分けて、

① 在庫コスト
② 資本の固定化
③ マーケットに対する感度の鈍化
④ 他の問題を覆い隠す

という４つのリスクがある。

　このうち①在庫コストとは在庫保持費用、機会損失費用、陳腐化の３つの総称である。在庫保持費用とは在庫を保有しておくだけでかかる費用のことで、保管倉庫の賃借料や管理に関わる人件費などがこれにあたる。機会損失費用とは売れ残って在庫となってしまった製品の代わりに他のことに投資していれば得られたかもしれない利益のことをいう。そして、陳腐化とは保管中に賞味期限・消費期限が切れたり、時代遅れになったり、破損したりして売り物にならなくなってしまうリスクのことである。５章で説明した AI による需要予測精度の向上や、様々な制約条件を考慮した在庫、生産計画の最適化などは、これらのコスト削減効果を試算し、新たな取り組みへの投資を促すことを目的とする場合が多い。

②資本の固定化を考えるときには企業財務、特に貸借対照表（バランスシート、ある時点における企業の資産状況を示す書類））を思い浮かべる必要がある。貸借対照表の資産の部、流動資産に棚卸資産という項目があるのを覚えているだろうか。棚卸資産は自社の資産には違いないが、販売され現金化されるまで待機状態にある在庫である。この在庫を積み上げるためにすでに原材料や部材の購入、製造に関わる人件費などの資本が投入されているにもかかわらず、これらの投下資本が在庫に固定されてしまい、次の事業に回せない状況となっている。

③マーケットに対する感度の鈍化とは、手持ちの在庫がクッションとなって実際の市場の動きが見えづらくなることをいう。例えば急な需要の上ぶれが発生しても、在庫があれば業務に大きな支障をきたすことなく対応できるため、関係者が市場の変化に疎くなってしまうようなことを意味する。この需要変動が新たなビジネスチャンスだった場合、こうした感度の鈍化はその後の大きな機会損失につながることもある。

これとは少し意味合いが異なるが、④在庫がクッションとなって現実に存在する課題が見えづらくなるリスクとして、「目に見えるムダは氷山の一角」という考え方がある。これは絶え間ない現場改善の努力によってメイドインジャパンの強さを磨き上げてきた日本のものづくりの世界で強く染み付いてきた考え方である。現場には運搬のムダ、不良品のムダなど様々なムダがあるが、豊富に保有する原材料・部材の在庫を使って生産活動を行い、完成品在庫から出荷をこなすことによって、一見、日々の業務がそつなく回っているように見えてしまう。

しかしながら、その現場には多くのムダが存在しているため、見えていない余計なコストがかかっているのだ。したがって、うずたかく積まれた在庫はそれ自体が前段に述べたような理由で悪だが、実はその裏側に、多くのコストを垂れ流し続ける現場課題があることがより本質的な問題だ。"在庫を極限まで削減することによって、現場をより鍛え上げるべし"というのが、「目に見えるムダは氷山の一角」という考え方である。

このように、在庫にはメリットとデメリットがあるので、双方を理解して合理的な在庫量を保持し、管理する必要がある。以下では合理的な在庫量の保持、管理についての具体的な方法論について述べる。その際、どういう姿で在庫を持つかによって管理のポイントが異なるため、次項で顧客オーダーデカップリングポイントという考え方について紹介する。

顧客オーダーデカップリングポイント

　在庫はその形態によって原材料在庫、仕掛品・モジュール在庫、完成品在庫の３種類に大別できる。顧客からオーダーが入ったタイミングで、どの形態で準備しておくかを「顧客オーダーデカップリングポイント」と呼ぶ。この顧客オーダーデカップリングポイントの違いによって、次のように生産方式が異なる。

　完成品で最終的な在庫を持つ生産方式を見込み生産方式（MTS：Make to Stock）、仕掛品・モジュールの場合を受注組立生産方式（ATO：Assemble to Order）、原材料の場合を受注生産方式（MTO：Make to Order）と呼ぶ。さらに、顧客と素材・製品開発から行う場合もあり、これを受注設計生産方式（ETO：Engineer to Order）という。受注設計のような特殊な生産方式を除き、我々の身の回りの多くの製品やサービスでそれぞれを見ることができる。

　例えば、消費者が小売店（ドラッグストアやスーパーマーケットなど）を訪れて棚に陳列されている商品を購入するような光景は日常的だろう。このような商品は一般的に、顧客からの注文に応じて生産されるのではなく、将来の顧客からの注文を見越した需要予測に基づいて生産され、完成品の形で在庫保管される見込み生産方式がとられている。

　一方で、船舶や航空機、より身近な例では個別注文住宅といった製品は顧客からの注文が確定してから生産され、完成すれば納期に合わせて顧客のもとへ納品される。このように顧客からの確定注文に基づいて生産される方式が受注生産方式であり、企業は原材料や部材の形で在庫を管理する。

　さらに、上記２種類の中間に仕掛品やモジュールの形で在庫を管理し、顧客からの注文に基づいてこれらを組み立てて完成品をつくり、顧客に出荷する受注組立生産方式がある。原材料から生産を始めるよりも生産に要する時間が短いため、顧客の待ち時間を短縮できる。自家用車、宅配ピザなどが例として挙げられる。他にも身近な製品やサービスを例にとって、それらの生産方式について考えてみるとよいだろう。

　生産方式の種類によって管理すべき在庫のポイントは異なる。見込み生産であれば完成品の在庫を最適にコントロールすることがポイントとなり、そのために必要な原材料の調達を計画的に行う。受注組立生産の場合、最終需要を見越して仕掛品をどのように準備し在庫するかがポイントとなる。顧客への提供スピードの迅速性を保ちながら、在庫リスクを低減するための在庫コントロールを行う。受注生産方式の場合は在庫管理のポイントは原材料となる。この場合は顧客から

の確定注文に基づく生産となるため、基本的には完成品在庫は持たない。

　ここ数年の間に3Dプリンターの実用化が急速に進んでいる[4]。2014年ごろまでは試作品の製造が中心だったが、その後、欧米を中心に航空宇宙分野や医療分野など主に部品単価が高い分野の実製品製造で3Dプリンターの活用が進んだ。日本でも当初は金型での活用が中心で部品に関しては試作品用途が多かったが、徐々に実製品での活用が増えるようになり、近年では、自動車や鉄道などの輸送機器、一般消費者向け製品などでの活用例も増えつつある。3Dプリンティングによる製造は Additive Manufacturing（AM）[5] と呼ばれるようになり、2022年にはトヨタが顧客に供給する部品を3Dプリンターで製作する検証を開始する[6]など、ものづくりのあり方は新時代を迎えようとしている。

　今後AMによって部品や製品そのものを製造する形が当たり前になってくると、必要なモノを必要な時に生産するために前もって調達するという、在庫の時間稼ぎの意味合いは薄れていくだろう。在庫しておかなくても、製造ラインのすぐ横で、究極的には小売店や顧客の自宅からの注文データを連携し、3Dプリンターを用いて必要なモノを製造すればよくなるからである。AMによって在庫リスクの低減とサービス率（顧客からの受注に対して商品を供給できた割合）向上の両立が期待でき、在庫管理の考え方が根本から変わるかもしれない。さらに、3Dプリンターで製造される部品・製品はリサイクル性にも優れているため、これからの循環型経済において大きな可能性を秘めている[7]。

ディスカッション：ビジネスによる顧客オーダーデカップリングポイントの違い
　興味のある2つの製造業（メーカー）を取り上げ、顧客オーダーのデカップリングポイントについて比較してみよう。また、デカップリングポイントを変更することでどのようなメリットとデメリットが生じる可能性があるか、デジタル技術などを活用したデメリットの克服方法について話し合ってみよう。

6－2　3つの問いから考える在庫管理の価値

　ここまでは在庫のメリットとデメリットを理解したうえで合理的な在庫量を保持し、管理する必要性について、そして、生産方式によって異なる在庫の管理ポイントについて述べてきた。これらの理解を前提とし、以降は在庫管理業務の中で生じる具体的な3つの重要な問いとそれらへの解について述べる。在庫管理業

務の中で生じる重要な問いとは、次の3つである[8]。

① 発注頻度・発注量をどれくらいにするべきか
② 在庫をどれくらい持つべきか
③ そのアイテムの管理にどれくらいの気を配るべきか

最適な発注頻度・発注量

　毎日品物を発注して翌日配送されるような小売店の発注担当者が発注量を決定するとき、その日売れた分を発注する、というシンプルな対応をしていることも多いのではないだろうか。保管スペースや取引条件、かけられる手間など様々な事情があっての定型業務であろうが、在庫管理の観点からいうと本来はもう少し他の要因とのバランスを考え、在庫保管費用と発注費用の総額を最小にするような量、頻度での発注を行うべきである。

　在庫保管費用とは倉庫保管費のように物品の保管にかかる費用を指す。直接的に把握できる費用もあれば、自社工場の保管スペースのように間接的にしか把握できないものもある。発注費用とは、部品の発注にかかる事務費用や、物品運搬にかかる輸配送費用、段取り替え費用といったものを指す。したがって一般的に、在庫保管費用は在庫の量と保管期間によって、発注費用は発注回数によって決まる費用となる。

　一定期間（年間など）の総発注量が決まっているとすると、1回の発注量が大きくなるほど保管量および保管期間が長くなる。したがって、図6.1で示したとおり、在庫保管費用は1回の発注量に比例して大きくなる。

　一方で総発注量は決まっているので、1回の発注量が大きくなると、発注の回数は少なくなる。発注回数が少なくなれば発注費用はその分小さくなるので、発注費用は1回の発注量に反比例する形で小さくなると考えられる。在庫費用は在庫保管費用と発注費用の総額なので、各発注量における発注費用と在庫保管費用を足し合わせたものになる（図6.1の黒色の曲線、在庫費用の総額）。

　そして、この在庫費用の総額を最小にするような1回の発注量をq^*とすると、$q^* = \sqrt{2dK/ch}$（ただし、dは年間の総発注量、Kは1回の発注当たりにかかる費用、cは製品単価、hは在庫金額1円当たりにかかる保管費用の比率、％）で求めることができる。このような在庫保管費用と発注費用の総額を最小化するような最適発注量のことを経済的発注量（Economic Order Quantity：EOQ）

図6.1　在庫費用の総額が最小となる発注量

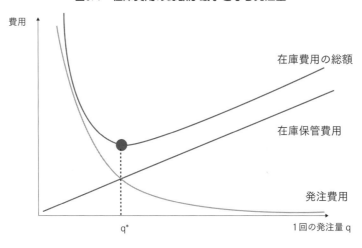

費用

在庫費用の総額

在庫保管費用

発注費用

q^*

1回の発注量 q

という。EOQ の導出方法についてより深く学びたい読者は、p.182のコラム（EOQ の導出方法）を参照してほしい。これは実用的というよりはどちらかというと在庫費用を考える場合の概念的な枠組みを表した式であり、実際の業務にこれをあてはめる場合には状況に合わせて工夫が必要になる。

　さらに、総発注量を決定する際には、当該製品が売れ残った場合に被るであろう損失と、逆に品切れを起こしてしまった場合に生じるであろうリスクを考え、これらをバランスする量として損失の期待値（期待損失）が最小になるような仕入れ量を算出する手法がある。この手法は4章でも紹介した Newsvender Problem（新聞売子問題）であり、様々な分野で応用される定式化手法だ。

　ただし、具体的な業務にこうした考え方を落とし込もうとすると、

- あまった在庫は返品できる契約なので多めに頼んでおいても廃棄費用はかからない
- 配送料金は発送元が負担する契約になっているので、発注回数を何度にしても発注費用は変わらない

など、業界や企業によってそれぞれの事情があり、現状への問題提起すら生じない場合も多い。商習慣として返品が当たり前の業界や、多頻度小ロットで短納期配送が必須とされている業界など、買う側の論理で物事が成り立っていることが多いのも事実だ。

　しかし、返品された商品を引き取った側で廃棄する費用、多頻度小ロットで非

効率的な物流が実行される費用、すべての実質的な費用は結局のところ最終的な価格に反映されるということを忘れてはならない。

　また、こうした自社に有利な取引条件が費用を可視化する弊害となり、見えないために費用削減の議論すら開始できない状況にあることにも注意が必要だ。さらには、食品ロス、温室効果ガス、長時間労働といった社会課題の温床になっている可能性も高い。したがって、目の前の費用や損失だけを見て、これらを最小化するような在庫コントロールについて考えるのではなく、より広い視野でサプライチェーン全体におけるコスト意識を持って在庫管理を行う姿勢が求められる。

🚚 コラム　EOQ の導出方法

在庫保持と発注にかかる費用

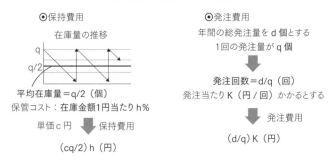

1回の発注量に対する総在庫費用の変化

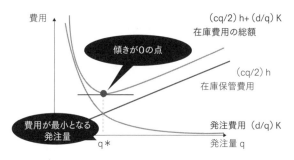

在庫費用の総額 $f(q) = \dfrac{cqh}{2} + \dfrac{dK}{q}$

傾きが 0 となるのは $f'(q) = 0$ のときなので、

$f'(q) = \dfrac{ch}{2} - \dfrac{dK}{q^2} = 0$

$\dfrac{chq^2 - 2dK}{2q^2} = 0$

$chq^2 = 2dK$

$q^2 = \dfrac{2dK}{ch}$

よって経済的発注量は

$q* = \sqrt{\dfrac{2dK}{ch}}$

　EOQ や新聞売子問題といった洗練された数理モデルでの定式化は古くから行われ、多くの研究が重ねられてきた。しかし抽象度が高く、実務での適用には難しい面もある。現実の問題を解くときには、時間とともに変化する状態変化を考慮したり、多くの変数、制約が存在する中で最適な組み合わせを導いたりという複雑性への対処が求められるためだ。

　しかし、厳密な最適解を得るには莫大な計算時間を要するなど、コンピュータ性能上の課題があるため、現実的には EOQ や新聞売子問題といった数理モデルをベースとしたコンピュータシミュレーションを用いて許容解を求めるということが行われてきた。

　ところが近年、量子コンピュータ（特に、アニーリング型と呼ばれる組み合わせ最適化に特化した専用マシン）など新たな技術が発達し、さらにはこれらをクラウド上で利用できる環境が整ってきたことによって、現実の複雑な問題にこうした手法を適用する事例も増えてきている[9]。

　また、AI（Artificial Intelligence：人工知能）の実用化が進み、5章で紹介したとおり、特に需要予測の分野では AI を活用した予測が行われるようになってきた。例えば、スーパーマーケットのお惣菜売り場での需要予測から始まり、その日ごとの客足を加味しながらの割引提案を AI が行うことによって、製造量と販売促進の適正化を図る取り組みなども積極的に行われており、本章のはじめに述べた食品ロスの削減に対しても直接的な効果を上げている。

最適な在庫量

　保有する在庫量を決定するとき、品切れを起こすのは嫌だからととにかくたくさん持っておこう、と考える人も多いだろう。足りないよりは少しあまる方がよい、

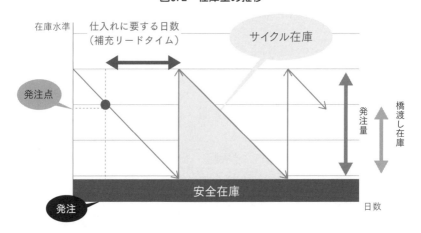

図6.2　在庫量の推移

ということで多めに持っておくと安心というわけだ。しかしこの、在庫をどれくらい持つべきか、という問いに対しても合理的な解法が存在する。在庫は補充リードタイム中の需要変動に応えられるように準備するのが正解である。

　在庫水準は、発注した品物が入荷したタイミングで最も高くなり、その後、日々の使用・出荷に伴って減少していく。在庫量がある量（発注点）を切ったら、補充リードタイムを考慮して発注しなければならない。このとき発注する量を発注量という。

　また、補充リードタイム期間において平均需要量や商品、部品の消費量を満たすための在庫のことを橋渡し在庫、補充リードタイム期間における需要と供給の不確実性に対処するための在庫のことを安全在庫という（図6.2）。つまり、発注点は発注のタイミングを決める基準となる量であり、発注量はその名のとおり、１回の発注の量である。なお、発注点は橋渡し在庫と安全在庫を足し合わせた量に設定する。

　図6.2のサイクル在庫とは、発注量と消費のスピードによって決まる在庫量のことで、ロットサイズ在庫とも呼ばれる。前項でも説明したとおり、一度に大量に発注すれば発注や段取りコスト、輸送費を削減できるほか、値引率の交渉を優位に進められるなど規模の経済性を得られる。保管費などの各種コストを削減するためにサイクル在庫を削減するには、ロットサイズを縮小して少量ずつ生産、調達するようにすればよいが、このとき、発注や段取りに関係するコストの削減

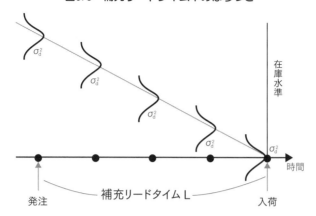

図6.3　補充リードタイム中のばらつき

図6.4　安全在庫の算出

$$安全在庫量 = k\sigma_d\sqrt{L}$$

k：安全係数
$\sqrt{L}$：補充リードタイム
σ_d：需要量の標準偏差

安全係数kと欠品率αの関係

K	欠品率α（%）
1.28	10
1.64	5
1.96	2.5
2.33	1
2.58	0.5

安全在庫量の計算例

・欠品率を10%程度にしたい
・ばらつき $\sigma_d = 30$
・リードタイム$L = 4$　としたときの、安全在庫量は？

$$k\sigma_d\sqrt{L} = 1.28 \times 30 \times \sqrt{4} = 1.28 \times 30 \times 2 = 76.8$$

安全在庫量は、77個程度

を同時に実現しなければ、発注量を減らした分、発注費用が嵩む結果となる。

　さて、図6.3は図6.2の、のこぎりの歯のような形をした在庫推移を拡大した図である。製品が日々（あるいは毎期）平均 d、$\pm\sigma_d^2$ のばらつきを持って消費されていることを示している。ただし、需要が正規分布と呼ばれる分布に従っていることを前提としている（正規分布とは何だろうか？　統計の教科書やウェブサイトで調べてみよう）。補充リードタイム中のこのばらつきに備える量が安全在庫である。

　このばらつきの分布は裾野が無限に広がっていることから、ばらつきに100%

備える、つまり欠品率を０％にすることは統計学的には不可能である。現実には10％、５％といった欠品率の目標を設定し、$\sigma_d\sqrt{L}$ に、設定した目標欠品率に合わせた安全係数ｋを乗じて安全在庫量を算出する（図6.4）。

適切な発注タイミング

　在庫量を適切に設定したら、この量を維持するように適切なタイミングで適切な量の発注を行わなければならない。発注方式には５つの方式があり、以下でそれらを管理コストが低い順に説明する。

- ダブルビン方式：２つの容器の内、常に１つの容器が満タンであるように発注する。ネジやボルトのように安価で細々した部品など、数量を正確に把握し運用するコストと手間をかけないことで生じるコストを比べたときに、前者のほうが大きくなるような物品に適用されることが多い。
- 定量発注方式：在庫量を常に確認しておき、在庫量が発注点を下回った時に定量を発注する方式。発注点を s 、発注量をQとして、（s, Q）方式と表すこともある。Qは Order Quantity のQであると考えると理解しやすいかもしれない。
- 発注点補充点方式：在庫量を常に確認しておき、在庫量が発注点 s を下回った時に、目標とする在庫量（補充点 S ）と現在庫量との差分を発注する。（s, S）方式と表すこともある。
- 定期発注方式：決められた間隔Rで定期的に在庫量を確認し、目標とする在庫量（補充点 S ）と現在庫量との差分を発注する。（R, S）方式と表すこともある。
- 定期発注点補充点方式：決められた間隔Rで定期的に在庫量を確認し、在庫量が発注点 s を下回った時に、目標とする在庫量（補充点 S ）と現在庫量との差分を発注する。（R, s, S）方式と表すこともある。

　ダブルビン方式が最も管理コストが低く、（R, s, S）方式に行くほど管理コストは高くなる。管理する物品の重要度に応じて適切な発注方式を選択し、発注のタイミングと量を決定する必要がある。発注点 s 、発注間隔Rや補充点 S の決定には EOQ の考え方や本節の前段で述べてきた在庫推移の考え方を用いるとよい。

在庫管理に割くべきリソース

　在庫が管理される現場では、大概、非常に多くの品目を扱っている。身近なところでは、コンビニエンスストアはあの狭い店舗で約３千種類の品目を、スーパーマーケットは規模にもよるが小さな店舗でも１万種類以上の品目を扱っているといわれている。扱う品目数が多すぎて管理の手が足りないと感じている読者も多いのではないだろうか。

　管理にかけられる人も金も限られており、すべての品目に等しく資源を割くというわけにはいかない。ものづくりの現場でも、１台の自動車の部品は３万種類にものぼり、何十種類もの車種を有することを考えると、全部材の管理を緻密に行おうとするとその種類は凄まじい数になる。自動車などの製造業でモジュール部品での調達を行う利点の１つは、こうした莫大な数の部材の管理コストを削減できることである。

　また、同じことは販売の現場でもいえる。例えば家具の販売店を例にとってみると、家具を買い求める顧客には、色や大きさはもちろんのこと、引き出しの数、扉の開き方、飾り棚の有無など家具に対するそれぞれの細やかなニーズがある。できるだけ多くの顧客のかゆい所に手が届く家具を完成品で店舗に陳列しようとすると、あっという間に陳列スペースが枯渇してしまう。大型家具の商品ラインナップを増やすことは、店舗だけでなく製造、保管、輸配送とあらゆる場面での効率を下げることになり、売れ残りの在庫リスクも甚大なものになるだろう。

　こういった事情もあって、かゆいところに手が届く自分だけの家具は従来、専門店で高い対価を払い、オーダーメイドで製作するのが通例であった。ところが、組み合わせ家具の販売というビジネスモデルの登場によって、「自分だけの家具」に近いセミオーダーの家具を量販店やオンラインショップで気軽に安価に購入することが可能になった。顧客に多くの商品選択肢を示しながらも保管や輸配送、陳列は効率的に行うことができるうえに、標準部品の形での在庫管理は完成品でのそれより格段に扱いやすくなる。顧客としても、デザイン、形状、機能性など自身のニーズに合わせてパーツを組み合わせることで、自分好みの家具を創りあげる顧客体験も含め高い価値を得ることができる。まさに顧客への提供価値と効率性の両立が実現されている。

　このようにビジネスモデルを変革することも在庫管理の効率と効果を劇的に向上させる策であるが、より手軽に、すぐにでも始められる在庫の管理方法がABC管理である。ABC管理は製品・部品の在庫をその重要性に応じてグルー

プ分けし、グループ別に異なる管理方針で在庫管理を行う方法である。取り扱い品目の価値を知り、その価値に合った管理をすることで、限られた資源を有効に活用することができる。

　近年では売上や利益の他に、例えば需要特性や予測誤差の傾向などをかけ合わせ、マトリクスで在庫のセグメンテーションを行い、それぞれに合わせた SCM 戦略（応答性を重視するのか、効率性を重視するのかなど）を考える手法[10] も広がっている。

　ABC 管理では、管理対象のすべての品目を在庫価値に応じてA物品、B物品、C物品という3つのグループに分ける。A物品は少数の品目でありながら在庫金額において最も高いシェアを持つ品目のグループである。少数品目で売上のほとんどを叩き出すような最重要商品のグループであり、パレートの法則[11] で知られるように、品目全体の20％程度、場合によっては10～15％程度がA物品に分類される。このグループは重点的に管理する対象とし、フローラック（傾斜式流動棚）[12] 等に入れて先入先出しを徹底したり、定期発注点補充点方式を採用して品切れをなくしたりすることが重要である。

　C物品は、品目は多いが在庫金額、つまり価値は低い品目のグループである。残念ながら、実は取扱商品の非常に多くの商品がこのグループに分類され、品目全体の50～70％程度が対象となることが多い。これらの品目にはできるだけ管理コストをかけないことが肝要なので、容器ごとに積み上げて保管するなど、在庫量の把握に過度な管理コストをかけないようにする。また、発注は必要に応じて都度行ったりする。さらに、売れていない商品、使っていない部材である可能性が高いので、取扱量の削減や取り扱いの中止も含めて見直す必要がある。

　B物品はA物品とC物品の中間に位置する品目のグループである。飛ぶように売れるわけではないが、定期的に売れているような定番商品であるといえる。品目全体の20～40％程度を対象とし、A物品とC物品の中間の扱いをする。発注方式は定量発注方式などを採用するとよいだろう。コラム（ABC 管理の手順）でABC のグループ分けについて簡単に解説したので参照してほしい。

🚚 コラム　ABC 管理の手順

　ABC 管理を行う際には次の手順を踏む。
（1）管理対象となる各品目についての取扱量を計算し、取扱量の降順に製

品を並べる。

売上金額

品目名	金額(円)/個	ひと月の売上個数(個)
P1	100	300
P2	1,500	3
P3	300	150
P4	250	50
P5	100	30
P6	1,000	20
P7	200	240
P8	1,300	10
P9	500	15
P10	900	65

売上金額など「取扱量」はたとえば

品目名	金額(円)/個	ひと月の売上個数(個)	ひと月の取扱量(円)
P1	100	300	30000
P2	1,500	3	4500
P3	300	150	45000
P4	250	50	12500
P5	100	30	3000
P6	1,000	20	20000
P7	200	240	48000
P8	1,300	10	13000
P9	500	15	75
P10	900	65	58500

取扱量の降順に品目を並べ替える

品目名	ひと月の取扱量(円)
P10	58,500
P7	48,000
P3	45,000
P1	30,000
P6	20,000
P8	13,000
P4	12,500
P9	7,500
P2	4,500
P5	3,000

（２）取扱量の累積値と、累積シェアを求める。

品目名	ひと月の取扱量(円)	取扱量累計(個)	累積シェア(%)
P10	58,500	58,500	24
P7	48,000	106,500	44
P3	45,000	151,500	62
P1	30,000	181,500	75
P6	20,000	201,500	83
P8	13,000	214,500	88
P4	12,500	227,000	93
P9	7,500	234,500	96
P2	4,500	239,000	98
P5	3,000	242,000	100
取扱量総和	242,000		

取扱量累積の計算例
P7：58,500＋48,000＝106,500
P3：106,500＋45,000＝151,500
累積シェアの計算例
P1：181,500÷242,000＝0.75→75%
P2：239,000÷242,000＝0.987→98%

（３）取扱量累積シェアに従って品目を A、B、C でグループ分けする。

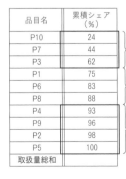

品目名	累積シェア(%)
P10	24
P7	44
P3	62
P1	75
P6	83
P8	88
P4	93
P9	96
P2	98
P5	100
取扱量総和	

①A物品
70%程度までに属する品目

②B物品
70%～90%程度に属する品目

②C物品
90%程度～100%に属する品目

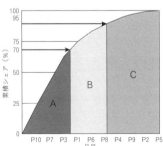

（４）品目グループごとに定められた管理方針に従って在庫を管理する。

図6.5　投資利益率（ROI）

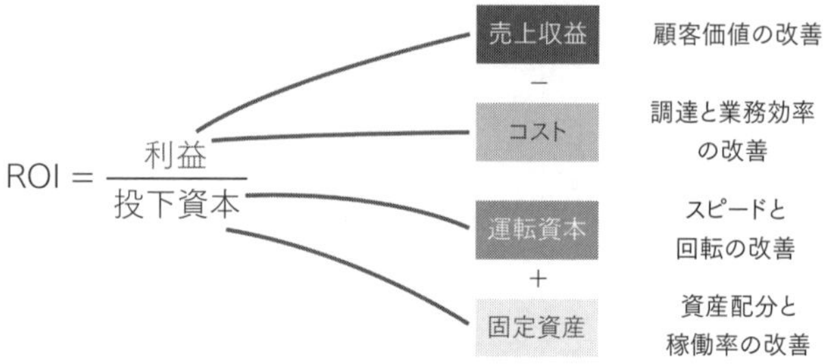

$$ROI = \frac{利益}{投下資本}$$

売上収益　顧客価値の改善

−

コスト　調達と業務効率の改善

運転資本　スピードと回転の改善

+

固定資産　資産配分と稼働率の改善

適切な在庫管理が ROI を高める

　企業の稼ぐ力を測る指標に投資利益率（ROI：Return On Investment）がある。ROI は投資額に対して企業がどれだけ稼いだかを示すものであり、ROI＝利益／投下資本で計算する。

　図6.5からわかるように、売上収益を高め、コスト、運転資本と固定資産を下げることによって、ROI を向上させることができる。補充リードタイムの短縮やカスタマイゼーションの柔軟性、配送信頼性の改善などによって、顧客価値を改善することが売上収益を高めるのだ[13]。コスト低減には、製造、購買、配送、倉庫など、あらゆる業務での効率改善が寄与する。また、固定資産の削減は、資産配分と稼働率の改善を促す。そして運転資本を低減し、スピードと回転を改善するためには、在庫水準の低減が有効になる。

　取り扱い品目を ABC のグループに分け、A物品では機会損失を防いで回転率を上げ（分子の売上収益の値を大きくし）、B物品は欠品しないように手厚く売り、Cグループでは不必要な資産を持たないように見直す（分母の運転資本の値を小さくする）ことによって企業の稼ぐ力を高めることができるのだ。

　このように在庫は単に業務を円滑に進めるため、という業務的な視点のみならず、企業価値という観点から捉えて管理しなければならない。

6−3　サプライチェーンの相互作用を意識した在庫管理

ブルウィップ効果

　ここまで、自社の在庫管理業務を適切に運営していくために重要な発注頻度・発注量、在庫量、管理品目の優先順位といったことについて述べてきた。しかし

図6.6　ブルウィップ効果

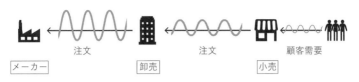

少し考えてみてほしい。皆さんの目の前にある在庫はどこで生まれて、どこで消費されるものだろうか。商品を仕入れて販売している企業、原材料や部材を仕入れて製品を製造し販売している企業、商材を用いてサービスを提供する企業など様々な形態があるが、どのような企業であれ、サプライチェーンが自社だけに閉じた形で回っている企業は皆無だろう。サプライチェーンが他社とのつながりの中で回っている以上、在庫管理の業務だけを自社に閉じた枠組みの中で最適に運用することは不可能である。自社の販売計画や生産計画に従って精緻な在庫計画を立案し、リアルタイムに正確な在庫量を常時把握し、"最適な"運用を心がけていたとしても、顧客からの受注量が想定外に増減したり、サプライヤーからの部材入荷量が不安定だったりすると、自社の計画どおりに物事を進めることはできない。結局はこのような不確実性への備えとして部品、製品の在庫を多めに保有することになる。

　こうしたことがサプライチェーンの各所で起こる。受注量は上ぶれしたり下ぶれしたりするが、特に上ぶれしたときの欠品リスクに備え、安心のために在庫を少し多めに持っておくということが一般的である。当然、それに合わせてサプライヤーに対しても多めに注文を出すことになる。これを受けたサプライヤーは、さらに川上に対する発注量を多めにする。あるとき増加した注文量が、多くの場合、しばらくすると大きく減少することは想像に難くないだろう。

　このように、サプライヤーへの発注量が小売りの販売量よりも大きなばらつきを持つ傾向があり、その発注量のひずみがサプライチェーンの上流へ向かうほど大きく増幅されて伝搬される現象のことをブルウィップ効果[14]という（図6.6）。牛飼いの振った鞭のしなりが手元より遠い位置にいくほど大きくなることになぞらえてブル（牛）ウィップ（鞭）効果と名付けられた。

透明性の確保と不確定性の低減が鍵

　ブルウィップ効果はサプライチェーンの各所に対し、過剰在庫のみならず様々

なムリ・ムラ・ムダを生み、結果として顧客への提供価値を劣化させることになる。ブルウィップ効果を増長させる要素として知られているのは、サプライチェーンに属する各社が各様に行う需要予測、補充リードタイム、価格変動といったものである[15]。これらはどれも組織間の情報連携が十分に取られていない状況でチェーン内の不確実性を大きくする要素なので、ブルウィップ効果の低減には何よりまず、企業間の透明性を確保し、不確定要因を低減することが必要となる。

　また、例えば特売を控え、EDLP（Every Day Low Price）方式を導入することで、需要のムラを少なくし変動を抑える方法がある。不確実性を増幅させる最も本質的な要因は補充リードタイムであるから、補充リードタイムを短縮することがブルウィップ効果の低減にも優位に働く。これらを通して、調達・販売に関わる情報とモノの流れの全体を整合させることによって情報のひずみが生むモノの流れのひずみを小さくする必要がある。サプライヤーとの間で戦略的提携を結び、事前に合意した範囲内で適正在庫レベルを維持するよう、在庫運営をサプライヤーに一任する VMI（Vender Managed Inventory）の採用も不確実性の低減に効果的である。

サプライチェーンの全体最適化

　本節冒頭で述べたとおり、サプライチェーンの問題で個社にできることは限られている。したがって、サプライチェーン全体で最終顧客への提供価値を最大化するという同じ目標を持って取引先との戦略的な提携を結ぶ、場合によっては業界全体で協働するといった取り組みが必要となる[16]。サプライチェーン最適化のための枠組みとして代表的なものに、ECR（Efficient Consumer Response）、CPFR（Collaborative Planning, Forecasting and Replenishment）、カテゴリマネジメント、VMI といったものが挙げられる。どれも1990年代の米国での流通改革の取り組みとして端を発したものが欧州にも広がり、洗練されていった組織横断の取り組みである。

　ECR はメーカーと流通業者が協力することで流通システム全体を効率化させ、かつ消費者により高い価値を提供することとした業界全体の協働活動である。目的は3つ。1つ目は小売とサプライヤーの協働による在庫と配送管理の適正化を目指すことによってコスト最適化と機会損失の低減を行うこと。2つ目は小売とサプライヤーの協働による販売領域での協働によって販売機会を拡大すること。そして3つ目は、流通業界全体での情報システム基盤の整備、標準化を推進する

ことによって業界全体のコスト低減と投資効率の向上を行うことである。

　流通改革を行うにあたり、ECR という業界全体での取り組みによって、サプライチェーン全体を見渡した最適化のための枠組み構築から始めたという点に注目すべきであろう。個社ごとの取り組みを乱立させることは、時に部分最適に陥ったり、却って業界全体に混乱をきたしたりすることが往々にしてある。欧米では改革の早期から競争領域と協働領域の棲み分けを行い、競争領域における個社の取り組みの効果を最大化するために、標準化や情報基盤整備といった協働領域での業界全体での取り組みを同時に推進した。ここから我々が学べることは多い。

　ECR の一環として始められた有効な取り組みの 1 つが CPFR である。これはサプライチェーンに属する様々な企業が、協働で市場の動向を予測し、売上や発注の計画を立案するのに加えて、在庫を補充する取り組みである。最終需要を起点にサプライチェーン全体が必要な情報を共有し合い、協働で需要予測と在庫補充を行うことによってサービスレベルを向上させ、利益向上とコスト削減を同時に達成するための協働である。この取り組みを進めるにあたり、店頭はもちろん、流通過程に存在する在庫の把握が必須となったため、リアルタイムに在庫を可視化しながら管理を行う、「リアルタイムインベントリ」も促進された。先述のVMI は、P&G や General Mills といった海外の消費財メーカーを中心にこれが発展した 1 つの例である[17]。

　消費者への価値提供に焦点を当てながら経営効率を高めるために、カテゴリを1 つの戦略事業単位として捉え、小売業とメーカーが協働するカテゴリマネジメントもまた、ECR 活動の一部である。簡単にいうと、最終顧客の購買目的に合わせて商品を分類し、カテゴリ全体が活性化するような品揃えを行うというものだ。小売業とメーカーが互いの知見を持ち合いながら協働で進めていく。特定のメーカーからカテゴリキャプテンが選出されるが、このキャプテンは自社にとって有利な品揃えを行うのではなく、カテゴリ全体が活性化することで、結果として自社製品の売上も向上するように棚を作っていくことが求められる。

　マーチャンダイジング[18] が在庫管理なの？と疑問に思った読者もいるかもしれない。しかし、製・配・販が連携し、顧客が真に求めるモノを適切な時期に、顧客が求める方法で切れ目なく提供していくことが、究極の在庫管理なのだと認識してほしい。

　つまり在庫管理はサプライチェーン全体のモノの流れに合わせて、淀みなく商品を提供し続けるためのレバーの上げ下げ、スピードの調整といった重要な機能

を担う。在庫管理の役割は、目の前で起こる在庫変動の対応に追われることではなく、時間軸も含め、調達から製造、販売に至る一連の流れの中で常に半歩先を見ながら、付加価値最大化にむけた流量の調節機能を果たすことなのである。

ディスカッション：事業の継続性を考慮した在庫戦略

　これまで、在庫保持にかかるリスクを避けるため、できるだけ在庫を持たない身軽な経営が好ましいとされてきた。しかし近年、新型コロナウイルスの感染拡大やロシアによるウクライナ侵攻に端を発するグローバルなサプライチェーンの混乱により、モノが届かない、作れないといった状況が頻発している。在庫の保持コストや資本の固定化といった在庫を持つことによって発生するリスクの側面だけではなく、事業継続という側面から在庫を捉えたときに、これからの在庫の持ち方はどうあるべきか、話し合ってみよう。

6章のポイント

- ➤ 在庫は保管費や陳腐化といったデメリットがあるが、①急激な需要増加や供給断絶といった不確実性への対応、②人や設備の稼働平準化、③顧客への短期納期での提供といったメリットもあり、バランスが重要である
- ➤ 在庫管理において、在庫費用と発注費用から発注頻度と発注量を決め、需要のばらつきと補充リードタイム、目標サービス率から安全在庫量を決めることが有効だが、製品や顧客のセグメント別に異なるアレンジも重要になる
- ➤ メーカー、卸、小売と企業を越えて様々な情報を連携し、サプライチェーン全体で在庫量の最適化を図るのが理想であり、そのための組織間協働としてCPFR や VMI といった取り組みがある

6章の内容をより深く学ぶために

Christopher, M. (2016) *Logistics and Supply Chain Management*, 5th ed., FT Publishing International.

Silver, E. A., Pyke, D. F., and Peterson, R. (1998) *Inventory Management and Production Planning and Scheduling*, John Wiley & Sons.

Weetman, C. (2020) A Circular Economy Handbook, 2nd ed., Kogan Page.

Jacobs, F. R., Berry, W. L., Whybark, D. C., and Vollman, T. E. (2018) *Manufacturing Planning and Control for Supply Chain Management: The*

CPIM Reference, 2nd ed., McGraw Hill Education.

伊藤宗彦・松尾博文・富田純一編著（2022）『1 からのデジタル経営』碩学社。

Ed Weenk（2022）『ビジネスゲームで学ぶサプライチェーンマネジメント』細田高
　道・河合亜矢子・中塚昭宏・小林知行・山本圭一・隈田樹一郎・丹治英明・尹藺訳、
　同友館。

圓川隆夫（2009）『オペレーションズマネジメントの基礎──現代の経営工学』朝倉書
　店。

D. スミチ─レビ、P. カミンスキー、E. スミチ─レビ（2017）『サプライ・チェーンの
　設計と管理（普及版）──コンセプト・戦略・事例』久保幹雄監修、伊佐田文彦・佐
　藤泰現・田熊博志・宮本裕一郎訳、朝倉書店。

日本小売業協会 CIO ステアリングコミッティ「日本の小売業 CEO、CIO への提言書
　──リテール4.0 小売業のデジタルトランスフォーメーション」2021年 3 月（https://
　japan-retail.or.jp/kouri/wp-content/themes/bones_theme_kouri/pdf/20210323-
　cio.pdf）。

注

1 ）環境省「我が国の食品ロスの発生量の推計値（令和 2 年度）の公表について」（https://
　www.env.go.jp/press/111157.html）。

2 ）UNEP "Food Waste Index Repot 2021"（https://www.unep.org/resources/report/
　unep-food-waste-index-report-2021）.

3 ）JICA「MDGs エム・ディー・ジーズを知っていますか？」（https://www.jica.go.jp/
　tsukuba/topics/2010/docs/110202_01.pdf）。

4 ）「海外で活用広がる金属3D プリンター」日経クロステック、2015年 1 月16日（https://
　xtech.nikkei.com/dm/article/MAG/20141211/393829/）。

5 ）「AM 活用は先行有利　先進ユーザーはもう実用フェーズ」日経クロステック、2019年 7 月
　1 日。

6 ）「トヨタ、部品生産を視野に3D プリンター導入」『日本経済新聞』、2022年 6 月17日付。

7 ）Weetman, C.（2020）*A Circular Economy Handbook*, 2nd. ed., Kogan Page.

8 ）Krajewski, L. J., Ritzman, L. P., and Malhotra, M. K（2015）*Operations
　Management: Processes and Supply Chains*, 11th ed., Pearson.

9 ）伊藤宗彦・松尾博文・富田純一編著（2022）『1 からのデジタル経営』碩学社。

10）デイビッド・シムチ＝レビ、クリス・ティマーマンス「サプライチェーンのデジタル化を
　シンプルに進める方法──思いのほかコストも労力もかからない」渡部典子訳『DIAMOND

ハーバード・ビジネス・レビュー』2022年3月号、pp.104-113。

11）全体の数値の8割は、全体を構成する要素のうちの2割の要素が生み出しているという経験則。

12）保管物を置く台が斜めになっており、背面から前面に向けて傾斜がついているラック（棚）。

13）Ed Weenk（2022）『ビジネスゲームで学ぶサプライチェーンマネジメント』細田高道・河合亜矢子・中塚昭宏・小林知行・山本圭一・隈田樹一郎・丹治英明・尹蘭訳、同友館。

14）Forrester, J.W.（1961）*Industrial Dynamics*, MIT Press.

15）D. スミチーレビ、P. カミンスキー、E. スミチーレビ（2017）『サプライ・チェインの設計と管理（普及版）——コンセプト・戦略・事例』久保幹雄監修、伊佐田文彦・佐藤泰現・田熊博志・宮本裕一郎訳、朝倉書店。

16）日本小売業協会 CIO ステアリングコミッティ「日本の小売業 CEO、CIO への提言書—リテール4.0 小売業のデジタルトランスフォーメーション」2021年3月（https://japan-retail.or.jp/kouri/wp-content/themes/bones_theme_kouri/pdf/20210323-cio.pdf）

17）Lapide, L.（2010）"A History of CPFR," *Journal of Business Forecasting,* Vol.29, Issue4, pp.29-31.

18）商品計画、商品を顧客に適切に届けるための戦略のこと。

※いずれの URL も最終アクセス日は2023年4月10日。

7章

未来に続く調達戦略

土屋　剛

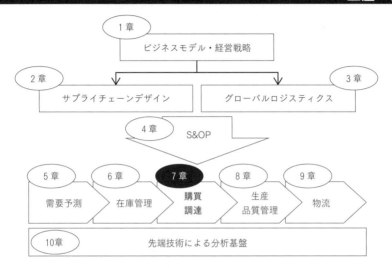

　製造業、卸・小売業、サービス業など、モノやサービスを扱う多様な企業において、顧客のニーズをふまえ、在庫や設備、人員の計画を考えた後は、実際にモノやサービスを商品として提供できるように準備を始めます。ここで重要になるのは、購買・調達というオペレーションです。製造業であれば、モノの原材料を購入しますし、卸や小売業であれば、完成品を購入します。サービス業でも、例えば飲食店であれば料理の材料やお皿などを購入しますし、ネイルサロンであればマニキュアや施術に必要な筆なども購入する必要があるでしょう。さらに、商品に直接関わるものでなくても、文具や工具、PCといった機器なども購入しなければなりません。

　特に商品に関わる原材料や設備は、顧客の満足度に大きく影響するため、その品質や納期をきちんと確認することが重要です。また、近年ではビジネス活動の環境や人権への影響が注視されていて、グローバルに広がるサプライチェーン全体を見渡す管理も必要になっています。ここでは購買・調達のビジネス現場の課題や、最新の取り組みを学びましょう。

7－1　サプライチェーンにおける調達の役割

　企業の競争力の観点においても、調達戦略は極めて重要な戦略の１つである。日本の製造業の国際競争力は、1990年代に入り大きく低下した。この国際競争力低下には様々な要因があるが、調達戦略の欠如も１つの要因として考えられている。1990年代当時よりグルーバル化は避けて通ることができないテーマであった。このグローバル化は企業の調達戦略にも大きく影響する。まずはこれについて、２社の事例を紹介しよう。

◇◇◇◇◇◇◇◇◇◇◇◇◇◇◇ **事例　日産、ユニクロのグローバル調達改革** ◇◇◇◇◇◇◇◇◇◇◇◇◇◇◇
　1999年、日産自動車（以下、日産）は提携先のフランス・ルノーからカルロス・ゴーンを最高執行責任者（COO）として迎え入れ、日産リバイバル・プランを発表。３年間で20％のコスト削減、そして最適生産効率と最適コスト達成を掲げた。トップダウンによる調達改革を断行し、競争入札、部品の一括購買、系列解体、グローバルサプライヤーとのパートナーシップ強化などを実施し、大幅にコストを削減した。全コストの60％を占める購買コストの削減は、日産復活には欠かせないものであったからだ。当時この日産の調達大改革は大きな話題を呼んだ。調達方針の大胆な転換とグローバルで通用する調達方法確立によるコスト

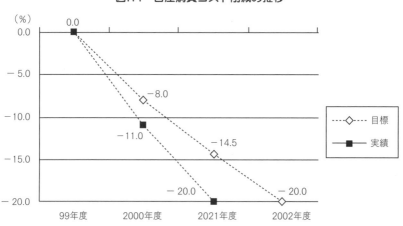

図7.1　日産購買コスト削減の推移

出所）日産自動車「日産自動車2001年度決算プレビュー」

図7.2　労働環境モニタリングの仕組み

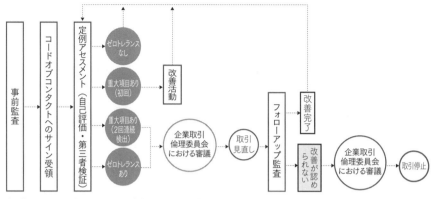

出所）ファーストリテイリングホームページ「生産パートナーのモニタリングと評価」（https://www.fastretailing.com/jp/sustainability/labor/partner.html）

削減の事例といえるだろう（図7.1）。

　次に、グローバル化による調達リスクの事例としてファーストリテイリング（以下、ユニクロ）を挙げよう。2021年に米国で起きたユニクロ製品輸入差し止め事件[1] だ。米国国土安全保障省税関・国境取締局（CBP）が2021年1月、ロサンゼルス・ロングビーチ港に荷揚げされようとしたユニクロ製シャツに対して通関保留命令（WRO）に基づく差し止めを通知した。通関保留命令とは、強制労働や囚人労働によって製造された商品の輸入を禁止する関税法307条に基づく米税関当局の行政処分だ[2]。米中対立で生じた「人権リスク」の企業活動への底知れない影響として話題となった。

　安価な調達コストかつ安定的なサプライチェーンの構築は、1つの国、1つの地域にとどまることなく、全世界を俯瞰した調達戦略が必要になってくる。以前からユニクロは労働環境や地球環境などにも配慮したグローバルカンパニーとして知られていたが、世界規模の複雑なサプライチェーン可視化の必要性が高まるより以前の2017年から、生産パートナーリスト[3] の開示も行っている。調達から製造、卸、販売に至るまでに多くの企業が関わっている。

- グローバルに複雑化したこの現在にあって、どのような過程で調達されているか
- どのような過程で商品が作られているか
- どのような労働者を雇用しているか

地政学上のリスクまで把握し、サプライチェーン構築を考えていかなければならない時代がやってきている（図7.2）。

◇◇

　学生や調達に関わっていないビジネスパーソンからすると、調達部門はバイイングパワー[4]を駆使した安価な資材調達＝コスト削減が絶対的正義のようにみえるが、日産やユニクロの事例のように、実際の業務はもっと幅が広い。要求元（利用者）から要求される資材（モノやサービス）を、必要な時に、必要なだけ調達することは勿論のこと、原材料市況や為替変動への注視にとどまらず、安定的なサプライチェーン維持のためのサプライヤーとのリレーションシップも重要な活動となる。サプライチェーン構築の中核である調達業務は、製造業であれば、製品原価を決定づける活動であり、安定的に製品を供給していくための主要な活動である。

　本章ではこの調達について、サプライチェーンにおける役割と課題、サプライヤーマネジメントの発展と調達の果たすべき役割、調達 DX というテーマで解説する。

調達と購買の違い

　日本規格協会（JSA）は、日本工業規格となる JIS Z8141：2001の中で購買管理を次のように定義している。「生産活動に当たって、外部から適正な品質の資材を必要量だけ、必要な時期までに経済的に調達するための手段の体系。その機能として、内外製区分、購買計画、仕入先開拓及び選定、取引契約、発注管理、価格管理、原価低減活動、納期管理、品質管理、検収支払管理、仕入先管理、リスク管理、購買業務規定の整備などが含まれる」。

　それでは、購買（Purchasing）と調達（Procurement）にはどんな違いがあるのだろうか。購買とは生産にあたり、必要なモノを、選定されたサプライヤーから購入し、必要な時期までに適正なモノを取り揃えることをいう。一方、調達とは、事業戦略に基づいて、必要となるものをサプライヤー選定と交渉を経て購入する役割となる。つまり調達は、必要なモノを取り揃え、要求者（利用者）に届けるだけの購買とは異なり、ヒトやカネの工面、設備手配、機材リースに至るまで生産管理に従って整えるなどといった、より戦略的な過程まで含んでいる。

　購買も調達も企業の利益を左右する重要な機能だ。本章は広義の意味で購買と調達を同義としてとらえ、調達という言葉で総じて解説する。

表7.1　企業を取り巻く外部環境分析

Politics 政治的要因 法改正・法規制／変化適応力・レジリエンス（強靭化）対応 ・改正電子帳簿保存法・適格請求書等保存方式（インボイス制度）への対応が課題	Economy 経済的要因 経済環境／不況下でのコスト削減 為替・原油価格・株価対応 ・円安などによる調達コスト高騰に対する対応や半導体などの付加価値品の調達対策が課題
Society 社会的要因 SDGs・ESG に配慮した調達の実現／コンプライアンス対応 ・少子高齢化対策やサプライヤーリスク管理／監査強化、人権／環境に考慮した調達が課題	Technology 技術的要因 イノベーション／特許／ DX 推進による業務可視化・効率化 ・データ蓄積とビックデータの活用、調達のデジタル化、システム連携を含む外部企業との協業が課題

企業の調達を取り巻く環境と課題

　調達を取り巻く環境はますます複雑化しているため、経営直結の課題として捉えるべきである。グローバル経済の大きな変化、消費者の多様化、産業のハイテク化、サプライチェーンリスクの高まり、新しい社会価値観の登場など、外的環境は大きく変化している。2020年以降、具体的には新型コロナウイルス感染拡大や国際的有事に伴うサプライチェーンの分断（物流の混乱や工場稼働停止など）が企業の調達をより困難なものとしている。2023年1月時点での PEST 分析を行い、調達を取り巻く外部環境の一部を抜粋してみる。ざっと挙げただけでも課題が多岐にわたっていることがわかるだろう（表7.1）。

　2022年2月ボストンコンサルティンググループ発表の「サプライチェーン強靭化に向けたハンドブック」[5] では、図7.3のとおり縦軸を地域別リスク、横軸を期間リスクとして、自然・政治・経済・社会的・犯罪リスクをプロットしている。先ほどの外部環境分析を合わせてみると、どんな業界にあっても、地球全体を俯瞰した調達戦略の再設計が必要なこともわかるだろう。

　企業調達では、内部環境上も課題が多岐にわたっている。調達戦略の立案からオペレーション業務までを一人で担当することも多く属人化しがちだ。組織は多くの場合で部門横断となっているため、政治的圧力・部門の力関係に左右されてしまう。さらに社内ルール・システムが複雑すぎるため、オペレーションが煩雑、調達品の可視化難易度が高く全社統制が効かない。その結果、業務プロセスを改善することが困難になる。

　在宅勤務が増加しても、電子契約システムが導入されていない、経理システム

図7.3　サプライチェーンを取り巻くリスク

出所）ボストンコンサルティンググループ「サプライチェーン強靱化に向けたハンドブック」2022年2月7日

が購買システムと連携されていないと、現地オペレーション上のハンドリング作業が残る。各事業所ではキャッシュレスが進まず、小口現金での購入が日常茶飯事で調達・経理業務においてハンドリング作業が残る。請求書突合作業や押印作業だけで出社しなければいけないことまである。

　このような問題は、どの業界でも起きている。非効率な調達業務が残ることで、本来期待されている調達業務ができないといった具合だ。調達上の課題の整理を進め、優先順位をつけることから始めるべきであろう。

調達オペレーションの基本戦略

　調達業務では「何を」買うか、「誰から」買うかといった判断が基本となる。メーカーでなくとも、企業活動において、文房具など何かしらの商品・資材を仕入れることから、どの業態でも調達は必須の業務である。メーカーであれば資材部・調達部が主に担当し、小売・卸・サービス業であれば商品部が担当、仕入れが少ない企業では総務部門や各事業部門が直接購入することが多い。実際の調達業務は多岐にわたるため、ここで調達の主要業務を紹介する。

（1）調達基本方針の策定

　調達基本方針の策定は最重要事項である。経営や事業戦略と直結するものであり、各事業会社の調達部門にとどまらず、全従業員を対象とする。最近ではサス

テナビリティ調達方針、CSR調達方針など時代背景に沿った策定となっているが、これら調達方針は、企業理念や事業戦略に沿った形で策定されることが望ましい。時代背景とともに変更されることもあるが、普遍的な要素も存在する。「トヨタ自動車75年史」から調達ミッションの記述を紹介しよう。

　「調達の果たすべきミッションは、『社会から尊敬・信頼され、かつ競争力ある調達基盤を構築し、最も良い製品を、最も安く、最も早く（タイムリー）、長期安定的に調達する』ことにある。そのミッションの実現に向けて、調達はクルマの開発から生産準備・量産・補給までのそれぞれのフェーズで、仕入先および設計・生産準備（生産技術）・製造など、社内各機能と連携して、業務を推進する役割を担っている。調達部門では、世界中の全事業体で調達業務に携わる者が共有・実践すべき理念・考え方を明示化・明文化した『調達のトヨタウェイ』を2009年に策定しているが、そのベースは、創業以来、仕入先との取引で培ってきた歴史を通じて形成されてきた。会社創業当時に策定された『購買係心得帳』には、より良いモノ、調達先を求めて、常に門戸を開放する考え方が記されており、『オープンドアポリシーに基づく公正な競争』という基本方針として生きている。『相互信頼に基づく相互繁栄』は、仕入先の経営がしっかりしていることがトヨタにとっても重要であり、苦楽をともにし難局を共に乗り越える一心同体の考え方に基づいている。」[6]

　トヨタ自動車（以下、トヨタ）がかかげた、このトヨタミッションは現代にあっても普遍的であり、調達方針のお手本ともいえる。調達方針の策定は、このように企業理念や事業戦略に基づいた普遍的な方針の策定と、社会ニーズに沿った構成がよい。この調達方針に沿って実務上のガイドラインを策定し、それが遵守されているかを確認することも調達部門の役割となる。

（2）サプライヤー選定と価格交渉

　次に要求元（利用者）や設計部門からの要求に対して、Quality（品質）、Cost（コスト）、Delivery（供給）観点で、サプライヤーを選定するステップに進む。QCDに加えて、Development（開発）、Management（経営）などのKPIも評価軸だ。

　有望なサプライヤーや新商品情報を入手するには、社内各部門からの情報、既存取引先からの情報、展示会からの情報、ネット情報、産官学連携からの情報が挙げられる。調達品によっては、ものづくり補助金やIT導入補助金など、補助

金も制度化されていることから税制優遇に関わる情報も必要であり、調達品の知識だけでなく周辺情報を提供してくれるサプライヤーは貴重な存在となる。

　調達部門は要求元からの依頼品に対して、見積依頼（RFQ）、見積回答受領、コスト比較、コスト低減施策の検討を行う。見積依頼1つとっても、

- 相見積や競争入札見積
- 年間契約継続品見積
- 特定カテゴリの集中購買見積
- 同等品申請見積
- 共同購買見積

などの多様な手法がある。

　システムを含んだ調達に関する見積には、要件定義費用、設計費用、UI デザイン、進行管理費用、開発費用、導入費用、導入支援費用、購入費用、出張旅費、保守費用と見積項目自体が複雑となる。また、原材料調達については、品質や安全管理が最も重要な要素となり、為替予約コスト[7]や物流コストも考慮した見積依頼が必要となってくる。必要な調達品によって見積方法も異なり、相当なスキルが要求される。

　このように難題ともいえるサプライヤー選定であるが、調達方針が調達担当者の拠り所になる例を1つ挙げる。トヨタでは1937年に作成した「購買係心得帳」[8]がある。

　第1条『受け持ち部品の材料の良否、値段、工作の良否、工賃等を研究し、常に材料の原価および適切な工賃より計算して、無理のない範囲内で最も安く優秀な部品の買い入れに努力すること。』

　第4条『購買先の選定には特に注意を払うこと。各方面にアンテナをめぐらし、他に優秀な所がないかどうかを常に研究しておくこと。1部品に対してなるべく2カ所に注文することを原則とする。ただし、止むを得ない場合には、部長の許可を得た上で、1カ所または3カ所とする。1カ所の場合は、できるだけ早く、他の適切な購買先の選定に努力すること。3カ所以上の場合には、なるべく従来の注文先に迷惑のかからないように特に注意しながら、値段が高く、不良が多いところへの注文を順次減少していって差支えない。』

　第1条に記載のある「無理のない範囲内で」は無理なコスト低減は長続きせず、商品供給の安定に影響を及ぼしてしまうという意味合いととらえることができる。

第4条の「2カ所に注文」は、適正な競争と商品の安定供給を目的とした基本的な考えである。サプライヤーとの良好な関係とコスト削減のトレードオフをうまくバランスさせた考え方であり、調達部門として果たすべき役割を伝えている。

（3）発注・納期管理とサプライヤーマネジメント

　見積により決定したサプライヤーに対して、発注・納期管理が必要となるが、一般的には、図番・品名・品番・数量・納品先・納品予定日や支払条件などを購買発注システムに入力して発注することとなる。購買発注システムは VAN（Value Added Network：付加価値通信網）[9]/Web-EDIでサプライヤーと連携されているのが一般なシステム構成だが、基幹システムや経理システムとも連携されていることも多い。

　図7.4に、顧客から受注が入り、製造に至るまでの業務プロセスを記述した。点線枠の部分が、調達部門として主に担当する領域となるので参考にしてもらいたい。

　次にサプライヤーマネジメントについて述べておきたい。サプライヤーマネジメントとは「公正なサプライヤー評価によるサプライヤー戦略に基づいて、サプライヤーを層別化し差別化し扱うこと」と定義されている[10]。実際の業務に当てはめると、個々のサプライヤーを、様々な実績に基づき可視化し、そのデータをもとにして、サプライヤーに優劣をつけ取引を行う。サプライヤーの事業経営に関するコンサルティングまで実施するマネジメントの仕組みを指す。

　調達コストの削減や安定供給の鍵を握るのは、取引のあるサプライヤーの競争力ともいえる。このサプライヤーとの取り組みの方向性立案が調達部門として重要な職務となる。サプライヤーをあらゆる面から評価・可視化する必要がある。サプライヤー評価については、現在多くの企業がサプライヤー評価シートを作成しているので、簡単にホームページなどで探すことができる。このサプライヤー評価シートでも、Quality（品質）、Cost（価格）、Delivery（供給）、＋αにて評価をすることが多い。表7.2に代表的なものをまとめる。

　主には納品品質やコスト低減協力度、納期遵守率などが調達を行ううえで重要なKPIとなる。納期遵守率などを工場内に掲示して、サプライヤーへの意識づけを行っているのはよく見る光景だ。

　サプライヤー評価を数値化し、ランク付けすることで、今後のサプライヤー取引の方向性を決定する。ベンチマーキング評価などサプライヤーの業績評価は千

図7.4　製造業における業務フロー

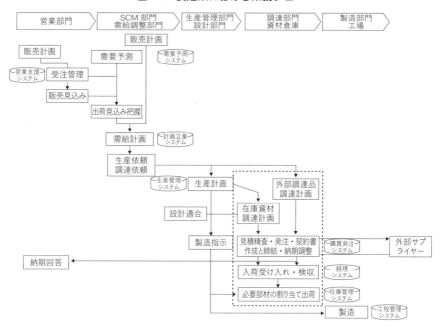

表7.2　サプライヤー評価

Quality 品質	Cost 価格
・品質条件や仕様に適合している ・妥当な不良品率、不具合率である ・品質改善提案の実績が多い	・コスト競争力が高い ・価格が安定、正確である ・コスト低減提案の実績が多い
Delivery 供給	＋α（Development、Management）
・納期遵守率が守られている ・誤配率が低い ・計画発注に対する遵守率が高い	・新製品や新技術に対応している ・経営財務体質が安定している ・法令遵守、CSR 等に配慮がある

差万別であるが、ポイント制評価のシンプルな事例を図7.5のグラフで解説する。

　Aランク得意先はサプライヤー評価トップのサプライヤーである。積極的なパートナーシップ政策により、調達を増やすべき得意先となる。Bランク得意先は現在の主力調達先であり、さらなる協業により、評価点数を上げ関係性を構築していくサプライヤーとなる。Cランク得意先は現状維持、Dランク得意先は評価が低く、今後継続する得意先としては相応しくない。取引縮小に向けて動くこととなる。シンプルな分布事例だが、矢印の方向に向かって取引関係を是正してい

図7.5　取引金額とサプライヤー評価図

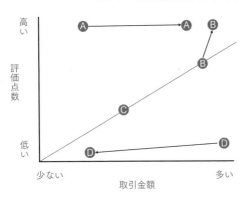

A ランク：拡大企業
　競争力のある得意先であり、
　今後関係性を強めていく。

B ランク：主力企業
　バランスの取れた得意先であり、
　引き続き関係性を保っていく取引先

C ランク：現状維持企業
　評価点数の変化によって、
　今後の取引を減らす、
　取引を増やす取引先

D ランク：縮小企業
　競争力が弱い得意先であり、
　今後の取引を是正していく取引先

注）ランク付けは各社が戦略に基づいて設計するものであり、あくまでも事例

くとよい。また、45度線を境として、下部から上部へとシフトしていくことがバランスとしてはよい。

　サプライヤーに対して取り組みを行う際には、自社の購買力や調達品の寡占度をふまえて施策を工夫することが有効になる。調達ドメイン（調達品カテゴリ）の象限ごとに各施策の期待効果を示す（表7.3）。

　自社購買力が高く、調達品寡占度が低い場合には、「競争原理[11] の最大活用」により、バイイングパワーを活用した交渉によるコスト削減や、調達品集約化による大量仕入の効果が期待できる。調達ドメインと施策の効果の関係も理解しておくべきであろう。

　実際には長期的な視点で取り組んでいくこととなるが、サプライチェーン強化には必須の活動だ。調達方針やSCM方針の策定、調達戦略カテゴリの策定、サプライヤー評価・目標設定、可視化、計画実行、効果測定といったサイクルを回し続けることになる。例えば製造業には、系列と呼ばれる資本関係も含めた戦略パートナーシップ先もあるが、これら聖域にも客観的なサプライヤー評価で判断していくべきである。

（4）社内各部門との連携
　顧客からの発注に対し、
● 　生産管理や営業部門と連携した需給調整

表7.3　調達ドメインと施策の効果の関係

	寡占度『低』	寡占度『高』
購買力『高』	競争原理の最大活用 交渉◎ 集約◎ 改善○ 仕様○	戦略パートナーシップ 交渉△ 集約◎ 改善◎ 仕様◎
購買力『小』	競争と協調のバランス 交渉○ 集約○ 改善○ 仕様○	汎用化・代替化 交渉△ 集約◎ 改善△ 仕様◎

出所）村上三平・杉本大地『最適解を導く調達戦略フレームワーク——何を？誰から？どう買うか？』日刊工業新聞社、2011年、p.130

- 部品共通化や最適材料の選定など設計エンジニア部門との協議
- 経理部門との原価管理

など、社内間の情報連携は密に行う必要がある。日本企業では月次レベルでの需給調整を行ってきたが、製品ライフサイクルが短くなり、受注の小口化も進んでいるため、週次・毎時レベルの需給対応が発生する。

　サプライチェーン上の情報基盤の連携が進み、かつ需要予測の精度もあがってきたことにより、タイムラグが少なくなった。このため、社内の情報連携はスムーズになったものの、これら連携においても調達部門が主導的な役割を期待されることも増えている。

　具体的には、社内要求を的確にコントロールして最適な調達を行うとともに、要求元からの不要な要求を見極め、納期管理や品質・仕様のバラツキを削減することも求められる。

　調達オペレーションの基本戦略のまとめとして、「購買管理の5原則」[12]を紹介する。

① 適切なサプライヤーの選定

　サプライヤー都合による仕入プロセスの停滞や、発注した資材や数量のミス等は購買管理に限らず生産計画に多大な影響を与える。安心かつ安定した仕入を実

現するためには信頼のおけるサプライヤーを選定しなければならない。サプライヤーの財務状況、商流、安定供給可否などを確認する必要がある。

② 適正な品質の確保

　商品の品質には、仕入れる資材の品質が大きく影響する。一定水準を超えた品質でないと完成品の品質が下がる可能性が高いため、サプライヤーから常に適正な品質を確保しなければいけない。サプライヤーの品質管理体制、品質とコストのバランス、品質を担保するための安定供給体制などの確認が必要となる。

③ 適切な数量の決定

　資材の必要数量が足りていないと生産計画に支障が出る。かといって資材の余剰在庫があると予算を無駄に費やすことになる。資材には「適正量」があるため、購買管理ではその適正量を決め、仕入、管理しなければいけない。供給能力、生産体制、適切な数量管理などの確認が必要となる。

④ 適切な納期の指示

　納期設定を誤ると生産計画どおりに製造が進まなくなり、大きなトラブルに発展する可能性がある。購買管理では生産計画を参考にしながら購買計画を立て、常に適切なタイミングで納品できるよう仕入先に指示を送ることも大切である。リードタイム、物流体制、発注条件が変更した際の対応などの確認が必要となる。

⑤ 適切な価格での購入

　資材の仕入価格は最終的な製品価格や企業利益に大きく影響する要素となる。品質を維持しながら可能な限り安く資材を仕入れることが、製品価格や企業利益の最大化における重要なポイントになる。調達力、品質とコストのバランス、適正利益を考慮しているかなどの確認が必要となる。

　この「購買管理の5原則」は、適切な調達管理を実施するための一例として参考にしてもらいたい。

　今回、調達のメインとなる4つの主要業務を個別で紹介したが、実際の業務においては、調達戦略のスタートとゴールを決めて進めることとなる。課題の可視化→目標の策定→施策選定→効果試算→リスク評価→優先順位付けを行う。調達部門は全体を俯瞰したバランスよい調達戦略を立案することが求められる。

機械商社から見た間接材調達

　筆者が機械商社に20年勤務した経験から、間接材調達について販売する側の視

点で紹介する。はじめに間接材について述べておく。企業にとっての調達品は、大きく直接材と間接材に分けられる。直接材は、売上に直結し、製品原価に入るような部材・資材・原材料を指す。例えば鉄鋼・半導体などが挙げられる。間接材は売上に直結せず、製品原価としては個別に按分できない、日々使用される消耗品を指す。作業工具、OA機器、理化学機器やソフトウェア、引っ越しなどのサービスも含まれる。

　直接材は業種業態によって異なるが、製造業であれば調達金額の約80％を占め、調達部門にも多くの人員が配置されている。調達金額のウェイトだけではなく、製品そのものの原価を左右し、業績に大きな影響を及ぼすからだ。発注総量も多いため、直接材メーカーからの直接仕入も多い。生産計画とも連動し、サプライヤーと日次・月次で情報連携をしているケースが多い。

　一方、間接材は調達金額の約20％とウェイトは低いものの、多品種・少量でありサプライヤーも多い。直接材では、要求元の部門や顧客から依頼を受け、調達部門が手配することが一般的だが、間接材は、各工場の発注担当者や要求元が直接手配することも少なくないため、全社員が調達を行う可能性があり、1回限りの購入、短期的な契約などのスポット購入も多い。

　間接材は複数部門からの購入になり、調達部門としては、可視化を含めてコントロールが難しいため、誰が、いつ、何を、どれくらいの金額で購入しているかが把握できず、ブラックボックス化してしまうのである。

　多品種・売上少量の商品をロングテール商品[13]と呼ぶ。間接材の中でもとりわけロングテール商品は、サプライヤーにとっても、販売が難しい商品の1つだった。定期的に流れる商品は、需要予測も比較的容易で、在庫として持ち、安定的に商品を供給している。一方ロングテール商品は販売量が少なくとも、注文があれば顧客に迅速に商品を納品しなければいけない。突発注文も多く、需要予測が難しく、サプライヤーは在庫を抱えることを避けている（図7.6）。

　販売量の少ない商品を在庫することはコスト負担が大きかったが、アマゾンなどのネット通販企業は様々な工夫を凝らし、産業領域にもこれらロングテール商品を販売し、売上を拡大している。購入者である要求元にとっては、多種多様な商品をワンストップで購入できることはよいことだ。しかし調達部門からすると、調達品目が増加することで、調達コントロールが難しくなる。調達の可視化、特定品一括調達によるコスト削減、品質の担保など、調達部門が行うべき調達業務の難易度が増す。調達方針や管理方法を見直さなければ、ブラックボックス化は

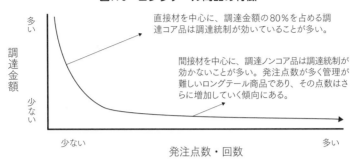

図7.6　ロングテール商品の特徴

直接材を中心に、調達金額の80％を占める調達コア品は調達統制が効いていることが多い。

間接材を中心に、調達ノンコア品は調達統制が効かないことが多い。発注点数が多く管理が難しいロングテール商品であり、その点数はさらに増加していく傾向にある。

（縦軸）調達金額　多い／少ない

（横軸）発注点数・回数　少ない／多い

さらに拡大するだろう。

間接材のネット販売

　次に間接材（主に消耗品）における、ネット販売のトレンドを紹介する。商品単価が低く、品質に左右されにくい間接材は、ネット調達への移行が容易とされてきた。1990年代後半、文具カテゴリからネット調達が進んできたといわれている。2019年経済産業省の物販系分野のBtoC-EC市場規模分析調査によると事務用品・文具カテゴリのEC化率は41.75％となっている[14]。文具カテゴリは、インターネット黎明期からネット調達・ネット販売が進んでいる。その理由は次のとおりだ。

① 【商品点数】他カテゴリと比べると商品点数が少なく、商品データの整備が容易であった。工具カテゴリでは、1,000万アイテム以上ともいわれる。
② 【完成品品質への影響】商品知識が不要であり、商品品質の差が、完成品の品質に影響を及ぼさない。直接材は製品品質に影響を及ぼす。
③ 【流通特性】オフィスではインターネットでの発注環境が整っている。納品は、路線出荷かつ1カ所納品で要求元ニーズを満たせる。
④ 【稟議】単価が低い為、ワークフロー上、簡易購買稟議にて要求元が自由に商品を購入できる。

　文具カテゴリの特徴を捉え、ネット調達を後押ししたアスクル株式会社（以下、アスクル）の事例を紹介する。

◇◇◇◇◇◇◇◇◇◇◇◇◇◇ **事例　サプライヤーから進んだ調達のネット通販** ◇◇◇◇◇◇◇◇◇◇◇◇◇

　1993年大手文具メーカーのプラス株式会社よりアスクル事業の営業を譲り受け、アスクルとして誕生した。アスクルエージェントモデル[15] と名付けた流通改革を断行した。このモデルが生み出された背景は次のように説明されている（図7.7）。

　「メーカーで製造したものがお客様の手元に届くまでに、メーカー、一次卸、二次卸、小売などの段階を経ていく従来の流通システムは、多段階流通経路と日本固有の取引慣行の中で、長い間均衡を保ってきました。しかし、そのシステムには各段階で、仕入れ、在庫管理、営業などの機能が重複しており、非効率だとアスクルは考えました。では、どうしたらロスのない効率的なシステムを作ることができるのか？　この問題提起こそがアスクルの根幹を成すものでした。こうして考え出されたのが、既存の流通機能を徹底的に分解し、有効な機能と役割をいちばん得意なところが担うという独自の流通システム－アスクルモデルです。アスクルがリデザインしたシンプルな流通構造によって、産業プロセスを短縮化し、他の直販体制よりも低コストでお客様に均一なサービスをご提供できるよう

図7.7　アスクルエージェント

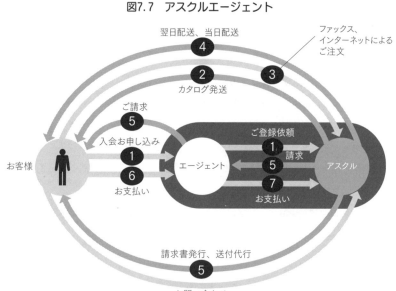

出所）アスクルホームページ「ビジネスモデル」（https://www.askul.co.jp/kaisya/business/model.html)

になりました。」

　メーカーが直販体制に舵を切るには金融面や物流面など乗り切らなければいけない課題があった。文具販売店では規模が小さく、データ整備を行うにも限界があった。最新の ICT 実装、取扱アイテム拡大、商品データ整備、物流網整備、ユーザープロモーションの多様化など、既存ビジネスからの変革が必要だ。これらの課題に対して、流通上のプレイヤーの役割を明確化し、アスクル自身はカタログ通販という形を取った。この流通改革によって、文具のカタログ通販ビジネスで躍進した。

　結果、アスクルはネット販売に必要な土壌を整備し、ネット販売への移行もスムーズに行えた。サプライヤー側から変革が進んだ事例である。ネット販売とネット調達は両輪であり、サプライヤーサイドの変革により、ネット調達も飛躍的に伸びることとなる。

◇◇

MRO 商品

　次に、間接材の主要カテゴリである MRO[16] 商品（以下、MRO）について触れる。MRO とは、工場、建設現場で使用される消耗品を指し、潜在市場規模は5〜10兆円と巨大である。しかし、2019年経済産業省の物販系分野の BtoC-EC 市場規模分析調査ではデータが存在していない。2015年 EC 化率は9％と推定[17]され、MRO カテゴリのネット調達は進んでいない。その理由は次のとおりだ。

① 【商品点数】1,000万以上の商品が存在する。膨大な商品ゆえにデータ整備が難しく、ネットで必要な情報にアクセスすることができず、要求元の期待に応えられない。

② 【完成品品質への影響】製品品質に影響する商品も多く、品質担保が難しい。単純に安い商品を探して購入できるようなものではない。

③ 【導入費用】SAP Ariba® や Oracle といったグローバル IT 企業が提供する購買管理パッケージがあるが、導入費用が高く中小企業にまで浸透していない。安価な購買管理パッケージも存在するが、文具カテゴリからスタートしているため、商品ラインナップの幅が狭く、利用者が限定的だった。

④ 【流通特性】特定商材に特化した業者が多数存在し、分野ごとで複数の卸売・

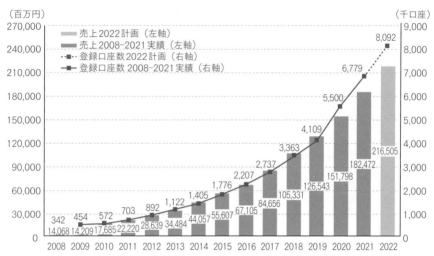

図7.8　株式会社 MonotaRO 事業計画・戦略【単体】売上・登録口座数推移

出所）株式会社 MonotaRO「2021年12月期決算発表」2022年2月3日

　小売業者が多層的に流通構造を形成している。それぞれのプレイヤーが持ち味を発揮し、要求元にとって、ネット販売でなくとも満足の得られるサービス提供を受けることができた。

　これら特性によりネット販売が難しく、ネット調達も進んでこなかった。しかしながら、e ビジネスの発展とともに、この MRO カテゴリにもネット販売・ネット調達が急激に進むこととなる。2000年、W. W. Grainger, Inc. と住友商事株式会社が住商グレンジャー（2006年より社名が変更され MonotaRO、以下、モノタロウ）を設立した。モノタロウは、中小事業者向けのネット通販事業からスタートし、現在では大企業向けの集中購買事業や中小企業向け購買管理事業まで手掛け、登録口座数を年々増やし、売上を急拡大している（図7.8）。

　モノタロウは間接材調達を取り巻く課題に正面から向き合っている。「我々が目指す資材調達ネットワークの変革とは、ご利用いただく世界中のお客様が、仕事を完遂するために必要な商品の調達にかける手間を、インターネットとテクノロジーを活用することで削減し、お客様の生産性改善に貢献していくための仕組み作りです。」[18]

　モノタロウはこの方針に従いビジネス展開をし、調達の効率化に一役を買って

いる。MRO をワンストップで提供できるよう商品ラインナップを揃え、必要な商品を在庫し、価格を透明化し、ネットで簡単に商品を見つけ購入できることを実現した。これにより、多品種少量の低単価品を、工数をかけて見積をすることなく、調達部門ならびに要求元は商品を調達することができるようになった。

　検索エンジン・物流システム構築も成功要因だが、1,000万アイテム以上の商品ラインナップと商品データ整備が成功要因の起点と考えられる。MRO は多種多様な品目があり、商品名・品番・規格・サイズ・材質・商品画像・JAN コード・仕様・重量など膨大な情報が必要となる。これらすべてのデータを整備することは容易ではない。商品ラインナップ拡大とともに商品データが整備されていることが、ネットビジネスでは必要不可欠なのだ。

　大企業であっても 1 社でデータ整備・在庫整備することは不可能である。モノタロウはメーカーと直接取引を行いつつ、機械商社やライバル関係にもある小売業者とも取引を行っている。機械商社がメーカーと協業し、商品データや在庫を整備し、モノタロウのようなネット通販企業と商品データや在庫連携を行ってきたことにより、ネット販売が拡大し、ネット調達を後押ししている。

　ここでは、調達部門からの視点ではなく、販売する側からの視点で間接材調達について解説をした。売る側・買う側にとっても、取引されるすべてのデータが整備され、簡単にアクセスできることが大切である。

ディスカッション：調達戦略でサプライチェーンリスクと向き合う

　企業ごとに様々な調達戦略があるが、調達巧者と思われる 2 社を取り上げ、各社のサプライチェーンリスクに対して、どのような調達戦略で対処しようとしているか比較してみよう。

7 - 2　サプライヤーマネジメントの発展と調達の役割の変化

サプライヤーリレーションシップマネジメント（SRM）

　サプライヤーマネジメントについては前述のとおりであるが、サプライヤーを管理する仕入先対策から、サプライヤーとの関係性を向上させながら必要な部分は管理していくサプライヤーリレーションシップマネジメント（以下、SRM）という考え方が徐々に広まってきた。

　「SRM とは、組織に商品、材料、サービスを提供するサプライヤーを適正に

評価し、パフォーマンスを向上させるための戦略を開発するための体系的なアプローチである。企業が単に製品を購入するのではなく、企業間で相互に有益な関係が構築され、維持される状態を指す。つまり、製品やサービスの購入者としての企業と、供給するサプライヤーとの間で行われるプロセスを、合理化および改善することといえる。」[19] SRM は、各サプライヤーが提供する価値を引き出し、自社の事業継続性とパフォーマンスを最大化することに役立つ。

　ここで日東電工株式会社（以下、日東電工）の事例を紹介する。購買システムの高度化により、調達プロセスの可視化や KPI の共通化、オンライン監査などを実現してきた日東電工だが、可視化が進む中でいくつかの課題が浮き彫りとなっているという。

◇◇◇◇◇ **事例　管理からパートーナーシップに昇華させた日東電工の SRM** ◇◇◇◇◇
　日東電工では、調達プロセスに関して３つの課題[20] を挙げている。
① 「バイヤー業務の効率化」を巡る課題：サプライヤーに関する情報に乏しく、
　そのリスク分析などに相当の時間を要している。
② 「要求元の管理」を巡る課題：サプライヤーの選定理由や調達業務ルールに対
　するビジネス現場の理解が不十分である。
③ 「サプライヤー管理」を巡る課題：QCD 以外にサプライヤーを評価するため
　の全社共通の指標がなく、かつ、日東電工に対するサプライヤー理解も不十
　分である。
　これら課題を生んでいる根本原因は SRM がしっかりと行われていない点にあったという。そこで日東電工は、SRM の強化に向けて「サプライヤー情報の集約」「調達ルールの明確化・共有化」「サプライヤーに対する調達方針の周知・共有化」「サプライヤー選定基準の可視化」といった施策に力を注いでいる。クラウド上に全サプライヤーのデータを一元管理し、支出を分析し、ソーシングを戦略化する（課題整理と戦略化）。クラウド上のサプライヤーデータと外部企業データを連携させ、リスクを表層化する（リスク可視化と対策化）。サプライヤー情報を入力してもらい、さらにバイヤー情報のオープン化やサプライヤー選定基準を共有することで、サプライヤーとの間で共通の目標と目的を持つ（情報共有による信頼構築）。このように SRM を強化することで、外部環境の変化に素早く順応するためアプローチを取った。

◇◇◇

　SRM は、単純なサプライヤー管理からパートナーシップという形に変え、調
達業務の効率化と、サプライチェーンの安定化を図り、さらにはコスト削減など
の効果が期待できるアプローチである。これは、サプライチェーンには欠かせな
いマネジメントと位置づけられる。

調達の責任

　企業を取り巻く環境は大きく変化している。そのため、自社の存在価値や取り
組むべき社会課題は何かを改めて考え直すべきである。サステナビリティは経営
課題であり、この取り組みは多くの会社で重要性を増している。企業活動とは、
人々を豊かにするものであり、永続性の観点を忘れてはいけない。多くの企業が
持続可能な開発目標（SDGs：Sustainable Development Goals）を設定して
いるのは当然のこととも言える。上場企業であれば、顧客・取引先・投資家に対
して、事業活動についての説明責任があり、財務情報のみならず非財務情報の開
示が重要な時代となってきた。ESG 投資が主流となり、その投資金額は年々増
加している。これは、サステナビリティ経営を行わなければ投資対象とならない
可能性を示唆しており、サステナビリティに対する対応は、調達部門としても必
要不可欠なものとなっている。自社起点から顧客起点へ、さらに社会課題起点に
軸足を移すべきである。気候変動への対応、循環型経済への対応、社会的責任へ
の対応など、調達部門の責務として、調達方法や調達先の見直しが求められる。

◇◇◇◇◇◇◇◇◇ 事例　花王が目指すサステナブルな調達 ◇◇◇◇◇◇◇◇◇

　花王株式会社（以下、花王）のサステナビリティ経営を紹介する。花王は、資
源保護、環境保全や安全、人権などに配慮した原材料を調達するとともに、トレー
サビリティの確保に努め、サプライヤーとの対話を通じ、よりサステナブルな
原料調達を目指している。

　トレーサビリティとは、「その製品がいつ、どこで、誰によって作られたの
か」を明らかにすべく、原材料の調達から生産、そして消費または廃棄まで追跡
可能な状態にすることである。近年では製品の品質向上に加え、安全意識の高ま
りから重要度が増しており、自動車や電子部品をはじめ、食品や医薬品など幅広
い分野に浸透している。筆者が2016年に花王を担当していた当時、得意先に対し、
主要調達品のトレーサビリティ確保のためのヒアリングを実施し、膨大な調査の
依頼があったことを記憶している。

図7.9　責任ある原材料調達

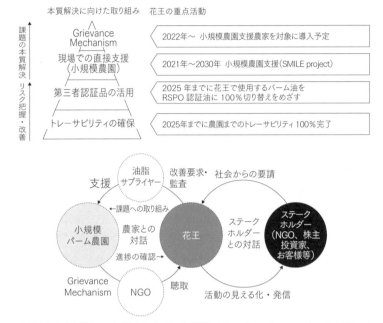

　花王の2021年実績では洗剤原料であるパーム油・パーム核油の調達において、サプライヤーが所有する自社農園までのトレーサビリティの確認が完了し、ミルリスト（搾油工場リスト）も完了。紙パルプの調達についてもトレーサビリティの確認が完了した。さらに、花王の人権への取り組みについてはSedex[21) によるアセスメントを実施しており、サプライヤーのリスクアセスメントを開示している。ハイリスクサプライヤーに対してはSMETA監査[22) を実施するなど調達部主導による改善活動が進められている。

　これらは、自社だけの努力では不可能で、仕入先を巻き込んだ活動であり、責任ある原材料調達の好事例といえる。原産地情報の取得１つとっても、サプライチェーンが多段階構造となっており、一次取引先までの情報は得られたとしても、その先はさらに複雑な調達となっている可能性がある。

　これを可視化するには仕入先とのパートナーシップが重要であり、仕入先にも

自社と同様の問題意識を持ってもらう必要がある。

　花王は、ベンダーサミットと呼ばれる主要サプライヤー会を開催し、サプライヤーとともに取り組む活動についての説明と協力を要請している。決して一方的なものではなく、QCDや情報提供、経営・ESG観点で優秀なサプライヤーへの表彰も行っている。花王ホームページにサステナビリティレポート2022として公開されているので参考としてもらいたい（図7.9）。

ディスカッション：ライセンス製造のサステナビリティ

　ディズニーのサステナビリティ経営について考えてみよう。ディズニー製品は世界100カ国近く、40,000を超える施設で生産されている。ライセンス製造も多い。製品の持続性可能性や安全性について、どういった課題があり、どういった対策が打てるかを考えてみよう。

サプライチェーン再構築の難しさ

　2020年以降、新型コロナウイルスの流行や国際的有事に伴い、サプライチェーンの分断などの社会課題が複雑化している。2021年アジア各国での新型コロナウイルス感染再拡大が日系自動車各社のサプライチェーン（部品供給網）に混乱を引き起こした。これまで半導体不足による生産への影響を限定的な水準にとどめていたトヨタですら大幅な減産を余儀なくされており、これまでの業界の調達や在庫管理などのあり方を根底から覆す可能性がある。資材の高騰、物流停滞により、あらゆる物資が不足し、特に半導体不足が顕著に表れた。トヨタは2023年3月期に970万台を生産すると発表していたが、半導体不足が続いて工場の稼働停止が相次いだため、2022年11月には920万台に引き下げた。トヨタはレクサスでも受注を制限している。車載半導体をはじめとした部品不足は2023年も続くと見られ、各販売店からの受注数に上限を設けた。部品不足による納期遅れは、半導体を多く使う高級車でより深刻だ。レクサスは半導体を1,000個超と一般的なトヨタ車よりも数百個多く使うとされる。遠隔で車両を施錠するリモコンキーや音調向け半導体など、様々な用途の半導体が不足していると見られる[23]。

　トヨタの「ジャストインタイム生産方式」は、在庫などの無駄を最低限に留め、生産効率を高めるお手本となるシステムであった。しかしながら新型コロナウイルスの流行を受け、このシステムの脆さを露呈することとなり、供給網の立て直

表7.4　調達先の地域の見直し／分散・移転の対象となった調達品（複数選択／単位％）

		材料	メカ部品	電子部品	金属加工品	樹脂加工品	その他加工品	外注組立品	上記以外	該当数（N数）
全体		22.6	14.5	29.8	7.8	6.9	5.5	4.9	0.1	1541
業界	はん用機械器具	15.2	15.2	21.2	12.1	9.1	9.1	9.1	0.0	33
	生産用機械器具	16.8	15.2	26.2	9.9	7.3	6.3	2.1	0.0	191
	業務用機械器具	22.1	15.4	27.9	11.8	4.4	6.6	5.1	0.0	136
	電気機械器具	26.5	15.2	37.6	5.7	7.4	5.9	4.9	0.0	407
	情報通信機械器具	20.5	17.9	44.9	10.3	12.8	6.4	3.8	1.3	78
	電子部品・デバイス・電子回路	31.3	13.0	31.3	6.1	5.3	6.5	4.5	0.0	246
	輸送機械器具	18.0	13.3	22.0	7.8	6.7	3.6	6.0	0.2	450
業種	半導体製造装置	29.5	18.9	32.6	9.5	9.5	9.5	4.2	0.0	95
	金属工作機械	13.0	4.3	34.8	13.0	8.7	4.3	0.0	0.0	23
	自動車類	17.7	12.6	24.2	6.7	6.7	4.0	5.6	0.3	372
	その他	24.0	14.9	31.4	7.9	6.8	5.7	4.8	0.1	1051

出所）キャディプレスリリース「キャディ、製造業のサプライチェーン影響調査 第2弾——2022年以降、約半数が調達先の地域を見直している状況　国内・海外問わず調達先を分散させる方針が明らかに　うち9割が「計画に遅延」、コストや品質の擦り合わせ等が課題」2022年11月14日

しが急務となっている。

　キャディ株式会社の製造業のサプライチェーン影響調査（調達先の地域の見直し／分散・移転）によると、情報通信機械器具の電子部品項目で、回答企業の44.9％が調達先の見直しを行っていることがわかったが、ほとんどの品目・業界で低い数字であることから、調達先の見直しが難しいことが読み取れる（表7.4）。

　自動車であれば、ワイヤハーネスと呼ばれる部材がある。2020年にはベトナムが日本のワイヤハーネス輸入元の43％を占める供給国となった。中国からベトナムへの生産シフトが進んだが、今回のような半導体ショックが起きた場合に、すぐさま代替調達を進めることができるかは不透明だ（図7.10）。

　このような半導体不足に対して、トヨタではグループ内で、長期契約で調達する仕組みを整えるなど、生産体制や供給網の立て直しを進めている。アップルで

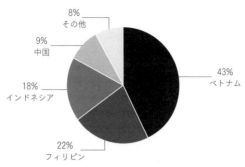

図7.10　日本のワイヤハーネス輸入元

出所）稲島剛史・River Davis・Quynh Nguyen「トヨタショックでもろさ露呈、自動車業界のサプライチェーンに転機」Bloomberg

は iPhone の組立業務を台湾の EMS 大手、鴻海精密工業に依存しているため、製造拠点集中のリスク回避を目指し、インドでの生産拡大を進めている。

　世界経済の不透明感が増す中で、メーカーは設備投資を抑え、供給体制を絞っており、需要が増えたとしても供給が簡単には戻っていない。一部半導体セグメントでは供給が改善されているようだが、車載用半導体のように、2023年1月において未だ不足しているセグメントがある。シリコンサイクルという言葉が表すとおり、供給不足と過剰を繰り返す半導体のように、需給ギャップが当面埋まらないと想定したうえで、打てる手を考えるべきであろう。

　マルチソース（複数社購買）やサプライチェーン再構築の必要性が求められているが、外国貿易法や輸出貿易管理令の法的対応、合弁事業との取引形態対応、取引先との情報管理、外国為替対応、製品品質の担保、物流網の再構築、生産拠点の分散化・集中化など検討しなければいけないことが山積している。少なくともいえることは、現体制の維持では企業調達力の後退を意味する。将来にわたってサプライチェーンを柔軟性のあるものにどうしていくかは、全社をあげて取り組むべきだ。

7-3　調達オペレーションのDX

調達オペレーションの変革

　ここまででも触れてきたが、調達部門には膨大な調達業務が存在する。役割や機能を明確化し、業務オペレーションの標準化を推し進め、そのうえで付加価値の低い業務について改善を進めるべきだ。最近ではBPO[24]というアウトソーシングのサービスも登場している。自社にとって付加価値の低い業務を見極め、BPOを活用することは時には有効である。

　自社周辺システムとのリアルタイムな情報連携を進め、ハンドリング業務を極限まで最小化し、リアルタイムに最前線の情報がキャッチアップできるような自動化の仕組みを構築すべきである。また、自社外の企業との情報連携も重要になってくる。特許技術や製造プロセスなど機密性の高い情報を保護するという理由から情報をクローズにすることがあるが、今後は様々な人や情報が関わり合い、価値の高い技術やアイデア・製品が共有されていることが望ましい。取引情報など改ざん困難な形で分散的に記録するブロックチェーン技術などの活用で技術的な課題はクリアできる。1つのプラットフォームで情報を取得し、管理し、そこを起点とした情報連携が中心だったものから、サプライヤー間での情報交換もできるようになってくる。このような動きは業界全体で行うべきであり、欧州ではCatena-Xが自動車産業のオープンなデータエコシステムにチャレンジしている[25]。

　BCPの観点からも、情報を閉じるのではなく、サプライヤーまでの情報開示や連携を進め、平常時から災害時までコミュニケーションを迅速に行える体制を構築する必要がある。例えば地震などの大災害では、日本国内のみで情報連携がされていても意味がない。代替調達先の検討など、調達部門はグローバルな視点で対策を進めていくべきである。このように従来型の調達業務から今後の調達への転換を図らなければいけない（図7.11）。

　調達業務／調達品の可視化、業務標準化や自動化の進んだモノづくり産業では、より付加価値の高い業務にフォーカスできるようになる。高付加価値部品の調達、VA[26]/VE[27]、グローバル調達、価格パラメータ（価格感度メーター）分析[28]、原価積み上げ分析[29]、サプライヤー工程改善など調達における高付加価値業務は山積している。調達部門がこれらの活動にシフトしていくことが、サプライチェ

図7.11　調達業務の変化

従来型の調達　　　　　　　　　今後の調達

・原価低減の価格交渉　　　　　　・SRM、VA/VE 活動
・要求元の納期遵守活動　　　　　・需要予測、BPO 活用、調達 DX
・内部統制、コンプライアンス　　・SDGs 対応、サステナビリティ対応
・SCM 構築　　　　　　　　　　・レジリエンス対応（強靱性）

ーンを強化することになる。調達品の中でも加工品と呼ばれる領域でサプライチェーンを変革しようとするスタートアップの事例を紹介する。

◇◇◇◇◇◇◇◇◇◇　**事例　キャディ株式会社の製造業 DX　未来に生きる調達**　◇◇◇◇◇◇◇◇◇◇

　キャディ株式会社（以下、キャディ）は、「モノづくり産業のポテンシャルを解放する」をミッションに、世界最大の産業である製造業において、モノとデータをコアとした新たな仕組みでサプライチェーンの変革を志す、日本発のスタートアップとして2017年に設立された。

　個社の課題解決に閉じずに産業構造全体へのインパクトをもたらすことを見据え、製造業における製造・供給に必要なもの、具体的には、図面や品質の仕様などの標準化を進めている。

　加工品製造サービス「CADDi MANUFACTURING」[30] と、図面データ活用クラウド「CADDi DRAWER」[31] の 2 つを事業の柱とし、製造業サプライチェーン全体を上流と下流の両方から変革を行い、グローバルでポテンシャルを持った会社が適切に成長していくことができるインフラを作ることに挑戦している（図7.12）。

　「CADDi MANUFACTURING」は、顧客であるメーカーから図面を預かり、世界中のサプライパートナーである加工会社とともに、加工品の製作・納品までを行うサービスを展開している。リリース当時は 7 秒見積というサービスで話題となった。この事業を拡大するには、図面の標準化が必要不可欠だ。加工図面は各社によってフォーマットが異なり、設計や仕様が異なる。この結果、加工品製作は過去からの付き合いがある会社に依存してしまう。これでは、図面データの共通化が図れず、サプライチェーン全体で見た際には柔軟性が損なわれてしまう。そこで、キャディではこの異なる図面データの仕様を標準化するための翻訳システムを開発しており、さらに原価計算のアルゴリズムとも組み合わせている。こ

図7.12　2022年キャディ事業一覧

2つの事業で、サプライチェーン変革を支援

サプライチェーンにまつわる上流・下流のデータを相互に補完し合う

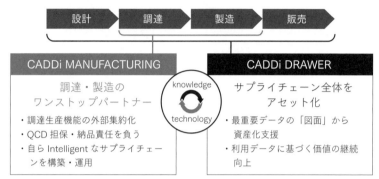

出所）加藤／キャディCEO「キャディ、アメリカに進出します」(https://note.com/yushirodesu/n/n8e1dd6b2f140)

の標準化・共通化を行うことで、サプライチェーン全体に柔軟性が生まれ、製造業全体の生産性があがると考えている。

　2022年には「CADDi DRAWER」という図面データ活用による調達原価削減・図面検索工数削減を実現するクラウドサービスをリリースした。図面データは大手製造業であっても、紙データでの保管、手書き図面・2D図面・3D図面が混在するなど、必要な図面を誰もがすぐに見つけられる環境でないことが多い。

　これに対し、図面データを独自のアルゴリズムで自動解析することにより、図面に記載されている寸法、記号、テキスト等の情報を構造化されたデータとして蓄積することを始めた。形状の特徴をもとに、過去の図面群から必要な図面を簡単に検索できる「類似図面検索」の機能を搭載している。これにより、過去の類似図面と発注データを参照することで調達原価の削減が可能となっている。

　日本の製造業のメーカー・サプライヤー間の取引において、品質をはじめとした要求水準が定義・言語化されず、長年の擦り合わせによる経験・暗黙知に支えられているケースが多くあり、委託・供給先の変更には大きな負荷が伴う。製造業の産業全体における継続性を担保するにあたり、属人化の解消や暗黙知の形式知化など様々な課題がある。今回ご紹介したキャディのサービスはこれら課題を解決する可能性のあるサービスである。

今後の調達部門で求められる人材

　7章の最後に、調達部門に適した人材について述べておく。調達部門で働く社員には、様々な利害関係者との調整や製品コスト、製品品質に対する責任など、会社から大きな期待を寄せられている。そのため、調達部門で働く社員には、倫理観がある、数字に強い、全体を俯瞰できバランス感覚がある、フットワークが軽い、戦略眼がある、といった資質を求められる。資源のない日本にあって、資材調達する仕事はまさに日本国の調達代行業務と言っても過言ではない。サプライチェーンのど真ん中を支える、高い志を持った調達人材が増えていくことを期待している。

7章のポイント

➤ 調達は①品質、②購買価格、③納期、④安定的な納入という4つの観点で管理するのが基本であり、これらが商品自体の価値や満足度の高い顧客体験を支えている

➤ グローバルに拡大するサプライチェーンにおいて、環境汚染や人権侵害のリスクに対応する必要があり、サプライヤーと協同していくためのサプライヤーリレーションシップマネジメント（SRM）が重要になっている

➤ サプライヤーとの情報連携を進め、調達業務におけるハンドリング作業を自動化していくことで、調達担当者は高付加価値部品の調達や原価分析、サプライヤーの工程改善支援など、より創造的な活動に注力していくことが目指されている

7章の内容をより深く学ぶために

上原修（2007）『購買・調達の実際』日経文庫。

坂口孝則（2021）『調達・購買の教科書　第2版』日刊工業新聞社。

村上三平・杉本大地（2011）『最適解を導く調達戦略フレームワーク——何を？誰から？どう買うか？』日刊工業新聞社。

注

1）「米税関、ユニクロシャツの輸入差し止め　ウイグル問題で」『日本経済新聞』2021年5月19日付。

2）ファーストリテイリングホームページ（https://www.fastretailing.com/jp/）より。

３）ファーストリテイリング「生産パートナーリスト」(https://www.fastretailing.com/jp/sustainability/labor/list.html)。

４）大きな販売力を背景とした大きな購買力や仕入力のこと。

５）ボストンコンサルティンググループ「サプライチェーン強靭化に向けたハンドブック」2022年2月7日 (https://www.aots.jp/application/files/5916/4801/9719/Supply_Chain_Resilience_Handbook_JPN.pdf)。

６）トヨタ自動車「トヨタ自動車75年史」(https://www.toyota.co.jp/jpn/company/history/75years/data/automotive_business/production/purchasing/overview/index.html)。

７）海外の取引相手と商品売買を行う際などに為替変動によって利益や損失が発生するリスクがあり、この為替リスクをヘッジするため為替予約を行う。為替予約とは決まった期日に取引する通貨の種類と値段の売買を銀行に予約すること。為替予約により、取引当日の相場が変わっても、前もって予約しておいた相場で売買を行うことができる。三菱UFJ銀行「外貨預金の為替予約」(https://www.bk.mufg.jp/tameru/gaika/service/kawaseyoyaku.html) より。

８）アジルアソシエイツ「『購買係心得帳／壊れ窓を作らない』」(http://www.agile-associates.com/2008/11/20081128.html)。

９）林健二 (1991)「VAN (付加価値通信網) の現状と将来展望──I. 通信処理と情報処理を融合するVAN」『電氣學會雑誌』111巻11号、pp.893-897。

10）坂口孝則 (2013)『調達・購買の教科書』日刊工業新聞社。

11）「第12回 競争原理の仕組みを導入することが、適正取引の第一歩」日経クロステック、2009年10月19日 (https://xtech.nikkei.com/it/article/COLUMN/20091007/338510/)。

12）クラウンERP実践ポータル (https://www.clouderp.jp/) を筆者一部修正加筆。

13）販売数量・機会の多い商品であるヘッド商品と対局をなす概念である。元来、販売数量・機会の少ない死筋商品を指していた。販売品目をグラフ化した際に、恐竜の尻尾 (テール) のような形状に見えることからロングテールと呼ばれる。

14）経済産業省「令和元年度電子商取引に関する市場調査」公表資料、p.3、2020年7月22日 (https://www.meti.go.jp/policy/it_policy/statistics/outlook/200722_new_kohyoshiryo.pdf)。

15）アスクル「ビジネスモデル」(https://www.askul.co.jp/kaisya/business/model.html)。

16）生産設備の保守 (Maintenance)、修理 (Repair)、稼働 (Operation) の略。これらに必要な工具や治具、消耗品、補修用品などを指す。

17）2016年公表のゴールドマン・サックス・グローバル調査部調査より。

18）モノタロウ「トップメッセージ」(https://corp.monotaro.com/topmessage.html)。

19）Leaner Mag「SRMとは？戦略的ソーシングを実現するために重要な理由と活用方法」

2022年1月26日（https://mag.leaner.jp/posts/3326/）。

20) SAP インテリジェントスペンド事業本部マーケティング「SAP の調達・購買ソリューションでプロセス変革に取り組む国内企業の選択と戦略 – 日東電工（Nitto）様」SAP ジャパン公式ブログ、2023年1月17日（https://www.sapjp.com/blog/archives/47136）。

21) 2001年に英国の小売業者や監査会社を中心に設立した NPO 会員組織。自社およびサプライチェーンを含む社会・環境面に配慮した責任ある事業慣行の推進を目指し活動しており、現在、世界150カ国、35以上の業界で50,000以上の企業や組織が Sedex の会員となっている。

22) 大手小売・食品企業が参画し、「①取引先が多種多様な監査や認証を何度も受ける負担を軽減すること」、および「②グローバルサプライチェーンにおける企業倫理の向上」を目的として策定された Sedex 独自の監査スキーム（https://www.sedex.com/ja/ ソリューション / smeta-audit/）。

23)「トヨタ、レクサスを受注制限 半導体なお不足」『日本経済新聞』、2023年1月19日付。

24) ビジネスプロセスアウトソーシングの略。企業活動における業務プロセスの一部について、業務の企画・設計から実施までを一括して専門業者に外部委託すること。日立製作所が海外を含んだ BPO 活用で大きなコスト削減に成功している。

25)「自動車の脱炭素、供給網データ連携で『カテナX』始動」『日本経済新聞』2023年1月23日付。

26) Value Analysis の略。すでに使用している製品を再度見直し、図面や仕様書変更、製造方法の能率化、発注先変更などを行い、品質を維持しつつコストを低減する活動のこと。

27) Value Engineering の略。設計段階から、図面や仕様書変更、製造方法の能率化、発注先の変更などを行い、コストを低減する組織的な活動のこと。

28) 価格への影響が大きいパラメータと価格の相関から外れ値を特定するための分析。この分析結果から改善活動を行う。

29) 仙石惠一「購買業務の要点（その4）原価積み上げでの価格設定」ものづくりドットコム、2016年11月29日（https://www.monodukuri.com/jirei/article/441）。

30) キャディ「CADDi MANUFACTURING」（https://caddi-inc.com/manufacturing/）。

31) キャディ「CADDi DRAWER」（https://caddi-inc.com/drawer/?utm_source=yahoo&utm_medium=cpc&utm_campaign=brand_search&yclid=YSS.1001266654.EAIaIQobChMI8qu95_2F_QIVGDUrCh0kDgS_EAAYASAAEgLyxfD_BwE）。

※いずれの URL も最終アクセス日は2023年4月10日。

8章

現場力と先端技術で進化する生産マネジメント

大久保　寛基

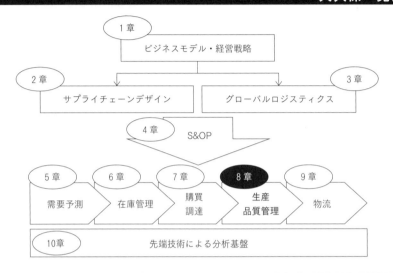

　日本の製造業は現場が強いといわれています。実際、様々な業界で製造の現場を担う方々と話をすると、プロフェッショナルならではの知見やスキルを駆使した高度なオペレーションを目の当たりにします。これから重要になるのが、組織として高度なパフォーマンスを維持していくことです。もちろん、後任の方が実務の中で学んでいくことが重要ですが、成長スピードを高めるために、標準的な知識を持っておくことが有効です。

　本章では生産管理の基礎知識を知るとともに、日本の製造現場がどのようなことを意識し、活動してきたのかを学びましょう。IoT や AI で、製造現場もシステム的な高度化が進んでいます。しかし、これを各社での成果につなげるためには、現場オペレーションの理解が必須です。生産管理の標準知識、各社のオペレーション、先端技術の3つを掛け合わせることで、イノベーションをリードできる人材を目指してください。

8－1　生産管理の基礎知識

生産管理の目的と対象

　工場をイメージする際、ベルトコンベヤで流れてくる部品を組み立てる作業者や、工作機械やロボットが稼働している姿を想像することが多いのではないだろうか。しかし実際には工場を円滑に動かすために、管理部門で働くスタッフも重要な役割を果たしている。ここでは、工場の管理部門の役割や、業務における管理対象、目的について説明する。

　工場を円滑に動かす管理は生産管理と呼ばれるが、この目的は企業の利益獲得のための売上増加や原価削減につながる生産目標を効率的に実現することである。ここでいう生産目標は、品質（Quality）、原価（Cost）、納期・納入（Delivery）の要素で構成される。

　生産目標においてよく数値で表現される「生産量」や「生産リードタイム」は、納期・納入の内訳として説明できる。顧客に求められた納期を守るためには、納入すべき数量を適切なタイミングで生産をする必要があるからである。これを実現するときに、ムリ、ムダ、ムラがあっては良い職場とはいえない。そこで、ムリ、ムダ、ムラのない効率的な職場であることも重要な要素になることから、生産性（Productivity）も生産管理の重要な要素になる。

　その他、工場で働く作業者の環境が安全で働きがいのあるものにすることも重要であり、安全（Safety）とモラール（Morale）も重視される。これら6つの要素の頭文字を使いPQCDSMEと呼ぶこともある。さらに近年では環境負荷削減の要素（Environment/Ecology）も生産目標に含まれるようになってきている。

　これらの中でも特に生産性は、生産管理をするうえで重要であり、これを高めるには、できるだけ少ないInput（投入リソース）で、できるだけ多くのOutput（生産量）を出せるようにすることが求められる。

　　　　生産性　＝　Output（生産量）÷　Input（投入リソース）

　工場で投入されるリソースには、

- 作業者
- 設備

表8.1　PQCDSME の整理

Productivity（生産性）	できるだけ少ない Input（投入リソース）で、Output（生産量）をできるだけ多くすること。
Quality（品質）	要求仕様で設定された品質の製品を生産すること。不良率を下げること。
Cost（原価）	ムダを減らし、安いコストで製品を生産すること。製造原価を下げること。
Delivery（納期・納入）	顧客が必要とする納期に合わせて、必要な量の製品を生産すること。
Safety（安全）	作業者の労働負荷が軽減され、労働災害や事故がない、安全な職場にすること。
Morale（モラール）	良い職場環境を作り、働きがいを持って仕事ができるようにすること。
Environment/Ecology（環境負荷削減の要素）	環境に負荷をかけない工場を設置し、環境負荷の少ない製品を製造すること。

- 材料
- 方法
- エネルギー

などが挙げられる。

　生産管理で PQCDSME の要素が含まれた目標を達成するためには、管理する対象を適切にコントロールするのが有効だ。工場においては多様な管理対象があるが、大きく分類すると「作業者（Man）」、「設備（Machine）」、「材料（Material）」に分けられ、3M とも呼ばれる。さらに「方法（Method）」を含めて、4M を重要な管理対象とする企業もある。これらの適切な運用が生産性を高める（表8.1）。

　顧客からの要望が一定ではないように、生産目標は常に一定ではない。また、工場の職場でも作業者の勤務状況の変化や設備の異常発生などがあり、管理対象も一定ではない。つまり、変化し続ける管理目標と対象に適応する必要があり、それを実現するためにフレキシビリティ（柔軟性）も重要になる。ここでいうフレキシビリティとは、生産目標の変化に追従して生産計画を短時間で変更できたり、計画変更に合わせて作業者や設備などのスケジュールを容易に変更できたりすることを指す。

　そして生産目標の達成が、顧客満足につながる必要がある。これには顧客の要求に応えることが重要だ。顧客からの注文に基づいて生産する場合であれば、確

図8.1　PDCAサイクルと管理水準

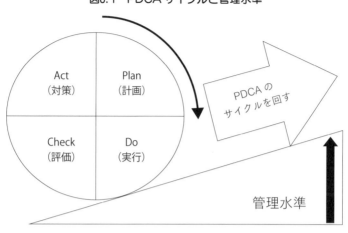

実に受注内容に合わせる。受注前に見込みで生産する場合であれば、需要予測や
営業・マーケティング活動などを考慮して決められた生産目標を達成することが
重要になる。

生産管理を構成する各種活動の概要

　生産管理部門で働くスタッフは、どんな業務を担っているのだろうか。工場の
現場で製品を作る作業をしているスタッフに、その日に実施すべき内容をきちん
と伝えないと、生産目標は達成できない。生産管理の担当者は、目標を達成でき
る生産計画を立て、生産現場のスタッフに伝えなければならないのだ。

　また、計画を立てるだけでなく、計画どおりに作業が実施できたかも把握する
必要がある。もし作業遅れなどがあった場合、次の日の計画が実行不可能になる
かもしれない。このような問題が起きないように、生産管理の役割を理解するこ
とが重要だ。

　管理活動の基本は、生産管理に限らず、PDCAサイクルを回していくことだ
（図8.1）。PDCAサイクルとは、計画（Plan）、実行（Do）、評価（Check）、
対策（Act）を繰り返し実施することである。サイクルの中に、対策（Act）が
含まれていることから、PDCAサイクルに基づく管理活動を継続することによ
って、計画を実施できないような不具合事象への対策をしていくので、現場の管
理水準や現場業務が向上していく。

　計画（Plan）は、名前のとおり、生産目標を達成できる製造を実施するために、生産計画を立てることである。計画すべき内容は、職場の特性によって異なるが、注文の納期に間に合わせるように生産のスケジュールを立てる日程計画や、作業者の負荷である人的稼働時間（マンアワー）や設備の稼働負荷である設備稼働時間（マシンアワー）について考えながら作業を割り当てる工数計画がある。他にも、材料の購入を考える調達計画や人員の手配も生産計画に含めてもよい。

　実行（Do）は、計画を実行させる機能であり、統制の機能ともいえる。計画通りに、作業者や設備を運用するための機能であり、具体的には、作業者に指示をしたり、設備に実行命令を送信したりする機能である。製造実行システム（MES：Manufacturing Execution System）には、実行（Do）の機能が含まれている。

　評価（Check）は、計画と実際の差を把握する。製造の進捗管理や、設備の稼働管理が含まれ、計画と実際に差がある場合、その理由を分析することも含まれる。悪い現象を埋もれさせずに「見える化」する活動だ。評価（Check）の活動においては新技術の活用が進んでおり、RFID（Radio Frequency Identification）の活用や、センサー機器と組み合わせた IoT 技術の活用によって、詳細でリアルタイムな製造現場の状況把握ができるようになってきた。例えば日本ミシュランタイヤはヤマト運輸と組んで、RFID を使ったタイヤ1本ずつの個体管理を開始した[1]。これにより、先入先出を徹底し、廃棄処分になるタイヤの極小化を目指している。

　対策（Act）は、評価（Check）によって不具合事象が見つかった場合に、それを取り除き、再発を防止する活動である。改善活動の詳しい説明は次節で行うが、進化した評価（Check）によって、改善すべき欠点が見つかりやすくなったため、欠点を放置せず改善を行えば、管理水準は向上していく。

　生産管理において、具体的な計画機能や実行機能（統制機能）にどのような種類があるかを図8.2に示した。生産計画機能には、手順計画、工数計画、日程計画などがあり、生産統制機能には、作業者に作業割当を行う機能や、生産の進捗管理を行う機能がある。生産管理に使われる計画や実行のための機能は、工場の特性や、生産する品目の特性などによって異なる。

生産管理における計画機能

　生産管理で作成すべき計画は多種あるが、毎日の作業により直接的に関係する

図8.2　生産管理における計画機能と実行機能

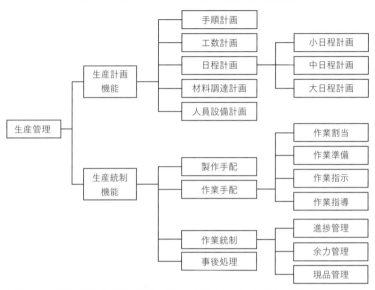

出所）中央職業能力開発協会編著、渡邉一衛監修『ビジネス・キャリア検定試験標準テキスト　生産管理　BASIC 級』社会保険研究所、2016年、p.45を参考に筆者作成

日程計画について説明する。この計画は顧客に約束した納期を守るために重要であり、さらに顧客からの要求品質の確保や原価低減にも関係してくる。

　日程計画には、大日程計画、中日程計画、小日程計画がある。それぞれの計画をどのような時間単位で運用するかは企業によって異なるが、一般的な例を説明する。大日程計画では、半年から1年の期間で計画が立てられ、年間生産予定量のような年単位の生産計画や設備、材料の長期的な購買計画などが立てられる。大日程計画は、長期間かつ計画範囲が広くなることから、工場だけでなく、技術開発、営業、購買などとも連携して立案される必要がある。

　中日程計画は、1カ月から3カ月程度を対象とし、生産品種と生産量を納期に合わせて確定させ、部品製作や外注部品調達の日程を決めることである。中日程計画は、納期管理や稼働管理において重要な計画である。

　小日程計画は、日々の作業内容を決めることである。最適な計画を作成するために、各種スケジューラが市販もされており[2]、それらを用いて作成されることも多い。

　しかしながら、特急の仕事の割り込みや作業ミスによるやり直し、作業時間の

表8.2　大日程、中日程、小日程計画

	計画期間	計画単位	計画対象	計画の目的と内容
大日程計画	半年 〜1年間	週〜月	事業部別 工場別	販売計画を達成するために、工場全体の生産品種や生産数量、製造原価を決定する 【計画内容の例】 ・量産移行計画　　・設備投資計画 ・人員計画　　　　・サプライヤー選定
中日程計画	1カ月 〜3カ月間	日〜旬	工場内の製造部門別 工程別	生産品種と生産量を納期に合わせて確定させ、部品製作や外注部品調達の日程を決める 【計画内容の例】 ・内製部品製作や最終組立の着完日の設定 ・購入部品や外注部品の購買指示
小日程計画	1日 〜10日間	時間〜日	製造現場の班別 個人別	材料調達や工程の進捗などを考慮し、機械別・作業者別に、作業予定を決める 【計画内容の例】 ・機械別、作業者別に、各作業の開始と終了の時刻を設定する

出所）中央職業能力開発協会編著、渡邉一衛監修『ビジネス・キャリア検定試験標準テキスト　生産管理　BASIC級』社会保険研究所、2016年、p.45注を参考に筆者作成

不安定性など、スケジュール通りに実行できない要素は多数ある。スケジュールを作る際は、用意された情報に基づき最適な計画を作るが、そのとおりに実行できるとは限らないことに留意が必要だ。

　そのため、生産管理機能で綿密な計画を立てずに、現場に作業の着手順序決めを任せる場合もある。そこで用いられる最もシンプルな作業順序の設定方法がディスパッチングルールである。このシンプルな方法が適しているのは、管理者が進捗を逐次把握できる小規模職場である。

　ディスパッチングルールには2種類ある。1つ目は、各設備で作業をどのような順序で行うかを決めるルールであり、代表的なものには、所要時間の短い作業を優先するSPT（Shortest Processing Time）ルールがある。

　2つ目は、ある作業を実行可能な設備が複数ある場合に、どの設備で実施するかを決めるルールである。製品設計の段階で作業する設備を決める場合が多いが、性能差の少ない設備がある場合は必要になる（表8.2）。

資材所要量計画（MRP：Material Requirement Planning）

　いくら良い計画を立てても、必要な材料や部品が揃っていないと生産をするこ

とはできない。よって、生産目標に基づく生産計画を実行するために、スケジュールに合わせて各工程で必要な材料を用意しないといけない。そのためには、工程で必要な部品の数量と、これが必要とされるタイミングを決めないといけない。それを決めるのが資材所要量計画（MRP）である。

　MRPでは各期の生産量が記述されたMaster Plan Schedule（MPS）から、各期における必要な部品量が決まる。MRPでは連続した時間を「期（タイムバケット）」に区切って管理し、タイムバケットの単位は、日、週、月などが、生産や需要の状況に応じて決められる。

　MRPで部品量を決める際に使われるのが、部品表（BOM：Bill of Materials）である。部品表には、製品（独立需要品目）とその製品を製造するために必要な子部品（従属需要品目）が記載されている。子部品はさらに孫部品で構成され、それが階層的に表現されるため、製品構造によっては部品表がとても複雑になる。製品が独立需要品目と呼ばれ、子部品や孫部品が従属需要品目と呼ばれるのは、生産する製品数はMPSで決まっているが、その製品を作るために必要な子部品や孫部品の数は、独立需要品目の製品数に従う形で算出されるためである。

　部品表の例を図8.3に示した。この部品表では、独立需要品目である製品Xについて部品Aが2個、部品Bが1個、部品Cが1個、部品Dが4個で構成されていることがわかる。また、部品Cは、部品Fが1個と部品Gが10個で構成されていることがわかる。部品AからGまでが従属需要品目になる。（　）で示されている数値は補充リードタイムであり、その製品や部品が消費されて減った際に、新たに補充すべく指示を出してから、実際に補充されるまでに必要な期間である。

　例えば、製品Xの補充リードタイムは（1）であるので、生産に必要な部品A～Dが揃っていれば、1期で補充することができる。それに対して部品Aの補充リードタイムは（2）なので、補充の指示をしてから補充までには2期かかる。部品Aにはその子部品が部品表にはない。これは例えば、部品がその工場内で生産されるのではなく、部品会社などから購入するといった場合である。

　独立需要品目の製品の必要量に基づいて、従属需要品目の必要数を計算することが、部品所要量計算である。部品表が大規模であるほど、計算量が多くなるため、計算機の利用が不可欠となる。部品の所要量計算をする際、計算に必要な部品在庫の保有量など、データの精度が重要になる。実際に保管されている部品量と計算に用いられる部品量の数値が異なっていたら、いくら計算の仕組みがよい

図8.3　製品Xの部品表の例

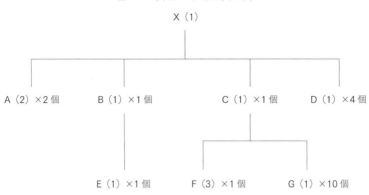

注）（ ）内の数値は補充リードタイム

としても間違った数値になる。その間違いによって、部品不足で生産が実行でき
なかったり、過剰な部品在庫を保有することになってしまったりする。さらに、
必要とされる部品量を計算できたとしても、その生産能力があるかも問題になる。
そのため、単なる資材計画としてのMRPから、生産能力や作業計画なども考慮
したMRPへと発展し、さらに、販売計画との連携や生産管理システム、会計シ
ステムとも統合されたMRP II（製造資源計画：Manufacturing Resource
Planning）へと発展した。

8－2　現場力が支える生産管理と品質管理

作業管理と改善活動

　生産管理のパフォーマンスは、現場の能力に依存するところもある。決められ
た計画を確実に実施し、事前に想定できない不具合への対応などにも臨機応変に
対処してくれる職場は、能力が高いといえる。また、工場を費用だけが増えてい
くコストセンターとみなすこともあるが、それは会計的に捉えた一面であり、ビ
ジネス的にはプロフィット（利益）を生み出す源泉（プロフィットセンター）と
捉えた方が適切だと考えている。この考え方の場合、現場の能力が高いことがプ
ロフィットの増加に貢献する。ここで現場の能力が高いとはどのようなことか考
えてみたい。

　ある一定期間における生産量が多いほど工場の生産能力が高いことになるが、工場の規模が大きければ（設備台数や作業者数が多ければ）、それは実現できる。しかし1日当たりの生産量が同じなら、工場の規模が小さい方が能力は高いといえる。

　ここで重要になるのが「現場力」である。生産管理に必要とされる現場力は以下の2つと定義する。

① 計画された内容を確実に実施する力（遂行力）
② 計画された内容に不備があったり外乱があったりしても、自分たちで対処しながら目標に到達させる力（補正力）

　①遂行力や②補正力を高めるためには、作業管理が重要になる。作業者や設備が行う内容を把握し、作業ミスや非稼働時間などの価値を生まない時間をできるだけ減らそうとする管理である。作業管理で重要なのは作業改善だ。計画内容と実際の差を把握することで、その差を埋めるための改善をし、遂行力が高まる。また、これを現場の作業者が実践することによって補正力も高まる。

　作業改善を行う際、作業分析による現状把握が重要であり、その際に用いる手法がIE（Industrial Engineering）手法である。IE手法には、動作分析、工程分析、稼働分析などがあり、改善の目的に合わせて使い分ける。表8.3に代表的なIE手法を示した。

　原材料から完成品への製造プロセスを分析する際には製品工程分析が使われる。また、職場や生産ラインにおける投入量の累積と出力量の累積をグラフ化し、職場内の仕掛品量の傾向を分析する際には、流動数分析を使う。個々の作業者がどのような作業や製造プロセスを担当しているか、その作業順序を分析する際は作業者工程分析が使われ、作業者を動作レベルで分析する際には動作分析を使う。さらに、作業者だけでなく設備の稼働状態を把握する際には稼働分析が行われ、作業者や設備をマンツーマンで重点的に分析するのが連続稼働分析であり、抜き取り検査のような考え方で稼働状態を分析する場合には、ワークサンプリングが使われる。

　ワークサンプリングとは、職場で仕事が行われている状況を常時分析するのではなく、ランダムなタイミングで観測した結果から、全体の状況を推測する方法である。分析の精度は下がるが、効率はよい方法だ。

　また、改善活動を行う際、重要なキーワードは「作業標準」である。適切な作

表8.3　改善活動に用いる IE 手法

分析対象	分析手法の例	分析手法の概要
原材料から完成品への流れ	製品工程分析	工程について、部品から製品になるまでのモノの流れに着目して分析する
	流動数分析	モノの流れを流動数（インプット累積量とアウトプット累積量）で捉え、時間経過との関係を流動数曲線[注]で分析をする
作業者	作業者工程分析	一連の作業者の行動を対象とし、作業順序に着目して分析する
	動作分析	最適な作業方法を求めるために、作業者が行うすべての動作を分析する
作業者・設備	連続稼働分析	作業者または機械設備の稼働状態を長時間わたって、連続的に分析する
	ワークサンプリング	作業者または機械設備の稼働状態を行動分類に従って、長時間にわたり瞬間的な度数を使って分析する

注）流動数曲線とは、横軸に時間軸をとり、縦軸に計画や実績の累積値を表示するグラフ

業標準が決まっていれば、その標準とのズレを把握することで、改善すべき点を見つけることができるからである。その作業標準も常に同じである必要はなく、より良い作業標準へ変化させていく必要がある。

　改善アイデアを作る際に、重要なのは、「ECRS の原則」を用いることである。ECRS の原則とは、排除（Eliminate）、結合（Combine）、交換（Rearrange）、簡素化（Simplify）のことであり、実施する改善手段の候補を考えるのに有効な視点になる。作業現場を改善できる能力を、作業者も含めて高めていくことは重要であり、この能力が高い職場は、現場力、つまり①遂行力と②補正力が高い職場であるといえる。

品質管理活動

　日本の製造業の躍進を支えてきたのは、製品品質を高め、世界の顧客の信頼を獲得してきたことなのは疑う余地もない。その品質向上を支えてきたのが品質管理である。品質管理の具体的な活動は、第一線の職場で働く人々が継続的に製品・サービス・仕事などの質の管理・改善を行う小グループ、QC（Quality Control）サークルに代表される製造現場の活動であり、それを全社的な活動に展開したのが TQC（Total Quality Control）活動である。現在はさらに発展して総合的品質管理となり、TQM（Total Quality Management）と呼ばれ

ている。

　QC活動は、大きく分けて2つの活動があり、

（1）不適合品を顧客に納入する前に見つける検査の活動

（2）各現場で不適合品を出さないようにする品質改善活動

である。

　前者の検査の活動では、全数検査によって不適合品を見つける方法もあるが、抜き取り検査によって、不適合品を見つける方法もある。抜き取り検査で不適合品を見つける際には、抜き取るサンプル数を決めるのに統計学が使われるため「統計的品質検査」ともいわれる。

　近年は画像解析やセンサー技術など自動的な検査技術[3]が発展しているため、全数検査が実施しやすくなっている。また、データを活用することで、さらなる信頼性の確保と説明性の向上を実現してきた。この統計的品質管理は、データサイエンスの実践的な活用例ともいえる。近年注目されているデータサイエンスは、品質管理の活動においてはかなり前から実践されているのである。

　後者の各現場で不適合品を出さないようにするための品質改善活動においては、QC7つ道具の活用が有効である。QC7つ道具は、

　①　パレート図

　②　ヒストグラム

　③　散布図

　④　管理図

　⑤　層別

　⑥　チェックシート

　⑦　特性要因図

である。

　実際、製造現場においてはQC7つ道具を活用するためのデータを収集し、不具合原因を詳細に把握・分析することによって品質改善活動を行う。また、定量的に収集できるデータだけでなく、熟練技術者の経験則、ノウハウの活用も重要である。定量化しにくいノウハウのような定性データを活用する際は、新QC7つ道具の利用が有効である。新QC7つ道具には、

　①　親和図法

　②　連関図法

　③　系統図法

　④ マトリックス図法

　⑤ アローダイアグラム

　⑥ PDPC 法

　⑦ マトリックスデータ解析法

がある。

　熟練技能の継承や、徹底的な原因調査に基づくトラブルの再発防止などには、こうしたツールを使った情報の整理が役立つ。ときどき発生する製品の品質不正問題は、広い意味では品質管理の問題であるが、検査や測定技術が未熟であったり不完全であったりすることが原因である場合や、組織運営や倫理的な問題が原因である場合があり、原因の精査は重要である。

◇◇◇◇◇◇◇◇◇◇◇◇◇◇◇◇◇◇◇◇ **事例　品質不正問題** ◇◇◇◇◇◇◇◇◇◇◇◇◇◇◇◇◇◇◇◇

　近年、様々な業界で品質不正の問題が起きている。この品質不正を引き起こしている要因と品質管理の関連性は注意深く考える必要がある。品質不正は、検査プロセスで不適合品と判定されながら偽装や改ざんによって適合品と認定され、顧客企業に納入されてしまうことだ。

　ここで着目すべきは、品質管理の検査プロセスでは「不適合品」と認定されていることだ。つまり、正しく製品検査が行われているので、技術的な問題はないことになる。正しく不適合品と認定された結果を虚偽の記載にしてしまうことは、倫理の問題といえるだろう。

　品質の管理技術が高度化したことにより、これまで判定不可能だったものについて、より高精度で不適合品を見つけやすくなったことが影響しているかもしれない。つまり、顧客からの要求品質に対し、品質が高いほどよいというわけではなく、適正なレベルを守るために、製造プロセスや検査プロセスを「見える化」していくことが重要になるだろう。

◇◇◇

設備管理の活動

　工場には多種多様な設備が配置され、運用されている。しかし突然、設備が故障し、生産を実行できなくなることはある。そのような状況をできるだけ減らすために設備管理は重要になる。つづいては設備の安定稼働を支える設備管理について理解しておこう。

表8.4　設備管理における各種保全活動

保全活動の種類	保全活動の内容
予防保全	故障のようなトラブル発生を避ける工夫を実施する
事後保全	壊れてから修理した方が経済性のある設備で、故障などのトラブル後に修理する
改良保全	設備が故障しないために、使いやすく、点検修理がしやすいように改良する
保全予防	新しい設備の設計や製作において、それまでの保全活動の情報を活用し、保全活動が少なくなる設備を開発する

　製品の品質維持を主眼とする管理活動が品質管理であるのに対して、設備稼働の安定性を高めることを目指すのが設備管理だ。全社的な品質管理活動が TQM（Total Quality Management）であるのに対して、全員参加型で設備管理を行うのが TPM（Total Productive Maintenance）である。設備管理の主な活動として保全活動がある。

　保全活動には、

　① 設備を故障させないようにする「予防保全」

　② 設備に故障が起きてからの対応である「事後保全」

がある。

　どちらも重要であるが、近年は設備不具合の予兆を高度なセンサー技術によって察知するような取り組みが増えている。保全活動には他にも、設備自体を改善することで故障を起こさないようにする「改良保全」や、信頼性の高い設備を製作することで故障を減らそうとする「保全予防」もある。これらの各種保全活動について表8.4にまとめた。

　設備の特徴や利用状況などに応じて、定期的な点検と累積稼働時間をふまえた点検を使い分ける必要がある。設備の特徴に合わせた保全活動を行うためには、平均故障間隔（MTBF：Mean Time Between Failure）や、平均修理時間（MTTR：Mean Time To Recovery）などの指標を参考にすることも重要だ。

MTBF：故障から次の故障が起きるまでの平均的な時間間隔であり、止まることなく連続稼働できる期間の平均値

MTTR：故障が発生してから修理が完了するまでの期間の平均値

　故障や修理に関する実績値を使うことで、適正なメンテナンス計画を立てるこ

とができる。設備故障を起こさないための点検やメンテナンスは重要であるが、これらにもコストがかかるため、コスト低減の工夫や努力をしなければならない。

　さらに設備管理においては安定稼働だけでなく、設備を有効活用できているかも重要である。設備の稼働状態を把握する指標に稼働率があるが、これは稼働可能な時間に占める実稼働時間の割合であるため、極端な話、ゆっくり仕事をして作業に時間をかけるほど稼働率は高まってしまう。そこで設備総合効率（OEE: Overall Equipment Effectiveness）という指標を使って、管理することが有効になる。OEE とは、可動率（Availability）、性能（Performance）、品質（Quality）という 3 つの測定可能な要因で構成される。

$$OEE = 可動率 \times 性能 \times 品質$$

　可動率：稼働予定時間のうち実際に設備が稼働している時間の割合
　性能：設計上の製造速度に対する実際の製造速度の比率
　品質：全生産数に対する適合品数（良品数）の割合

OEE を用いた設備管理を行うことで、設備が有効活用されているかを把握することができる。また OEE には、設備を使い、製品が不適合なく良品として完成できたか（品質）も要因として含まれる。つまり設備自体だけでなく、生産過程を把握する現品管理[4]も重要になる。

🚛 コラム　改善活動で重要な他部門への配慮

　みなさんの職場では、改善活動は行われているでしょうか。改善活動とは、生産ラインで働く作業者がチームとなって、通常業務の終了後、より良い生産活動のための改善アイデアをみんなで考え、実践するものです。指示された内容を実行するのではなく、自ら職場を変えていきます。これは現状を変更するため、失敗した場合には逆に生産性が下がるリスクがあります。

　このような現場改善は、日本のものづくりの強い現場力を支えてきたのですが、企業によっては、期間工の雇用の増加など、雇用体制の変化などから、実施される頻度は減ってきたかもしれません。しかし変化の多い現在、改善活動を日常的に実践できれば、変化への対応力が高い理想的な職場になり、作業者の能力向上にもつながります。改めて、現場における改善活動は重要

だといえるでしょう。

　ここで大事なのは、QCDを連動して考えることです。品質向上、原価低減、納期順守は別々に取り組まれることが多いです。しかしそれぞれが他の活動に影響するため、QCDを横断した取り組みを実施することが理想です。これは部門を横断した取り組みになることも多く、自部門の改善活動による他部門への影響には気配りすることを心がけるとよいでしょう。

ディスカッション：日本のものづくりの強さ

（1）日本は「ものづくり」が強いといわれているが、具体的にはどのような状況を示しているのか考えてみよう。特に製品開発の現場と、製造現場の現場を分けながら考え、どこに「強さ」があるか（あるべきか）を話し合ってみよう。

（2）グローバルにも広がる製造業をとりまく環境は絶えず変化している。日本の「ものづくり」の環境も大きく変化し続ける中で、日本が強い「現場力」を持ち続けるためには何が必要か話し合ってみよう。

8－3　生産性向上のための生産システム

工場の特徴の違いによる生産方式の分類

　工場で製品を生産する際、作業者や設備をどのように配置し、部品をどのように流して、生産すればよいだろうか。製品は決められた製造工程を実施すれば完成するが、設備の配置、部品の流し方によって、製造の流れのスムーズさが異なり、生産にかかる時間（生産リードタイム）は変わってしまう。これは車の渋滞のように、生産量が多く、混雑している職場ほど、設備の配置や製品の流し方、つまり、生産システムが生産性に大きく影響するということを意味する。

　工場の生産性を向上させるために、様々な工夫をする。この時、製造工程に合わせた生産システムにすることが重要である。ここでは特に生産の方式について説明する。

　多種多様な製品に合わせ、生産の方式も多種多様になるが、大きな分類をすると、部品を組み合わせて完成させる組立系生産と、石油化学系の製品に代表される加工系生産がある。ここでは組立系生産の生産方式を理解することで、製品の特性に合わせた生産方式の選択ができることを理解しておこう。生産の方式は主

に、設備のレイアウトとモノの流し方、受注との関係によって説明できる。

① 設備のレイアウトと、モノの流し方による生産方式の分類

　製品がどのように作られるかによって、工場に用意すべき設備の性能や作業者に求められる能力が決まり、さらに作るべき生産量によって設備台数や作業者数が決まる。加えて、それらの設備や作業者に必要な工具や治具などを用意することもある。実際に生産をするためには、設備の位置や作業場所を決める必要もある。具体的なレイアウトを決めるには、製品がどのように作られるのか、つまり工程設計も考慮する。工場のレイアウトの代表的な例は以下のとおりだ。

- ライン生産：製品を製造するプロセスの順に設備を並べることによって、生産開始から生産完了までが直線的に進む仕組み。代表例は自動車であり、コンベヤを使った製造プロセスが構築されている場合が多い。
- ジョブショップ（Job Shop）生産：工場に用意する設備は多種多様であることが多い。そこで同一、または類似する設備でグループを作り、グループごとに配置する方法が Job Shop 生産である。製品の作り方に合わせて設備が配置されているわけではないので、「モノ」の流れは入り組んだ状況となる。代表例は機械加工職場であり、工作機械の種類ごとにまとめて配置される場合が多い。
- セル生産：セル生産とは1人、または少数の作業者グループで行う生産方式である。1つのグループが担当する作業場所を生物の1細胞に見たてて「セル」と呼ぶ。製造の職場が多数の「セル」で構成される。具体的な形態としては1人屋台生産やU字型のミニライン生産などがある。

② 品種・生産量と、モノを流す単位による生産方式の分類

　生産すべき品種と、品種ごとの生産量によって、以下のような生産方式がある。

- 大量生産：同じ製品を大量に作り続ける。生産される製品は、量産効果によって1個当たりの製造コストを下げることが可能。量産によるコスト低減効果の要因には、生産量の増加によって比例的に増えない管理コストのような、製造間接費の配賦[5]先が多くなることなどが挙げられる（詳細は後述）。
- 多品種少量生産：多数の品種を生産し、品種ごとの生産量は少ない。品種の多さや生産量の少なさについて、その度合いの基準はないため、象徴的な意味や従来との比較による説明として使われる。

- 変種変量生産：生産する品種が変化し、品種ごとの生産量も変化する。品種の変化は、生産する品種そのものが変化することや、品種の数が多くなったり少なくなったりをすることを意味している。多品種少量生産の用語と同様、特定の基準はなく相対的なものである。

また、まとめて生産する単位によって、下記のように分けることもできる。

- 個別生産：主に受注後に生産を開始する場合に多く、顧客からの要求仕様に合わせた製品を数個単位で作る。品種は新製品になることが多く、多種多様な製品が作られる。
- 混流生産：生産ラインを用いている工場において、複数の品種を要求された順に生産する。一部の部品だけが異なるような、類似している品種群を同じライン上に流す。部品を適切に生産ラインに投入する必要があるため、部品供給の高い精度が求められる。
- ロット生産：生産すべき品種が、例えば100個などの単位でロットとしてまとめられ、品種別ロット単位で切り替えながら生産を進める方式。品種を切り替える際には、前の品種と次の品種の部品が混在しないように気を付ける必要がある。次の品種の作業のために、設備制御の設定を変更するなどの段取りを適切かつ効率的に進めなければならない。
- 連続生産：大量生産のように同じ製品を連続的に作り続ける。組立作業よりも、ペットボトル飲料などの加工作業が当てはまる。

③ 受注タイミングと在庫ポイントによる生産方式の分類

　工場では、生産の要求に応えるために、材料在庫や半製品在庫など、在庫ポイントを予め決め、完成品納入の要求に合わせて生産する。この在庫ポイントの位置の違いにより、生産方式を分類できる。在庫ポイントは6章で解説したデカップリングポイントと同義であり、見込み生産（MTS）と受注生産（MTO）の境目にもなる。まずはMTSやMTOとは異なる部品中心生産にフォーカスしよう。

- 部品中心生産：顧客からの納入要求までのリードタイムが短い場合に備え、途中まで製造した半製品を見込みで製造しておき、確定受注後に完成させる方式。確定受注前に半製品を作ってしまうため、利用されない不良在庫にしないためには、半製品を多様な製品に活用できるように、部品共通化を進めることが有効。

　部品中心生産においては、顧客から要求される納入リードタイムを考慮して、どの程度まで半製品を作るかが問題になる。つまり、顧客からの要求に応えるために、生産の方式を決める必要がある。半製品を保有する在庫ポイントの違いによる生産方式を以下に示す。部品中心生産とほぼ同義の生産方式として、BTO（Build To Order）生産がある。

- BTO生産：受注生産として製品を構成する部品（基幹部品やオプション部品など）を予め用意しておき、製品カタログなどから顧客が選んだ仕様の製品を受注後に製造し始める。受注前から、工場内に部品を取りそろえておくことで、受注から納入までのリードタイムを短くすることが可能になる。より短納期に対応するため、完成品に近いモジュール部品で用意する場合もある。顧客の要望に合わせて新たに製品設計を行うことは含まれない。また、CTO（Configure To Order）生産と呼ばれることもある。

　他にも、受注をしてから詳細設計を行い、そのあとに生産を開始する生産方式もあり、それをETO（Engineering To Order）生産という。

- ETO（Engineering To Order）生産：受注後に設計を行い、生産する方式。注文ごとの個別仕様に基づいて製造することになり、受注から納入までの期間は長くなることが多い。また、個別仕様を一度決めたあとに設計変更の要求があるなど、設計や生産におけるフレキシビリティを高くすることも求められる場合が多い。

　このように生産方式の表現は、各社での特性や強みなどに合わせた解釈を加えて用語が使われる場合があるため、言葉の厳密な定義にこだわりすぎず、意味として適切に理解することが重要である。また、様々な生産方式はあるが、生産性の高い工場にするためには、よりシンプルで高い再現性を実現することが望まれる。顧客ニーズの多様化に合わせて、多品種を作ることができることは重要であるが、顧客から見て品種が多様であることと、工場における作業が多種多様であることは同一ではない。たとえ多品種であっても、部品の共通化や作業の共通化などにより、量産効果を増やす努力はすべきである。量産効果の具体例を以下に示す。

- 部品や原料の大量購入によるボリュームディスカウント

図8.5　P-Q分析と生産方式の関係図

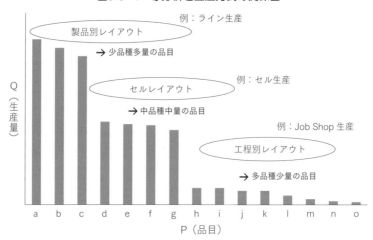

- 同じ作業の繰り返しによる習熟効果
- 新製品の生産開始時に各種調整が発生するため、この生産立ち上げが少ないことによる設備の安定稼働時間の長期化

　図8.5には、P-Q分析と生産方式の関係性を示した。P-Q分析のPはProduct（製品の品目）、QはQuantity（各品目の生産量）の意味である。分析の図における横軸はP（品目）で、縦軸はQ（生産量）であり、品目を生産量の多い順に並べたグラフである。このグラフに対応する生産方式を付記した。大量生産を行う場合にはライン生産方式が適しており、生産量が少ない場合には、Job Shop生産方式が適している。また、生産量が中程度の場合には、セル生産方式が選択肢に入ってくる。

生産の流れの制御

　部品から完成品へと生産を進めるためには、生産計画を作成し、その計画通りに作業を進めればよい。これで生産は実行されるが、指示の出し方にはいくつかの方法がある。また、作業者への作業割当や手順などの詳細は決めずに、変化する現場の状況に合わせて都度、決定をしてもらうために、これらを現場担当者に委ねることもある。ここでは生産指示の出し方、つまりは生産の流れの制御について解説する。

図8.6　カンバン方式とモノの流れ

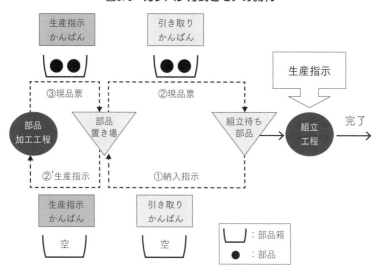

　生産の流れの制御には Push 型と Pull 型がある。Push 型は部品を生産開始という入口から投入し、指示に従って生産完了という出口へ、まるで部品を押し出すように生産を進める。これは工場での生産の基本形といってもよい。

　これに対して、ライン生産方式で同じ製品を大量に製造するような場合は、最終工程から遡りながら、使った分の部品を補充し生産を進める。この方法がPull 型である。その代表的な方式がカンバン方式だ。これは、「必要な時に必要なものを必要な量だけ生産する」という、Just In Time（JIT）[6] の考え方を具現化した生産方式である。

　Pull 型では連続する 2 工程間において、補充型の進捗管理を行うため、各工程で仕掛品を用意してもよい、生産量が安定している場合に適している。生産量が細かく変化する場合や、個別生産のような極端に生産量が少ない場合は、Pull型の生産は難しい。図8.6にカンバン方式におけるモノの流れを示す。

　カンバンには「引き取りカンバン」と「生産指示カンバン」がある。生産したい品種と数量の指示は、完成させたい製品の最終工程に届く。その指示に基づき、予め保管されていた組立待ちの部品を使って完成させる。このとき、使った部品分が減るので、それを補充するための、納入指示の意味を持つ「引き取りカンバン」を使って、直前の工程に部品を取りに行く（①）。補充したい部品そのもの

と、その部品の情報が記載されている現品票を持ってくることで補充が行われる（②）。補充された部品が減った前工程は、その分を生産しないといけないので、「生産指示カンバン」が使われて生産が実施される（②'）。生産された部品は置き場に補充される（③）。

　他にも、製造工程におけるモノの流れを考える際、サプライチェーンマネジメントでもよく耳にする TOC（制約理論）[7] の考え方が役に立つ。製造工程におけるボトルネックを明らかにして、それを中心に全体工程をマネジメントするのは効果的ということだ。ただし、1つのボトルネック工程が改善されたとしても、製造工程全体からボトルネックがなくなることはなく、他のどこかが新たなボトルネックになる。

製造を中心とした部門間連携

　工場における生産管理を円滑に進めるためには、関係する部門との連携も重要になる。販売、設計、調達部門の間の連携において IT の活用は重要であり、従来から FMS（Flexible Manufacturing System）や CIM（Computer Integrated Manufacturing）などが取り組まれてきた。FMS とは、多品種少量生産向けのもので、1つの生産ラインを大幅に変更することなく、複数の品種を生産できるようにする取り組みである。CIM とは、生産工程で取得できる様々なデータをシステムで一元的に管理し、最適な運用を目指す取り組みである。不要な在庫の削減や納期の短縮のために、データ分析が欠かせない。IT によってデータを部門間で共有することが可能になり、その連携も高度化している。

① 製造部門と販売部門との連携（製販連携）

　製造部門の販売部門との連携、例えば販売計画の共有などは特に、生産する品種や数量を決め、納期遵守できる生産計画を作るうえで重要になる。しかし緊密な連携の仕組みができていないケースも多い。

　そこで近年では PSI、S&OP（4章で解説）などが注目されている。PSI とは Production（生産）、Sales（販売）、Inventory（在庫）の頭文字であり、生産・販売・在庫の計画を連動させて行うことである。その際には、CIM の仕組みとも連動した ERP（Enterprise Resource Planning）を活用することが重要となる。ERP とは企業全体の経営リソースを有効活用するために統合的に管理するための手法であり、統合基幹業務システム（ERP パッケージ）として導入

する企業も多い。

　受注生産においても、自動車部品のように、同じ部品が繰り返し注文される場合は、納入までのリードタイムを短くするために、確定受注情報が届く前に生産を開始する場合もある。その際、受注予定情報（内示情報）の有効活用が重要だ。

　また新しい製品仕様の注文に対して納期や原価の見積を行う際、販売部門と製造部門の連携が不十分であると、製造現場に大きな無理が発生する納期を顧客に提示したり、製造原価から考えると不適切な価格回答をしたりすることになる。

② 製造部門と調達部門との連携

　生産を実行するためには、原材料や部品を用意する必要がある。完成すべき品種や生産量が確定してから原材料を調達しても納期に間に合うならば大きな問題はないが、そうでない場合は予め原材料を調達しておく必要がある。よって、製造部門が販売部門と連携しながら作成した生産計画に基づき、原材料の調達を進めなければならない。

　生産予定の変更によって、不要となってしまう原材料を調達しないように注意する必要があるが、調達にかかる期間が長い場合や、調達リスク（納入遅延や品質不合格など）がある場合もあり、大変重要な連携である。

　製品設計において、品種間での部品共通化を進めると、足りない部品を品目間で融通することができる可能性が増えるため、納入遅延や原材料不足などのリスクを軽減することにもつながる。

③ 製造部門と開発部門との連携

　製品開発において、顧客ニーズに合う仕様にすることだけでなく、製造しやすい設計にすることや、製造原価を下げられる設計にすることも重要である。そのためには、保有設備の継続利用や作業者の技能レベルなどを考慮しなければならない。そのための組立性評価も重要な視点となる。

　また、機械加工職場で製造される金属加工製品の設計においては、CAD/CAMの活用が重要だ。CAD（Computer-Aided Design）はコンピュータ支援設計のことであり、製品の設計図を、CADソフトウェアを使って作成する。CAM（Computer-Aided Manufacturing）は、コンピュータ支援製造のことであり、CADデータを活用し、加工機械用のNCプログラム[8]を自動で作成するシステムだ。

　また、製造部門と開発部門の連携を考える際、「エンジニアリングチェーンマ

ネジメント」の考え方を考慮することは重要である。サプライチェーンマネジメントが、調達から生産、流通へとつながるモノの流れを主たる対象としているのに対して、エンジニアリングチェーンでは、設計開発した製品が生産され、ユーザーに利用されていき、ユーザーにおける利用プロセスにおいて、保守などを行う活動から取集された情報を、開発部門へフィードバックすることで、将来の新製品開発などに活用していく流れを対象としている。ユーザーによる利用状況を把握する際には、アフターサービス部門も含めた連携が重要になるともいえる。

　複数の部門間の連携について説明してきたが、最適な状態を目指すために様々な部門が連携をすることは難しく、部門別に個別最適を目指す場合も多くなってしまう。例えば顧客からの注文依頼に対して、納期を回答する場面を考えてみよう。

　在庫から納品するのではなく、受注後に製造する場合、納期を回答したい営業部門は、製造にかかる時間を製造部門に問い合わせる。営業部門としては、できるだけ早い納期を回答したいが、製造部門にも生産性を高めたり従業員を手配したりするなどの都合があり、最短の納期ではないことがある。

　このように、部門間にトレードオフが存在する場合、一般的には顧客の要望にできるだけ合わせた納期を目指すが、それは必ずしも最適とはいえない。製造現場の都合や他の顧客への納期も考慮するなど、広い視野で大きな不具合を減らすことが1つの最適化といえるだろう。

8−4　次世代の生産マネジメントを考える

CPSによるデジタルエンジニアリング

　ドイツからインダストリー4.0[9] が提唱されている。これは進歩が著しいAI、IoTなどの技術を有効活用した生産システムの高度化が支えている。これまでも生産システムの高度化は進められてきたが、インダストリー4.0にはCPS (Cyber Physical System) が大きく関係している。

　設備と作業者で構成されたPhysical Systemである工場の仕組に、IoT機器などのセンサーを多く組み合わせることで、現実の工場の状況をCyber System上に表現しやすくする。Cyber Systemは工場シミュレーションとほぼ同じと考えてよいが、工場内の状況変化に合わせて、シミュレーションもできる

だけリアルタイムに追従できる方がよい。これは現実空間のシステムとシミュレーション空間のシステムを同等にするデジタルツインの考え方に近い。

　このCyber System上の生産要求をふまえたシミュレーションをすることで、より良い工場の運営方法を検討することができる。工場の運営状態をCyber System上でいろいろ試して、最も良さそうな方法を見つけたら、それを実際に実行すればよい。また、近年はデジタルツインだけでなく、人間のノウハウのような暗黙知的な情報もCyber System上で取り扱えることを目指した、デジタルトリプレットという考え方もある。

　例えば、実際の職場（Physical System）では、変化し続ける生産要求に合わせて最適な職場にするべく、管理者や作業者の意図やノウハウに基づいて職場を更新していく。その更新に合わせてCyber Systemも更新しなければ、Cyber Systemは現実と乖離して使い物にならなくなる。つまり、Cyber Systemの更新を適正かつ効率的に行うためにも、人間の意図やノウハウをデジタルな情報として扱えるようにすることが必要になるわけである。

　このように、工場の最適な運用を進めるために、先端技術は積極的に試していくべきだろう。

工場におけるカーボンニュートラルへの取り組み

　次章でより詳しく説明するが、近年はカーボンニュートラルへの取り組みが、さらに重要になっている。工場の消費エネルギー削減による環境負荷低減の取り組みや、グリーン購入[10] の推進など、環境を考慮したSCMが重要になっている。環境に配慮した部品調達の取り組みが進むと、工場で製造した部品や製品の環境負荷量を提示しなければ、販売できなくなるかもしれない。そこで重要となるのが、製品のCFP（カーボンフットプリント）[11] 値を算出することである。

　これは、製品や部品が完成され廃棄されるまでの間に、どれだけの環境負荷があったかを数値として示すことである。製品を完成させるために、どれだけの原価（コスト）が必要だったのかを原価計算で求めるように、どれだけの環境負荷（CO_2排出）をかけたかを求めるのである。

　製品のCFP値算定にはデータベースの原単位を用いた方法[12] があるが、これは自社のデータではなく、集計された汎用化数値であるため、自社工場での環境負荷を直接計算したことにならない。そのため、各社での環境負荷低減への努力の成果が測りにくい。工場で収集できるデータを活用した算出方法の確立が急が

れる。

　CFP の算出はまだ新しい領域であり、経産省を中心に新たな計算方法の検討も続いている[13]。

製造 DX のポイント

　製造業では IT を使ったオペレーションの高度化は従来から実施されてきた。例えば大型の計算機を使った MRP 計算から始まり、PLC（Programable Logic Controller）を用いた設備制御や FMS 化、製販連携を目指した CIM など、様々な取り組みが知られている。この意味で、IT を用いた高度化においては、工場は常に最先端であったと言っても過言ではないだろう。

　この理由の 1 つとして、工場では生産目標を管理者のほぼ完全な制御下にある設備と作業者によって実行するため、工場外からの変動要因が少ないことが挙げられる。しかし生産性を高めるうえで、これが理想的であるとは必ずしもいえない。それは設備や作業者の活用レベルを大きく変えることなく、現状のシステムに近年発展した機能を付加する形で進化してきたためだ。改めて、全体的なシステムデザインを見直す必要もあるだろう。

　最近は CPS のような考え方が注目されているが、これには工場運営の「標準化」を進め、工場内の多くの情報を収集できるようになる必要がある。この標準化を進めるために、「機械化・無人化」が 1 つの手段になる。しかし、人間と同等レベルの柔軟性を機械に持たせることは容易ではない。そのため、製造における DX を進めるためには、工場の運営の標準化を進めるとともに、本章で述べた現場力の高度化と可視化を目指すことが、さらに重要になっていくはずだ。

ディスカッション：製造業におけるカーボンニュートラルの取り組み

　製造業におけるカーボンニュートラルの取り組みは、製造コストを下げる取り組みと現在はトレードオフの関係にある。これが将来、トレードオフの関係でなくなるために、どのような変化が必要になるか話し合ってみよう。

8 章のポイント

➢ 生産管理業務には、①手順や日程、材料調達などの計画立案と、②それらの統制を目的とする実行・進捗管理がある

➢ 品質管理には、①納入前に不適合品を見つける検査と、②そもそも不適合品

を生産しないための改善活動があり、設備管理には、故障を防ぐ予防保全と、②故障後の的確かつ速やかな対応である事後保全がある

➤ IoT 機器などのセンサーを駆使し、工場の状況をリアルタイムにサイバー空間上に再現する Cyber Physical System（CPS）でシミュレーションを行うことで、より効率的で生産性の高いものづくりが目指されている

8章の内容をより深く学ぶために

藤本隆宏（2001）『生産マネジメント入門Ⅰ──生産システム編』日本経済新聞社。

日本経営工学会編（2014）『ものづくりに役立つ経営工学の事典──180の知識』日本技術士会経営工学部会・日本インダストリアルエンジニアリング協会編集協力、朝倉書店。

注

1 ）藤原秀行「日本ミシュランタイヤ ヤマトと手を組み RFID で絶対単品管理」『月刊ロジスティクス・ビジネス』、2023年 1 月号、pp.20-23。

2 ）NEC ネクサソリューションズ「生産スケジューラ『Asprova（アスプローバ）』(https://www.nec-nexs.com/sl/asprova/)。

3 ）NEC「インバリアント分析」(https://jpn.nec.com/ai/analyze/invariant.html)。

4 ）資材、仕掛品、製品などの物について運搬・移動又は停滞・保管の状況を管理する活動。現品の経済的な処理並びに数量及び所在の確実な把握を目的とする。「JIS Z8141：2022」より。「現物管理」と呼ばれることもある。

5 ）部門や製品を横断して発生する費用を、配賦基準に従って配分処理すること。

6 ）必要なものを、必要な時に、必要な量だけ生産することで、在庫を徹底的に減らして効率化すること。

7 ）ゴールドラット博士が提唱。

8 ）コンピュータ統合生産のことであり、生産工程に関する様々な情報をコンピュータシステムで一元的に管理し、製造の効率化を目指す。

9 ）「第 4 次産業革命」という意味合いを持つ名称で、Cyber Physical System を導入した「スマートファクトリーの実現」を目指している。

10）製品やサービスを購入する際に、環境を考慮して必要性をよく考え、環境への負荷ができるだけ少ないものを選んで購入すること。

11）ENERGY X GREEN「CFP 制度とは？一次データと二次データによる CO2排出量算定の違いや一次データの収集法をご紹介」2022年12月28日 (https://green.energyx.jp/column/010)。

12）一般社団法人サステナブル経営推進機構「SuMPO 環境」2022年4月（https://ecoleaf-label.jp/about/k0sc7i000000005k-att/JapanEPDbySuMPO_Briefing_220428-2.pdf）。

13）経済産業省「サプライチェーン全体でのカーボンニュートラルに向けたカーボンフットプリントの算定・検証等に関する検討会」（https://www.meti.go.jp/shingikai/energy_environment/carbon_footprint/index.html）。

※いずれの URL も最終アクセス日は2023年4月10日。

9章

地球環境と共存する物流

二村　真理子

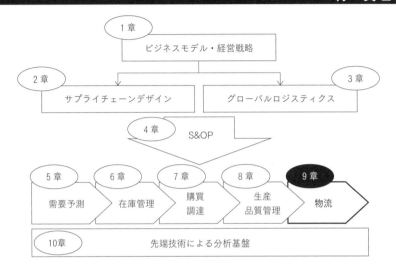

　物流、SCMについて考える際は、地球環境への配慮も忘れてはなりません。原材料には自然由来のものが多いですし、生産や物流、さらには廃棄といった各オペレーションにおいて、エネルギーを使用し、二酸化炭素を排出するため、環境への影響は避けられないからです。私たちがビジネスをし、生活をしている地球の持続可能性にもオペレーションズマネジメントが重要になっているのです。

　9章ではまず、物流に関する基礎的な知識を確認します。そのうえで、環境や持続可能性の観点で物流が直面している課題について学びます。これは日本だけでなく、世界中で注目されている領域であり、海外ではどのような取り組みが進んでいるかも把握することが大切です。未来にも継続できるサプライチェーンをグローバルに構築していくために、知識を蓄えておきましょう。

9−1　物流論を学ぶ

　近年、物流がビジネスにおいても日常生活においても注目されているのは、インターネットで商品を購入し、自宅などに配送してもらうEC（Electric Commerce：電子商取引）が一般的になったことが一因である。物流について学ぶために、まずはEC市場と宅配事業の変遷についての事例を解説しよう。

◇◇◇◇◇◇◇◇◇◇◇◇◇◇◇◇◇◇◇◇ **事例　EC市場の発達と宅配事業** ◇◇◇◇◇◇◇◇◇◇◇◇◇◇◇◇◇◇◇◇

　Amazonが日本でサービスを開始したのは2000年11月である。当時は本のみのオンライン販売の形態だったが洋書の価格が書店よりも大変安く、しかも品揃えも豊富で、ありがたいサービスが誕生したと感じたものである。商品を保管する拠点であるAmazonの配送センターは、2000年にサービスが開始された時点では千葉県内に1カ所のみであったが、2020年には全国20カ所以上となり、その取扱商品は家電から生鮮食品、日用品に至るまで大変充実したものとなった。また、Amazonが販売システムを他企業にも提供するプラットフォームビジネスを展開するようになったことで、いまや世界中の小売事業者の倉庫とつながった。場合によっては「在庫あり」の洋書は外国から届くケースだってある。これはAmazonが世界に倉庫を持った、ということになるだろう。

　通販ビジネスを強化しつつあるのはAmazonだけではない。これまで実店舗での販売が中心であったイオンやセブン＆アイなどの大手流通事業者も、ネット通販に積極的に進出するようになった。また、西友は通販大手の楽天と組んでECサービスの提供を強化している。

　このサービス実現のために各社が物流倉庫等に対する多額の投資を行い、サービス改善にしのぎを削る状況にあることからも、社会の一定数の人々がECサービスを利用することが見込まれていて、十分な需要があることが推測される。経済産業省による電子商取引実態調査によれば、BtoCのEC物販系市場の規模は2020年には12兆円を超え、2015年比で7割近い伸びを見せている（図9.1）。

　そして、このEC市場を支えるのが物流であり、ECは物流を戦略的に活用したビジネスモデルといえる。同様に、物流を戦略的に活用した事例としてコンビニエンスストアのドミナント戦略[1]と多頻度小口輸送を活用したビジネスモデルが思い出されるところである。ドミナント戦略とは、特定のエリア内に集中し

図9.1　物販系 EC 市場の伸び

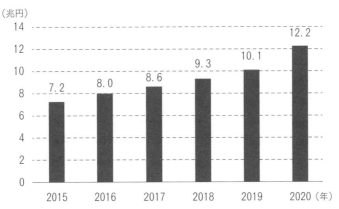

出所）経済産業省 商務情報政策局 情報経済課「令和2年度産業経済研究委託事業（電子商取引に関する市場調査）報告書」令和3年7月

て同系列の店舗を配置する戦略で、物流の観点では輸配送効率を高める狙いがある。コンビニエンスストアは消費期限の短いおにぎりやサンドイッチなどを多く扱っていることもあり、多頻度で少しずつ補充していく必要があるため、輸配送効率は重要になる。

さて、ここで取り上げた宅配事業は消費者物流と呼ばれるもので、私たちの日々の生活に密着したものであるが、実際の物流活動は BtoB 輸送こそが経済の大宗を占めている。本章では物流とは何かについて考えたうえで、現在の物流活動が直面する課題について考える。少なくとも近年では、非常時を除けば物流が問題となって流通が滞る事態はほとんどないが、現在、我々は対応を誤れば今後の経済活動を脅かすほどの厳しい制約に直面しているのだ。

物流とは何か？

18世紀の経済学者であるアダム・スミスは「分業が市場経済を発達させる」と主張したが、実際、経済は自給自足から徐々に社会的分業が進むことによって成熟を遂げてきた。すなわち、分業によって生産地と消費地が異なる場合、ここには必ず時間と距離のギャップ（懸隔）が生じることになる。特に近年、経済のグローバル化の進展により国際分業が進んだことによって、そのギャップは一層大きなものとなっているが、このギャップを埋めるものが物流活動であり、分業か

ら得られる利益を大きくするためにも効率的な活動が必要とされる。

　議論を始めるにあたって、物流という言葉の定義から入りたいが、活動が現場で行われているということ、また時代の変化によって活動が少しずつその内容を変えているということから、必ずしも統一された定義が示されているわけではない。本書における定義は冒頭の「はじめに」で整理したが、一般的には物流とロジスティクスとの境界があいまいになっているようでもある。

　そこで、本章では最もシンプルな「生産から消費に至る財の物理的な流れを指すもの」、すなわち「流通の物理的な側面を指すもの」を物流の定義とする。そもそも「物流」という用語は高度成長期の日本における物資流動量の急激な増加に対応するため、1956年に米国より流通技術調査団が持ち帰った"Physical Distribution"に由来する。そしてこの直訳の「物的流通」を略して物流という言葉が誕生した。しばしばモノとトラックの動きを指す物資流動[2]と混同されることがあるが、これは本来の意味とは異なるものである。

　物流活動は様々な産業のそれぞれの企業の現場で行われるものであるために、具体的な事例や特定の企業の活動をもって理解されることが多いように思われるが、本章では一般的な議論を行うことで汎用性のある知識を提示することを目標とする。

　まず物流は距離的懸隔（ギャップ）と時間的懸隔を埋める機能を持つ、と説明されるが、これが持つ意味から議論を始めよう。

物流の諸機能

　物流は、①輸送、②保管、③荷役、④包装、⑤流通加工、⑥物流情報という6つの機能で構成されるが、この諸活動の全体最適を達成することによって物流効率化を図ることを目的とするものである。

① 輸送

　輸送とは空間的懸隔を埋める機能を持つ。すなわち、分業を前提とした経済では、財の多くについて生産地と消費地が一致しないため、それを埋めるのが輸送である。主要な輸送手段には、自動車、船舶、鉄道、航空機がある。輸送手段の選択は、輸送対象となる財の輸送の緊急性と運賃負担力[3]に依存して行われるものである。緊急性があるとは生鮮品のような財の品質の維持が必要である場合や、部品などの在庫切れへの緊急の対応が必要である場合などを意味しており、

一方、運賃負担力とは財の価格がどれだけの輸送コストを吸収できるかを見るものである。現在の日本の貨物輸送の概観やそれぞれの輸送手段の特性については、本章後半で詳述するものとする。

② 保管

　欠品による販売機会の喪失を回避するため、完全受注生産でない限り、メーカー企業は原則として在庫を保有している。その在庫を倉庫内で保有する活動を保管といい、品質を維持しつつ貯蔵を行い、必要に応じて素早く流通させることが求められる。また保管した製品在庫の数量管理が「在庫管理」であり、在庫の最小化こそが物流活動の目的ともされる。テキストによっては在庫管理を独立した物流活動と捉えるものもあり、物流活動の中で効率化に資する最も重要な活動であると位置づけられている。

　保管は需要の変動に対応できるという意味で需給調整機能や価格調整機能を有しており、また、生産設備の規模抑制による費用削減効果も指摘できる。例えばクーラーのような季節商品の場合、気温の上昇とともに需給がひっ迫するところ、適切な商品供給により需給の調整と価格高騰の抑制、そして需要が発生する前に生産を開始することで、企業は生産設備の規模を抑えることができる。

　6章で解説したとおり、在庫は販売機会の損失を回避し、市場への適切な商品供給のために必要なものとされるが、同時に過剰な在庫は無駄な費用の発生を意味する。すなわち、在庫量に応じて保管スペースの費用が発生しており、また在庫に投下した資金は利益を生まないばかりか、資金の利子相当額の機会損失も無視できるものではない。さらに商品が陳腐化し、在庫がデッドストック（売れ残り）化すれば最終的には、廃棄となることもあり、在庫はできるだけ少ない方が望ましいとされる。つまり、精緻な需要予測と柔軟な生産計画を前提として、高い在庫回転率の実現により、欠品を起こさないレベルでの在庫最小化が求められる。ここで重要になるのが5章で解説した需要予測である。

③ 荷役

　荷役とは荷物の積卸し、保管場所への入出庫の作業を指す。具体的には輸送と輸送の間に発生する積み替え、倉庫内への入庫、必要数の取り出し（ピッキング）、出庫等、諸作業を含むものである。高度経済成長期の、物流概念の導入時期にボトルネックであったのが同活動であり、その後、人力による作業から機械化が進められたことで現場の省力化が進み、労働者の重労働の軽減、時間短縮に

よる取扱量の増加、人件費の削減などが実現した。

　荷物の積卸しの機械化にはパレットが使用され、特にこれを用いて「発送から到着の荷卸しまで一貫して輸送する方式」を一貫パレチゼーションという[4]。現在、今後の労働力不足に備え、パレットを標準的に使用する「パレット標準化」[5] が推進されている。

　ピッキング作業については人が行う場合にはミスなく商品を選び出すために端末を活用するなど、労働を補完する工夫が見られる。また、倉庫の高層化、自動化に伴って、自動ピッキングシステムの活用も多く見られるようになった。

　例えばある物流事業者は、海外の倉庫内における荷役の効率化のために積極的な投資を行っている[6]。中国の物流倉庫では AGV（Automatic Guided Vehicle：無人搬送機）を導入し、荷物の積卸しを自動化した。この他、日用品メーカー向けに販促用シールの高速貼付装置や、小型部品のピッキング（出庫）用に棚搬送型ロボットを導入している。

④　包装

　一般に包装といえば、商品を購入する際に行われる、見た目を飾ることが目的の商業包装が思い浮かぶが、物流活動においては外装の段ボールや緩衝材等による製品の破損防止、または荷役の便宜のための工業包装を指す。同時に包装によって取引単位ごとに製品をまとめる機能も果たしている。ただし、工業包装でも外装の箱に内容物の情報がプリントされている場合などは、広告として商業包装としての機能も有しており、必ずしも切り分けられるものではない。

　包装資材はそれ自体が内容物の価値を高めるものではないため、一定の強度を有する一方でできるだけコストをかけないことが基本とされる。ある住宅設備機器メーカーでは、「内容物にフィットする緩衝機能付き包装箱」を開発し、複数の包装コンテストで入賞を果たすなど[7]、適切な包装を追及することで約17億円の収益増を達成している。

　また、農産品輸出において、包装資材の高度化は新たな市場開拓も実現している。日本の農産品輸出額は2021年に1兆円を超えたが、その中でいちごの輸出額は香港などのアジア地域を中心に40億円超を占めている[8]。このように海外に需要があり、商品に運賃負担力もあるが、デリケートな取り扱いが必要な農産品の品質維持を可能とするのが包装であり、今後も成長著しいアジア経済の取り込みが期待される。

⑤　流通加工

　流通段階において加工を施す活動で、主に倉庫内で行われる。例えば、輸出入財であれば、大ロットで仕入れた商品の組み換えやラベル貼り、輸入した洋服等の検針、アイロンかけや、タグ付けなど、前行程、後行程で必要となる作業を倉庫で行うような場合がこれにあたる。

　一方、顧客のニーズに応じたカスタマイズを行う製造工程を担う場合もある。例えば住宅等の窓枠用のアルミサッシの提供をするメーカーは、顧客のオーダーに応じたサイズの部材を提供する必要がある。あらゆる長さや種類の枠を在庫として持つことなく、倉庫内でアルミ枠を裁断する作業を加えることで顧客からの細かな要望への対応が可能になる。すなわち、顧客満足度を高めることで付加価値を生み、同時に効率化も実現している。在庫最小化によって倉庫需要が減少する中、流通加工は倉庫内で付加価値を生む源泉ともなっている。

　この流通加工の機能は、在庫管理においても重要な役割を果たす。あるグローバル消費財メーカーでは、各国の規制（例えば言語表記）に対応するために、商品の外箱に貼るラベルを出荷先の国によって変えている。日本である商品の在庫が過剰になるリスクが判明し、中国ではこの商品の需要が伸びていて品薄である、といった状況はめずらしくない。これに対し、流通加工でラベルを貼り替えることで、世界中で在庫を融通することが可能になるのである。不確実性の高い環境において、過剰在庫と欠品を同時に抑制できるこうしたオペレーションが非常に大きな価値を生むことは想像できるだろう。

⑥　物流情報

　受発注情報、在庫情報などのあらゆる物流関連情報を指す。これらの物流情報を活用することにより、①〜⑤に至るまでのすべての活動をコントロールすることで物流効率化に資するものである。特に、在庫情報については欠品を防ぎ、消費期限の管理を行うのみならず、その分析から多くの商品群の売れ筋、死筋商品の判定、需要予測、さらに製造、販売、物流、各部門の意思決定を統合することにより在庫最小化、中長期的には新商品の開発などを実現するポイントとなるものである。すなわち物流情報の活用は企業のロジスティクスやサプライチェーン・マネジメントにおける意思決定に資するものである。

　例えば在庫コストの最小化を考えた場合、現実に物流部門の担当者ができる努力は限られたものであり、実際には価格や広告による販売の強化や実需情報を商

品の生産量に反映させることが必要となる。すなわち、モノの流れと情報を一致させることを意味しており、情報を共有したうえで部門間の意思決定が行われることを意味している。

　さらなる物流情報の活用事例として、ある飲料メーカーでは物流関連の情報をマスターとして整備し、配車のシステム化を実現した[9]。具体的には、ベテランの配車担当者が把握していた以下の制約条件

- 取引先別の納品時間
- 車種
- 軒先での作業内容
- 積み合わせの可否

をデータ化し、暗黙知の可視化を行った。そして、継続的に管理する仕組みを構築することで、配車業務経験の少ない担当者でも一定レベルのパフォーマンスを出せるようになり、積載率も向上した。また、物流活動のデータ化によってペーパレス化が進み、結果的に配車担当者のテレワークが可能となり、柔軟な働き方も実現している。

物流の役割

　物流が1960年代に取り入れられた概念である一方で、構成する６つの活動は概念の導入以前から存在したものである。例えば、江戸時代には全国で集められた年貢米を江戸浅草の御蔵に納めるまでには、人馬や舟運を利用して運び（輸送）、俵（包装）に入った米を人足が積卸し（荷役）、蔵の中に貯蔵（保管）をしていた。また、蔵の中の米の量（在庫管理、物流情報）は帳簿で管理されていたことを考えれば、その内容は必ずしも目新しいものではない。

　では、物流の概念の導入で何が変わったのか？　物流の基本的な考え方とは「モノの動き」に着目し、これまでバラバラに行われていた諸活動を関連付けることによって、全体最適化を図ったことだ。例えば輸送と保管はトレードオフの関係にあり、費用を最小化するような組み合わせを決めることが必要とされる。コンビニエンスストアの在庫保管スペースの狭さを補うために必要な輸送頻度は郊外型スーパーでは必要とされていない。ものの動きに着目し、すべての活動をひとまとまりで考えたうえで、全体最適を行うこと、これが物流の概念である。

　ただ導入当時は、企業では製造、販売活動に比して物流の概念が必ずしも重要視されなかったため、物流コスト削減の効果が強調されることとなった。例えば

「物流は第3の利潤源」「物流コスト、氷山の一角説」といった、スローガンが示され、企業の利潤追求の方策の1つとして位置づけられた。その後、物流の諸活動をより戦略的に使おうと試みた「戦略物流」の登場、さらにロジスティクスやサプライチェーン・マネージメント（SCM）へと議論は変化しているが、今後も物流活動はその一部を構成する必要不可欠な要素であり続けることは確かである。また、物流活動には経営目標に合わせたサービスレベルが設定され、それを達成する費用の最小化が図られ、そのために物流情報の重要性が指摘されるようになっている。

様々な物流

定義通りの物流活動は企業の生産活動が終了した後の流通段階で発生するものとされるが、実際には生産段階においても物流活動は存在している。すなわち、原材料調達段階の「調達物流」、生産段階で発生する「企業内物流」、また廃棄物やリユース可能な包装資材などの川下から川上への流れを表す「静脈物流」なども物流活動である。

また、本章冒頭の事例で取り上げた消費者物流は、消費者を対象とした物流活動として1987（昭和62）年度の『運輸白書』に登場した用語である。この消費者物流はBtoBによる物流とは一線を画すものであり、宅配便や引越し、トランクルームなどが含まれる。

消費者物流の中でも重要な位置づけにあるのは宅配便である。このビジネスモデルは1976年に大和運輸株式会社（現在のヤマト運輸株式会社）による宅急便に始まり、現在では「年中無休で一部地域を除いて全国へ翌日配達できるサービス」（ヤマト運輸HPより）へと発展した。宅急便以前の物流事業者は「小口荷物は集荷・配達に手間がかかり採算が合わない」（ヤマト運輸HPより）という考えにあり、個人が荷物を送るための方法は鉄道小荷物のみであり、国鉄の駅に自分で運ぶ必要があった。

現在の宅配便の急増はすでに述べたとおりである。ヤマト運輸の他、佐川急便や日本郵政などの同業他社がサービスの提供を行っており、トラック利用の取扱個数のうち94％を上位3社で占める寡占市場を形成している。

ディスカッション：物流の未来の姿

ここで紹介した物流の6つの機能について、これからどのように進化していく

だろうか。自由な発想で議論してみよう。

9－2　物流が直面する課題

社会経済環境の変化と物流

　物流の需要は「派生的」であると説明される。すなわち、物流とは「本源的」な活動を遂行するための必要な要素として需要されるものであり、物流そのものを目的として需要されることはない、という意味である。例えばメーカーにとっての本源的な目的とは商品を販売し、利益を得ることであり、物流はそれを遂行するための手段である。通販を利用する個人が宅配便を利用するのも、必要な商品を利用可能にするための手段である。すなわち、物流事業者は荷主の要求によって提供するサービスの質と量が決定されることになる。

　このように物流サービスは社会経済環境の変化に応じて生じるニーズにきめ細かな対応を重ねながら、場合によっては社会的には非効率ともいえる進化を遂げてきた。しかし、今後は以下に示す2点の外生的な制約のもとでの活動が求められることとなる。

- 少子高齢社会による生産年齢人口の減少、物流業界の労働力不足
- 気候変動対応のための環境制約

　労働力不足は日本経済の機能不全を起こしかねず、気候変動問題は国際的な公約でもあり、この2つの厳しい制約に対応するために新たな発想で議論を行う必要が出てきた。今後の物流を論じるためには、現状の把握と取りうる手段の理解が肝要である。その一方で、これまで同様、社会経済の変化とそれに伴う物流ニーズにも向き合う必要がある。

　本章冒頭では物流の大きな潮流として近年のEC市場の急激な伸びとその背景、さらには宅配物流への影響について言及した。そこで改めて、現在の物流を取り巻く変化について、2回の総合物流施策大綱（2017年～2020年、2021年～2025年）などを参考に論点を列挙してみることとしよう。

〈社会環境の変化〉
　① 人口減少・少子高齢社会の到来

　　② 単身世帯の増加、共働き家庭の増加（女性活躍）、働き方改革

〈経済環境の変化〉

　　③ EC 市場の拡大

〈自然環境の変化〉

　　④ 災害リスクの高まり（異常気象など）

　　⑤ 地球環境問題（カーボンニュートラル）・エネルギー制約

〈主要施策〉

　　⑥ インフラ老朽化・首都圏 3 環状道路の整備

　　⑦ デジタルトランスフォーメーション政策

　　⑧ with コロナ時代の到来

〈新技術の登場〉

　　⑨ 自動運転車、自動運航船の開発

　　⑩ ドローンの活用

　　⑪ 動力源としての電気、アンモニア、水素の活用

　日本の少子高齢化は先進国の中でも特に早く進んでいるとされており、社会の人口減[10] による様々な変化が想定される。まずは生産年齢人口の減少により業界を問わず労働力不足が生じている。また、世帯の居住スタイルが変化したことにより、購買スタイルも変化している。すでに触れた内容であるが、都市部においては単身世帯が増えたこと、女性活躍の時代を迎えて共働き家庭が増えたことが EC 市場拡大の一因となり、コロナ禍の外出制限の影響を受けて一層助長されたものと考えられる。

　さらに、少子高齢社会の人口減は過疎地域の拡大を意味しており、当該地域への輸送密度[11] の低下や配送効率の悪化によって小売業の撤退を招いた例も聞かれる[12]。高齢者人口は増加しており、その中の一定数が、交通機関の未整備で日常的な移動にも不自由を強いられている交通弱者であることを考えれば、日々の買い出しにも困る買い物弱者の増加も想定される。ここにも EC 市場拡大の要因があるものと思われる。

　EC 市場の拡大により宅配数量は急激に増加した。また、3 章でも触れたが、留守宅への宅配が増加し、いわゆる再配達問題も発生した。コロナ禍のステイホーム期には改善したものの、その後再び増加に転じている。再配達は無駄な輸配送に伴う追加の労働と環境負荷の発生を意味する。

　災害の頻発化、激甚化への対応については、東日本大震災以来、地震発生時の物流の寸断の影響をできるだけ小さくするための努力、地域への救援物資の供給、また道路や港湾施設などのインフラ強靱化が順次図られている。一方、近年の台風の大型化、集中豪雨などの自然災害への対応も急がれるところである。地震にせよ、台風にせよ、その発生を止めることはできないが、その影響を最小限にとどめる努力を行うことは必要である。

　以上のとおり物流が直面する課題は多岐にわたるものの、社会・経済環境の変化にフォーカスした議論は3章で展開したため、本章では2050年のカーボンニュートラル宣言により、喫緊の課題となった気候変動問題への対応に絞って議論を行う。物流活動においては主に輸送段階と倉庫内でのエネルギー消費が課題とされているが、物流の需要があくまで派生的であるという性格上、その削減は容易なものではない。本章では特に、運輸部門の脱炭素化について見ていこう。

貨物輸送の現状とトラックの利便性

　物流活動の中でも輸送は保管と並び、物流の機能遂行のために不可欠な要素であるとされる。

　図9.2は2020年の日本の貨物輸送分担率を示している。トンキロとは1トンのものを1キロ運んだ場合に1トンキロと表すもので、延べ輸送量を示す単位である。

　トラックはトンベースで約9割、トンキロベースでも6割弱を占めており、最も多く利用されている輸送手段であることがわかる。

　トラックの分担率が高い理由とは、

- この60年の間にモータリゼーションや高速道路、国道などの道路インフラの整備が進んだこと
- 産業の軽薄短小化により輸送対象が自動車に適したものとなったこと
- トラックはドアツードア輸送が可能であり、かつ多頻度小口化する輸送需要に対して輸送頻度の変更が容易であること

といった、利便性の高さによるものと考えられる。

　トラックは自らの貨物輸送に利用される自家用と他社の貨物の輸送に供される営業用に分類され、輸送効率の点では営業用が優れているとされる。図9.2の2つのグラフの差からも読み取れるように、他の手段に比して輸送距離が短く、ラストワンマイル輸送の担い手としての側面も有する。また、環境の側面からは、

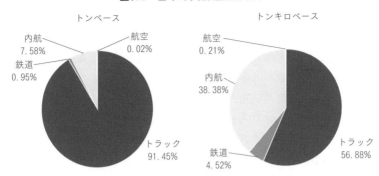

図9.2　日本の貨物輸送分担率

出所）日本物流団体連合会『数字でみる物流 2021年度』日本物流団体連合会、2022年

活動量当たりの二酸化炭素排出量である排出原単位が船舶輸送、鉄道輸送に比して大きく、運輸部門の二酸化炭素排出総量に占める割合も高いため、主要な政策は自動車からの排出量削減を目的とすることが多い。今後、トラックの単体性能の向上については電気自動車や燃料電池車、水素自動車などへの転換が望まれる。

環境に優しい船舶輸送・鉄道輸送とスピードが速い航空機輸送

　船舶輸送については日本の港湾間の輸送を行うものを内航海運といい、日本と外国の港湾を結ぶものを外航海運という。一般に船舶は重量物の長距離輸送に優位性を持ち、運賃も安価である一方、多くの場合、最終目的地までの陸上輸送が必要となる。輸送のシェアはトンキロベースで自動車に次いで約4割を占めている。

　また、日本の輸入貨物の99％以上（トンベース）が外航海運によって担われており、国内港湾間の横持輸送もシェアを伸ばす要因となっている。二酸化炭素の排出原単位は営業用のトラックの1／5弱と小さいため、環境に優しい輸送手段への切り替えであるモーダルシフトの受け皿とされている。一方、2050年にはカーボンニュートラルを念頭に置いた対策が行われる必要があり、LNG（Liquefied Natural Gas）船や電動船、水素燃料船などの新技術による抜本的対応が必要とされる。

　一方、鉄道貨物は重量物の長距離輸送に優位性を持ち、運賃も安価である一方、船舶同様、積み替えの後、目的地までの輸送が必要とされる。『数字で見る物流2021年度』によると、シェアは昭和35年（1960年）にはトンベースで15.1％、ト

ンキロベースで39.0％を占めていたが、今やトンベースでは１％を割り込み、トンキロベースでも５％に満たない状況にある。鉄道貨物の全国ネットワークを担うのは日本旅客鉄道株式会社（以下、JR貨物）１社であり、使用線路の大半を他のJRの旅客会社から借りて運行している。なお、線路使用料は貨物列車の走行によって発生するコストのみを負担するという、アボイダブルコストルール[13]に従って、設定されている。

　一方、現在の鉄道シェアが広がらない理由としては、

- 自らの線路を持たないことから、JR貨物が東京―大阪間などの高需要の路線や時間帯に自由にダイヤが組むことが難しい
- 災害などによる輸送障害が発生すると多くの場合、復旧までに時間がかる
- 地方路線の廃止により、ネットワークの維持が難しい

などの要因が指摘されている。環境特性については、二酸化炭素の排出原単位は営業用自動車の１／10弱と小さく、船舶同様にモーダルシフトの受け皿とされている。鉄道に限らず、他のモードにも共通していえることであるが、電力を利用する部分については、排出原単位は小さいが、今後のカーボンニュートラルの議論においては発電方法にも注意が必要になる。例えば水素を動力とする電車の開発も進められているが、化石燃料由来の水素は一定の二酸化炭素を排出しており[14]、注意が必要である。

　航空機は、長距離輸送に優位性を持ち輸送速度も速いが、運賃が高いために輸送分担率は極めて小さい。このような特性から輸送対象となるのは運賃負担力のある財で、かつ体積が小さく、重量も軽く、輸送時間をできるだけ短縮する必要があるものが運ばれている。具体的には精密機器や生鮮品などの高付加価値品が対象となる。また、国際輸送についてはその大半が海上輸送で運ばれるが、海外工場の部品の欠品による生産停止リスクを回避するような場合、または新商品のサンプルなどの緊急性の高い財については、たとえ重量物であっても航空便が選択されることがある。環境特性としては自動車よりも排出原単位は大きいものの、総排出量に占める割合は小さいために、問題として取り上げられることは少ない。しかし、2050年のカーボンニュートラルに向けて、持続可能な航空機燃料であるSAF（Sustainable Aviation Fuel）の利用などによる脱炭素化が図られる見通しである。

9－3　物流と気候変動問題

　これまでは国内における環境負荷低減のためのルールや、その取り組みを中心に議論を進めてきたが、グローバル・サプライチェーンを考える場合にも、気候変動問題は対応すべき喫緊の課題であることを認識しなくてはならない。以下でSBTiの事例を示す。

◇◇◇◇ **事例　Science Based Target イニシアティブ（SBTi）の取り組み** ◇◇◇◇
　国際的な気候変動問題への取り組みの代表的な議論として、2015年のパリ協定[15] の採択時に提案された Science Based Target イニシアティブ（SBTi）がある。Science Based Target（SBT）とは「パリ協定が求める水準と整合した、5年～15年先を目標年として企業が設定する、温室効果ガス排出削減目標のこと」を指し、「パリ協定に整合する持続可能な企業であることを、ステークホルダーに対して分かり易くアピールできる」手法であるとされる。すなわちSBT認証とは、投資家からのESG投資の呼び込むことを可能とし、リスク意識の高い顧客の期待に応えることで、企業の持続可能性に寄与するものである。

　なお、SBTの要件とは、サプライチェーンにおける二酸化炭素排出量の削減目標を設定するもので、産業革命前より気温上昇を2℃以内とする場合は年2.5％減、1.5℃に抑える場合には年4.2％減とするものである。各段階での二酸化炭素の排出は Scope1～3 に分類され、
Scope1は自社内の燃料の燃焼によるもの
Scope2は他社から供給された電気や熱の使用による間接排出
Scope3はサプライチェーンの上流、下流における Scope1、2以外の間接排出
とされ、15種類の要素[16]
で構成される。物流に関連する分野としては、輸配送がグループ内で行われる場合には、Scope1、2に分類され、企業グループ外に委託される場合にはScope3となる。

　各社にとって認証取得は企業価値を高める手段となるが、認証を受けるまでのプロセスで対策が不十分とされればリストから削除されることもある。日本企業もこの措置を受けた例があり、特に多くの国へグローバル・サプライチェーンを展開する企業ほどその対応が難しいものとなる。全行程での排出量の把握は極め

て複雑で、新たなコストが発生し、将来的には環境対応が難しい国や地域の工場や部品調達先を明示的に外していくことが必要となるかもしれない。

◇◇

EU による国境炭素税の議論

　EU は早い段階から温室効果ガスの排出削減に積極的な対応を続けてきた。これは排出量取引制度（EU−ETS）[17] の導入からも明らかであり、域内の炭素排出量の多い（carbon intensive な）製鉄業、ガラス製造、製糸業などの産業に対して排出削減を図ってきた。さらに EU は少しずつその範囲を広げる傾向を見せており、域内から域外を結ぶ航空分野、そして新たに海運に対しても適用することを表明した。なお、日本は国際海運に対する適用に対して反対を表明している[18]。

　一方、EU が域内における気候変動への対応を強めた結果、カーボン・リーケージの発生が疑われている。これは EU−ETS を適用したことで、EU 域内から規制の緩い外国へ生産拠点を移転する企業が出てくる、もしくは炭素排出量の多い、安価な輸入品に対して EU の製品が競争力を失うといった事態への懸念である。

　これを受け、輸入品の価格に炭素排出を反映する手段として、国境での調整メカニズム（carbon border adjustment mechanism）の必要性が議論され、2022年12月に合意、EU に輸出を行う企業は2023年10月から当該製品の排出量を報告する義務を負うこととなった。

　具体的には、2026年〜27年ごろから EU の排出量取引の炭素価格に基づく国境炭素税が賦課される見通しであり、対 EU 輸出企業からは懸念が示されていた。2021年7月に示された文書[19] によれば、把握する炭素排出量の範囲は生産段階での発生量のみとし、電力による間接排出は対象外である。すなわち、SBTi の分類では Scope1のみとなる。なお、輸送段階での発生分については航空、船舶、道路輸送に対して EU−ETS の適用が検討されている。

　EU での議論を受けて、米国においても同様な議論が開始されるなど、各国における環境対策が輸出時の障壁ともなりかねない事態となっており、輸出企業からの懸念が示されていた。しかし2021年9月27日の『日本経済新聞』の記事[20] によれば、EU 上級副委員長の発言として、日本を国境炭素税の対象外とする可能性が示されている。これは日本が2050年のカーボンニュートラルを掲げている

こと、削減対策の厳しさも EU とほぼ同水準になると想定されることが背景にある。ここから得られる示唆は、国内の排出削減努力が諸外国の国境炭素税を回避する道となりうるということである。しかし、今後も EU を中心とした国境炭素税の議論には注視が必要であり、各企業では Scope3を含めた排出量管理を行うことが１つの対応策となるだろう。

∞∞∞∞∞∞∞∞∞∞∞∞ **ケース　排出量の定式化で環境制約を乗り越える** ∞∞∞∞∞∞∞∞∞∞∞∞

　日本の物流活動が直面する環境制約の議論に戻る。議論を行うにあたり、まずトラックに由来する貨物輸送量を各要素に分解し、定式化することで、操作可能な要素を見つけ出す。

　トラックによる総輸送量から二酸化炭素排出量を求めると、以下のように定式化できる。

$$\Sigma\,CO_2\,i = \frac{D_i}{l_i \times V_i \times e_i} \times unit_i = \frac{d_i}{e_i} \times unit_i$$

CO_2：二酸化炭素排出量（トン）　D：トラックの総輸送量（トン km）　i：車種　l：積載量（トン／台）　V：車両台数　e：燃費効率（km／l）　$unit$：排出係数（CO_2/l）　d：輸送距離（km/ 台）

　上記の構成要素を参考にすると、自動車からの二酸化炭素排出削減についての４つの方針は、表9.1に示したとおりである。

　①は輸送需要そのものの抑制、またはモーダルシフトの促進が想定される。②はトラックの積載率の向上に努めることを内容とし、③は自動車の性能を向上させること、自動車の運転能力の向上を内容とする。④はガソリン以外の排出係数の小さい燃料を用いること、などが考えられる。④については、英国で2030年までに新車販売におけるガソリン車とディーゼル車全廃、さらにハイブリッド車についても排出ゼロの規制をクリアした車以外は、新車販売が禁止されることが発表され、世界の潮流が化石燃料から次世代自動車へと移りつつあることがわかる。すなわち、日本においても電気自動車や水素自動車などの新たなエネルギーを用いた技術への移行が急がれる。

　すべての政策方針の改善に対して炭素税を含めた燃料課税は一定の効果を有すると思われるが、保有する自動車選択に対する補助は自動車単体の性能向上によ

表9.1　トラックの二酸化炭素排出削減のための施策

大方針	政策方針	施策例
①トラックによる輸送需要の削減	輸送需要の抑制	燃料課税
	他の輸送機関への転換	燃料課税　転換コストの補助 モーダルシフトの努力の見える化[注]
②トラックの利用効率の向上	積載率の向上	燃料課税
③燃費効率の向上	自動車の性能向上	燃料課税 エコカーの優遇　環境負荷が大きい車への重課
	ドライバーの運転能力向上	燃料課税　運転技術向上の教育
④排出係数の引き下げ	使用エネルギーの変更	燃料課税　次世代自動車への補助

出所）二村真理子「環境制約下の交通政策——地球温暖化問題に対する経済的手法の適用可能性」2006年、一橋大学博士学位論文
注）エコレールマークやエコシップマークなど、企業のモーダルシフトの努力を表示で明らかにするもの

る削減を実現するものである[21]。

気候変動に対する物流政策

　物流分野における二酸化炭素排出への対応は主に倉庫内、または輸送段階で行われる。倉庫内における対応は、具体的には照明の LED 化などによる電力消費の削減、太陽光パネルの設置などによる再生可能エネルギーの発電、非化石電力の購入などである。その際、必要とされる脱炭素関連の投資に対しては、地球温暖化対策のための税（詳細は後述）などを原資とするエネルギー関連特別会計からの公的な補助金が多く適用されている。

　他方、輸送活動はエネルギー消費を伴うものであり、二酸化炭素の排出を最小化するような輸送手段の選択が望まれる。しかし、現在の主要な輸送手段はトラックであり、これは自由な企業活動の結果、生じた状況であることから、モーダルシフトは容易ではない。近年の脱炭素に対する社会的な要請を受け、企業の自主的な対応と政策的な後押しによって、二酸化炭素排出量は減少に転じているが、2050年のカーボンニュートラルはすでに国際公約であり、目標達成が危ぶまれる場合には強力な対応策がとられることになるだろう。

　改めて、国内で利用されるトラックからの二酸化炭素排出量を削減するためには、物流事業者の保有するトラックの脱炭素化を段階的に進め、荷主企業は主体的に環境性能の良いトラックを選択することが必要である。一方、環境性能に優

れたトラックはまだ価格が高いため、その費用を運賃に反映させることも必要である。

　物流事業者が保有する自動車の低炭素化に資するこれまでの政策には、市場メカニズムが利用されてきた。1997年の京都議定書採択後の自動車からの排出削減について、欧米諸国では化石燃料課税の強化が多く見られたが、わが国では自動車の性能向上に主眼を置いた政策がとられた。具体的には2001年4月より自動車関係諸税のグリーン化政策が導入され、税収中立のもとでの自動車取得税、自動車重量税の調整が行われた。すなわち、同政策は一定以上の環境性能を有する車を環境対応車とし、まずその購入に対して補助を行うことで、消費者が環境対応車を選択するようなインセンティブを与えるものであった。また、一定の車齢を超えた自動車については自動車重量税の重課を行うことで、新車への乗り換えを促す効果も期待された。

　この措置に対し、自動車メーカーは税負担の小さい低公害車の開発に力を入れるようになり、自動車市場全体の低公害化が進んだ。その後、2009年4月からは一定以上の性能の中古車も対象とした「エコカー補助金」[22]へ政策は拡張されることとなった。この政策によって日本の保有自動車の低公害化が進み、その結果、平均燃費が大幅に改善したことにより、運輸部門の二酸化炭素排出量は減少傾向に転じている。なお、2019年からは自動車取得税が廃止され、代わって環境性能に応じた「環境性能割」が導入された。

　ガソリン税や軽油引取税とは別に「地球温暖化対策のための税」が2012年より導入され、化石燃料すべてを対象とした課税が行われている。税率は段階的に引き上げられ、2016年4月より289円／CO_2tとなった。しかし石油換算で760円／klと極めて低い税率であること、また化石燃料の輸入者や採取者といった流通の上流部分で課税が行われるために、多くの人は賦課されていることに気づいていないようである。すなわち利用段階での削減のインセンティブはあまり期待できないかもしれないが、年に2,600億円以上の税収を生み出しており、この税収は省エネルギー対策や再生可能エネルギーの普及に対する補助として還流されることで、二酸化炭素排出削減を促すものである[23]。また現在、2050年のカーボンニュートラルに向けた議論の中でカーボンプライシング[24]について議論が行われていることから、課税強化の可能性がある。

　パリ協定を受けて策定された「地球温暖化対策計画」[25]には、自動車単体対策として（1）「次世代自動車の普及、燃費改善」と（2）「バイオ燃料の供給体制

整備促進」の2つの方向性が提示されている。これまでの自動車の関連施策は燃費改善によるところが大きかったものと思われるが、今後は次世代自動車の普及が課題とされている。次世代自動車とは「ハイブリッド自動車（HV）、電気自動車（EV）、プラグインハイブリッド自動車（PHV）、燃料電池自動車（FCV）、クリーンディーゼル自動車（CDV）、圧縮天然ガス自動車等（CNG[26] V）」を指しており、その普及拡大を推進するものとしている。市場規模が乗用車に比べ小さく、開発および大量普及が進みにくいトラックについては次世代自動車の導入に向けて「初期需要の創出や、性能向上のための研究開発支援、効率的なインフラ整備等を進める」ことが明記された。

気候変動問題に対する企業活動の方向性

　実際の貨物輸送においては、物流事業者がこのような環境性能の高い自動車による輸送サービスを提供し、荷主が適正な運賃でこれを選択することが必要となる。エネルギーの使用の合理化等に関する法律[27]（以下、省エネ法）では、一定規模以上の輸送事業者、荷主が取り組むべき省エネの取り組みを実施する際の目安となる判断基準を定めている。さらに、第6次エネルギー基本計画[28]をふまえた脱炭素社会の実現に向け、2023年4月には同法の改正が予定されており、電化・水素化等による非化石転換[29]の措置が求められている。本章では詳細な言及は行わないが、輸送事業者、荷主、準荷主は新たな判断基準に従って非化石転換に関する中長期計画（目標年は2030年度）および定期報告の提出を義務づけられることになり、対応が著しく不十分であると認められる場合には指導または助言が行われることとなる。また、電気自動車の充電インフラの設置については、荷主と輸送事業者が連携して行うことも指標に盛り込まれるなど、対応は加速するものと思われる。

　2050年のカーボンニュートラル宣言を受けて、2021年7月に国土交通省は運輸、家庭業務部門の脱炭素化に関する「グリーンチャレンジ」[30]をとりまとめた。このうち物流に関連する施策としては、自動車の低公害化に加え物流DXの推進、共同輸配送システムの構築、ダブル連結トラック[31]の普及、モーダルシフトの推進が提示されており、これまでに進められてきた施策が提示されている。また、これに先立つこと同年5月に閣議決定された総合物流施策大綱（2021年度～2025年度）にも地球環境対策として以下のような3点の取り組みが示されている。

① サプライチェーン全体での環境負荷低減に向けた取り組み

② モーダルシフトの更なる推進

③ 新技術等を活用した物流の低炭素化・脱炭素化

　他にもサプライチェーン全体の環境負荷低減に着目した試みとして、2022年4月に設立された GX（Green Transformation）リーグ[32] がある。経済産業省主導のこれは、カーボンニュートラル目標を実現すると同時に、産業競争力を高めていくことを目的として、経済社会システム全体の変革をけん引していくための議論と新たな市場創造を行うための場である。この GX リーグに参加の企業には、

① 自らの目標設定と達成のための取り組みを公表すること

② サプライチェーン単位での取り組みを行うこと

③ 製品・サービスを通じて、市場のグリーン化をけん引すること

が求められる。そして、このリーグでは、カーボン・クレジット市場[33] を通じた排出量取引を行う機能を有しており、自らの目標達成の手段とすることが出来る。ここで行われる工夫において最も重要であるのは、すでに述べたカーボンプライシング、すなわち経済的手法の活用である。

　本章では運輸部門の環境対応を中心とした議論を行ってきた。同分野の政策は、基本的には補助や課税などのインセンティブと緩やかな規制を示し、あとは事業者が自由に現状からの削減方法を模索することを期待している。すなわち、荷主企業、物流事業者ともに影響を最小限にとどめながら、各企業がそれぞれに目標の達成を行うことが望まれる。

　労働力不足への備え、地球温暖化への対策が急務となる中、一部のメーカーから「競争は本業で。物流は協調へ。」という言葉が聞かれるようになっている。これは、これまでは物流の効率化を一社単位で進めてきたものを、今後の「運べなくなる事態」を想定し、有志企業が集まって物流を協調領域とするものである。効率化の推進、環境負荷の低減に資する取り組みの定量的な把握を図り、成功事例の横展開が望まれる。

ディスカッション：海外の環境保護の取り組み

　本章では日本における気候変動への対応を説明してきたが、米国や欧州、中国、東南アジアなど、海外ではどのような取り組みが行われているのだろうか。自身

が興味のある国、地域の取り組みについて調べ、発表してみよう。

9章のポイント

➤ 物流の6機能それぞれにおいて、ドローンや倉庫用ロボットの活用、包装や流通加工でのさらなる付加価値の追求などの進化が始まっている

➤ 環境問題への関心が高まり、環境負荷の比較的小さい鉄道や船へのモーダルシフトに加え、トラックの性能向上による負荷低減が目指されている

➤ EUの排出量取引などカーボンプライシングの導入が進んでいるが、日本でもカーボンニュートラルを目指し、経済社会システムの変革であるグリーントランスフォーメーション（GX）が掲げられた

9章の内容をより深く学ぶために

マルク・レビンソン（2007）『コンテナ物語——世界を変えたのは「箱」の発明だった』村井章子訳、日経BP。

角井亮一（2019）『物流がわかる（第2版）』日経文庫。

注

1）日経ビジネス編集部「ドミナント戦略とは？　さまざまな業種が採用する戦略の強みと課題」日経ビジネス電子版、2021年9月15日（https://business.nikkei.com/atcl/gen/19/00081/080400231/）。

2）都市交通調査・都市計画調査（https://www.mlit.go.jp/crd/tosiko/supplies/index.html）。

3）例えばダイヤモンドは運賃負担力が高いのに対し、黒いダイヤ（石炭）は極めて低い。

4）日本通運「ロジスティクス用語集　一貫パレチゼーション」（https://www.nittsu.co.jp/support/words/a/ikkatsupalletization.html）。

5）国土交通省「物流標準化」（https://www.mlit.go.jp/seisakutokatsu/freight/seisakutokatsu_freight_tk1_000200.html）。

6）髙木宏明「日立物流　物流ビジネスの装置産業化に突き進む」『月刊ロジスティクス・ビジネス』2022年9月号、pp.30-31。

7）藤原秀行「TOTO "伝説の技師" が成し遂げた包装革命を継承」『月刊ロジスティクス・ビジネス』2022年12月号、pp.32-33。

8）農林水産省「2021年の農林水産物・食品の輸出額」（https://www.maff.go.jp/j/shokusan/export/e_info/attach/pdf/zisseki-7.pdf）。

9）石原亮「サッポログループ物流 計画主導型の標準業務モデルを構築」『月刊ロジスティクス・ビジネス』2023年1月号、pp.22-23。

10）総務省『令和4年版 情報通信白書』「生産年齢人口の減少」（https://www.soumu.go.jp/johotsusintokei/whitepaper/ja/r04/html/nd121110.html）。

11）旅客営業キロ1kmあたりの1日平均旅客輸送人員のこと。日本民営鉄道協会「鉄道用語事典 輸送密度」（https://www.mintetsu.or.jp/knowledge/term/16484.html）より。

12）事業環境の悪化と経営効率化のために、地域唯一の食料品を扱う農協の購買店舗などの撤退事例が多く聞かれるようになっている。撤退後は住民がタクシーを利用して食料調達を行うケースが多く聞かれる中、高知県土佐町石原地区のように地域運営組織によって事業継承が行われるなど、積極的な取り組みも一部見られる。取り組み事例については、総務省 行政評価局「地域住民の生活に身近な事業の存続・継承等に関する実態調査」2021年3月19日（https://www.soumu.go.jp/menu_news/s-news/hyouka_030319.html）を参照。

13）「回避可能経費」のことで、JR貨物がJR旅客会社に支払う線路使用料のうち、貨物列車が走行しなければ回避できる経費（例えば摩耗によるレール交換費用など）のみJR貨物が負担するというルール。日本通運「ロジスティクス用語集 アボイダブルコストルール」（https://www.nittsu.co.jp/support/words/a/avoidable-cost.html）より。

14）水素には製造方法によって、再生可能エネルギー由来のグリーン水素、化石燃料由来ではあるが、他の吸収源で排出を相殺したブルー水素、化石燃料由来のグレー水素がある。

15）外務省「2020年以降の枠組み：パリ協定」2022年2月24日（https://www.mofa.go.jp/mofaj/ic/ch/page1w_000119.html）。

16）環境省・経済産業省「グリーン・バリューチェーンプラットフォーム サプライチェーン排出量算定をはじめる方へ」（https://www.env.go.jp/earth/ondanka/supply_chain/gvc/supply_chain.html）。環境省・経済産業省「グリーンバリューチェーン・プラットフォーム 排出量算定に関するQ&A」（https://www.env.go.jp/earth/ondanka/supply_chain/gvc/estimate.html#no05）。

17）JETRO「貿易・投資相談Q&A 環境規制：EU」（https://www.jetro.go.jp/world/qa/04A-081201.html）。

18）日本は経済効率性の観点から燃料に対する炭素税方式が望ましいとしている。

19）European Commission "Proposal for a REGULATION OF THE EUROPEAN PARLIAMENT AND OF THE COUNCIL establishing a carbon border adjustment mechanism," 2021.7.14.

20）「EU『新炭素税』に警戒と期待 日本、基準作りで攻めも」『日本経済新聞』2021年9月27日付。

21）ロードプライシング等の政策導入による交通流の改善なども排出量に影響を与えるものであるが、地域を限定するために本稿では扱わない。

22) 国土交通省「『エコカー補助金』の概要について」(https://www.mlit.go.jp/jidosha/jidosha_fr10_000012.html)。

23) 運輸部門においても、モーダルシフトを行う際に発生する費用の一部を補助するなどの施策が行われている。

24) 炭素に価格を付け、排出者の行動を変容させる政策手法のこと。環境省「カーボンプライシング」(https://www.env.go.jp/earth/ondanka/cp/index.html) より。

25) 環境省「地球温暖化対策計画（令和3年10月22日閣議決定）」(https://www.env.go.jp/earth/ondanka/keikaku/211022.html)。

26) Compressed Natural Gas（都市ガス）。

27) 経済産業省 資源エネルギー庁「省エネ法の概要」(https://www.enecho.meti.go.jp/category/saving_and_new/saving/enterprise/overview/)。

28) 経済産業省「第6次エネルギー基本計画が閣議決定されました」2021年10月22日 (https://www.meti.go.jp/press/2021/10/20211022005/20211022005.html)。

29) 経済産業省 資源エネルギー庁 省エネルギー・新エネルギー部 省エネルギー課 資源エネルギー庁「工場等における非化石エネルギーへの転換に関する事業者の判断の基準の新設イメージについて（案）」2022年12月23日 (https://www.meti.go.jp/shingikai/enecho/shoene_shinene/sho_energy/kojo_handan/pdf/2022_004_s01_03.pdf)。

30) 国土交通省「グリーン社会の実現に向けた『国土交通グリーンチャレンジ』」2021年7月 (https://www.mlit.go.jp/report/press/content/001412433.pdf)。

31) 国土交通省「ダブル連結トラック」(https://www.mlit.go.jp/road/double_renketsu_truck/)。

32) 経済産業省「GXリーグ基本構想」(https://www.meti.go.jp/policy/energy_environment/global_warming/GX-league/gx-league.html)。

33) 東京証券取引所「カーボン・クレジット市場」(https://www.jpx.co.jp/equities/carbon-credit/index.html)。

※いずれのURLも最終アクセス日は2023年4月10日。

10章

人工知能による各種オペレーションの進化と MLOps

本橋　洋介

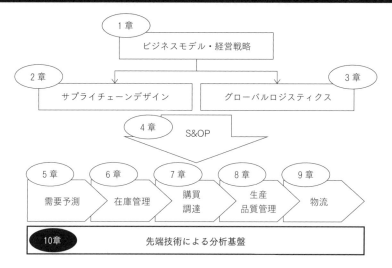

　近年、AI や IoT といった先進的な技術の実務活用が、様々な業界、業務領域で始まっています。すでに効果検証（PoC：Proof of Concept）のフェーズは終わり、実際に成果の創出を目指す企業が増えているのです。そこで新たに着目されているのが、先端技術活用のマネジメント、MLOps（Machine Learning Operations）です。

　ビジネス、社会ではどのような AI 活用が始まっているのでしょうか。特に本書で解説してきたオペレーション、需要予測、在庫管理、発注・生産、調達、物流などの具体例を学びましょう。オペレーションズマネジメントの知識と先進技術の活用例をふまえ、ご自身の業務の進化を考えてみてください。

10－1　人工知能の歴史

　人工知能（AI：Artificial Intelligence）の歴史は非常に長く、人工知能という言葉ができたのは1950年代である。最初の人工知能は条件分岐を実装したプログラムであり、そのプログラムが発展して、ルールと推論エンジンによって動く、エキスパートシステムが登場した。エキスパートシステムは、ルールと推論処理部（推論エンジンと呼ぶ）が独立であるのが特徴であり、ルールを整備すればそのルールに基づいて推論してくれるので、推論エンジンを作れない人でも知識のメンテナンスができることから、医療診断などの分野に拡がった。（例：MYCIN（1970年））しかし、エキスパートシステムは、高精度にするために行う知識の作成や、知識のメンテナンスに手間がかかりすぎ、限定した対象に実用化されるのみとなっていた。

　1980年以降、コンピュータが発達するにつれ、第2次人工知能ブームが来た。この時期に発展したのがニューラルネットワークである。ニューラルネットワークは、人間の脳の機能を参考に、脳を模したものをシミュレーションによって作ることを目指したものである。機械がデータから学習してモデルを作るという意味で、「機械学習」の技術領域の1つと分類される。ニューラルネットワークは後述するディープラーニングの基礎となっているように、非常に可能性の高いアルゴリズムであったものの、脳をシミュレートするうえで大量の計算が必要となる課題があった。そのため当時のコンピュータの性能の限界から、実際の人間の処理に相当するものを作ることができなかった。

　1990年代以降になってニューラルネットワークの代わりに、「統計的機械学習」を用いた分類や予測のシステムが発展した。このころから機械学習を利用したシステムが実際に運用されるようになり、今日まで続いている。統計的機械学習は、あるデータがいくつであるかの確率を、データの頻度などから推定したり、データとデータの間の関係性を確率として推定したりするものである。主に対象にしている問題は、分類（判別）または予測であり、代表的なものに、スパムメールのフィルタシステム、小売店の発注のための需要予測システム、インターネットショッピングでの商品レコメンドなどがある。

　2010年代になって、統計的機械学習と比較して下火となっていたニューラルネットワークが、「ディープラーニング」の登場によって再度発展することとなる。

きっかけは、画像認識において、これまで用いられていた統計的機械学習の精度を圧倒的に上回る結果を出したことである。ディープラーニングは、日本語では深層学習といわれる。ニューラルネットワークを多層に重ねた構造をしていて、最初の方の層ではデータのおおまかな特徴を表現するニューラルネットワークができあがり、深い層になると細かな特徴を表現するものが自動的にできあがる。利用者にとって、ディープラーニングの最大の特徴は、特徴量（人工知能が推定に用いる要因の候補）を予め与えなくても内部で自動的に作ることであり、試行錯誤することなく高い精度を達成することができるようになっている。ディープラーニングの登場によって、人工知能は、2010年代になって第3次ブームといわれるようになっている。きっかけは、プロセッサやストレージが進化したことである。大規模な計算を行ううえでのコストダウンや、センサーやクラウドコンピューティングの発達により、これまでよりも多種のデータが多く集められるようになった。

　本章では、人工知能の応用を解説したのち、オペレーションの発展と関係の深い応用について説明する。また、人工知能を実用していくうえでの技術的課題についても併せて解説する。

　なお、本章では、人工知能を構成するアルゴリズムの種類や詳細については解説しない。それらを学びたい場合、章末の「10章の内容をより深く学ぶために」を参照されたい。

10－2　人工知能の種類と応用

　前節で説明したような発展を経た今、人工知能は、様々な仕事において使われるようになっている。人工知能の役割を大きく分けると、図10.1のように、「認識」「分析」「対処」に分けることができる。この3つの役割に分けて解説する。オペレーションに関係が深い応用は特に詳しく解説するとともに、それ以外の応用については、製造業・流通業・物流業などでの応用を中心に解説する。

認識
　現在の人工知能が得意なことの1つに情報の識別・認識がある。対象のデータ（文章データ・センサデータ・画像データなど）が何を意味するのかを、過去の傾向から推定するものである。例えば以下のようなものがある。

図10.1　人工知能の役割

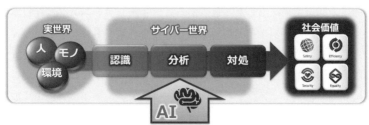

① 画像認識

　ディープラーニングなどによって画像認識技術が非常に進化した。そこで、以下のような業務が人工知能によってサポートされるようになってきている。

● 人の認証

　顔認証が典型例であり、予め人の顔をカメラなどで学習しておき、目の前に現れた人が学習された顔の中のどの人かを推定するもの。空港やビルのゲートの認証など多数の実例がある。製造業における工場の入退場管理や、物流業における庫内の人員管理など、人の出入りが多い場所の管理が効率化されるといった効果がある。

● 監視業務

　警察や施設の警備といった、人の監視を行う業務は人工知能と相性が良い分野である。犯罪防止や安全の担保という目的で使われる。建設業の施工現場や、化学工業の工場など、危険を伴う場所や関係者以外が入場しないことが望まれる場所にはより必要とされる。

● 医療診断

　医療の診断において画像認識はよく用いられる。例えば病理画像から癌を見つけることを自動で行うといったことが考えられる。また、胃や腸などの内視鏡でポリープを見つけるシステムもプロトタイプが開発されている。他にも、レントゲン画像・超音波画像・CT 検査画像の解析においても機械学習を用いた診断支援が行われるようになると考えられる。

● 検査・検品

　製造業は生産工程の中で様々な検査を行っており、その中に撮影画像による検査がある。製品の表面を撮影し、傷・割れ・凹み・汚れなどがないかを検査するものである。傷パターンなどを覚えておいてそれに合致するかどうかを人工知能が判定する。また、農作物などにおいては、不良の判定だけではなく、大きさ・色・形から等級を判定するのにも使うことができる。生産や物流のあらゆるところで検査は行われるため、検査の効率化はサプライチェーンや生産サイクルの改善において重要である。

● 画像の整理・検索

　SNS にアップロードされた画像などの整理を行うためのタグ付けを自動で行う。例えば TV 局などの放送業においては、撮影した素材から適切なものを探して動画に用いるといった用途において画像や動画の検索システムを用いる。

② 音声認識

　音声認識は、人が話した音声データを文章に変換するものである。音声データは、マイクが計測（センシング）した波形情報であり、その波形がどんな文章に相当するのかを機械が推定する。音声認識も画像認識と同様にディープラーニングなどの機械学習の進化によって精度が向上している。音声認識の応用には以下のものがある。

● 携帯電話やパーソナルコンピュータなどの入力

　特に携帯電話の音声入力に用いられており、情報検索やアプリの起動などに用いられている。

● 議事録の自動作成

　会議や議会・裁判所などの記録の作成を支援するものである。議事録の自動作成には、話者の識別が重要であるが、周波数情報などから発話ごとに同一人物かどうかを判定する仕組みも導入されている。人工知能が作成した議事録が間違っているところを人間が修正するだけで済み、議事録作成コストを大幅に削減することができる。

- コールセンターの補助または代替

　コールセンターでの通話を認識して、会話の記録を作成したり、認識結果をもとに次の通話の候補を提示したりするものである。

- 装置やシステムの操作

　工場・調理場・運転席など、手を使いづらい場所における操作入力を補助するために、音声による入力受付が有効である。

③ 文章解析・文意認識

　文章に何が書いてあるのかを識別するものである。文章解析の応用例は以下のものがある。

- 不正文章検知

　企業の中の文書を調べて談合可能性を検知するものやインターネット掲示板内に投稿されるものの中の犯罪行為を検知するものなどである。これらの文書は大量にあるため、人で検知するには限界があり、人工知能を使うことで人がチェックするよりも多くの不正を検知できる可能性が上がる。

- ニーズの把握

　営業日報や、顧客アンケート、インターネット上の投稿から、商品の評判などを取り出すものである。製造業や流通業の需要予測においても、評判の多さなどを予測の因子に取り込んでいくことも考えられ、特に新商品のように、過去の売り上げデータがあまりないケースによってはこれらの評判情報を頼りに予測することが有効と考えられる。飲料・食品・化粧品・日用品などの製造業や、映画・TV・音楽などのエンターテインメントに関する需要予測では特に重要である。

- 過去の類似事例検索

　故障や事故が起こったときの対応を決めるために、過去の対応記録から今の状況に近いものを検索するものである。症状に近い過去の医学論文を検索したり、顧客の要望に近い過去の提案書を検索したりするようなものもある。

④ 異常検知

　異常検知には、過去の異常状態を学習しておいてそれに類似する異常を検知するタイプのものと、通常状態を学習しておいてそれと異なる場合に異常だというタイプのものがある。異常検知の応用事例は以下のようなものがある。

● 故障の検知

プラントや、工場、通信機器などの設備が、通常と違う動作をしているときに故障の可能性があると検知するものである。

● 不審行動検知

社員の情報システムのアクセス状況など、通常と異なる行動をしているときに、不審な行動の可能性があると検知するものである。また、不正取引の検知なども人工知能を使う取り組みが始まっている。

● デフォルトの検知

企業や個人の入出金や取引の状況が通常と異なるときに、破産など異常状態の可能性を検知するものである。

分析

分析とは、人工知能が過去の傾向をもとに未来や今の状況を推定するものである。多くは「予測」するものになる。分析に関する応用は、例えば以下のものがある。

① 数値の予測

売上データなどは長い間データベースに蓄積されているものも多く、そのため、数値を予測するシステムの実例が多くある。

● 売上や需要の予測

過去の売上を学習して未来の売上を予測するものである。コンビニエンスストアやスーパーマーケットのような小売業では、売上を予測して、現在の在庫量と総合して発注量を決めることに用いる。また、機械学習の結果をもとに、キャンペーンやイベントがあったときの売り上げ増を予測して、販促計画を立てるのに用いることもある。小売業の需要予測は、カレンダー特性・気象情報やテレビCM・Web での評判など、企業外のデータを併せて予測することが多い。翌日から一週間程度後までなど近未来を予測することが多く、人工知能の効果が出やすい代表的な対象である。

製造業では、需要の予測をし、現在の在庫量と総合して生産量を決めることに用いる。製造業の需要予測では、部品や原料の調達のリードタイム（注文から到着までの時間）を勘案すると、数カ月後や1年後などの予測をすることもあり、

人工知能を用いても予測が難しいことがある。しかし近年では経済指標や物価などマクロ経済データを容易に手に入れられるようになったことなどから需要予測の高度化に取り組む製造業も増えてきている。

- ● 価格や経済指標の予測・推定

　価格の予測は需要予測と並び、数値予測において最も用いられる応用である。化学・製鉄・食品などの製造業においては原材料の価格を推定して調達計画を立てることが重要である。食品や原油などには取引市場があり、相場情報が存在するため、学習データを集めやすい分野である。一方で、これらの価格予測においては、調達計画を改善したいというビジネスの目的上、数カ月先から数年先までの予測を行うことが望ましく、難易度が高くなることが多い。これは、紛争や科学技術の発展を予測するのが困難であることに類似する。不動産の価格予測なども同様である。他に、株取引のための株価予測は、人工知能が多く使われている分野である。人工知能が近未来に買い注文が多くなる銘柄を予測し、先に株を購入しておくことで利益を得るものである。同様に、経済指標の予測も取り組まれている。世間の売り上げや景況感の認識から、現在や未来の景気を推定するものである。

　また、価格予測の別の用途として、自動車・不動産など高価なものの価値の見積や、建設・システム開発など見積が複雑になりやすい対象の見積の支援がある。これらは、前述の相場の予測とは異なり、対象の規模や設備・装備などをもとに単一の物体の価格を推定するものである。物品の買い取りを行うようなケースにおいては特に有効である。

- ● 所要時間の予測

　渋滞や天候不順による自動車・船・飛行機の遅延などを、天候などとの関係から推定するものである。特に自動車の渋滞の予測は様々なところでトライされており、2023年現在、高速道路の渋滞に関しては予測結果が Web で公開され[1]、利用者が活用できるようになっている。渋滞を予測するだけではなく、信号制御や交通規制を行うことで渋滞解消を行うための取り組みが始まっている。

　物流の観点では、特に船便など長期間の所要時間の遅延は致命的になりやすいため鉄鋼業などの港湾作業の効率化のために物流時間予測が行われる。また、港湾作業や建設作業など、天候影響を受けやすい作業の場合は、作業時間の予測も必要になることがある。

- 劣化の予測

　電線・道路・水道・蓄電池など、長時間かけて劣化していくタイプのモノについて、どれくらいの期間で劣化するかを予測するものである。劣化の予測結果をもとに、メンテナンス計画の策定を行う。このような、モノのメンテナンスは、従来、新品の時からの経過時間または使用回数などで取り換える Time Based Maintenance（TBM）で行われていた。近年、センサーが劣化状態の計測をして、人工知能が劣化状態の推定することで、悪いところから順にメンテナンスする Condition Based Maintenance（CBM）が徐々に拡がっている。

- 品質の予測

　生産工程での不良率を予測するものである。製造業で温度や流量などの製造条件や、原材料の組成などから不良になる確率や量を人工知能が推定する。人工知能が不良率を事前に推定することで、なるべく不良が少ない製造条件を設定することができ、不良による損失を抑えることができる。

② イベント発生の予測

　数値予測と並び人工知能の応用例が多いのは、「起こる」か、「起こらない」かというタイプの、イベントの発生を予測するものである。以下に代表例を説明する。

- 購買や解約の予測

　顧客のデータベースをもとに、商品を将来購入することや、解約されることを予測する。顧客の過去の購入履歴や、Web のアクセスログ、サービスの利用状況（携帯電話の使用量など）などと、将来の購買や解約との関係を人工知能が学習することで予測を行う。顧客別に、購買や解約しそうな確率を人工知能が提示することで、営業員が訪問する顧客や電話する顧客の優先順位を決めたり、ダイレクトメールの送付先を決めたりするのに用いる。

- 故障の予測

　前述した劣化の予測と同様に、故障の可能性を予測することがある。劣化予測と異なり、徐々に進行していくタイプのものだけではなく、予兆なく突発的に発生する故障も推定しなくてはならないところが異なる。

● 疾病の予測

　診療データや健康診断のデータが蓄積されるようになり、人の疾病の予測を人工知能が行う取り組みが進むようになった。例えば敗血症などの予測を機械学習が行う取り組みが行われている しかし、ICU での診療データなど入院患者のデータに関しては定期的な検査データを得られる可能性があるものの、通院患者のデータは、検査が不定期になることや患者の行動を把握しきれないことなどから人工知能の応用に必ずしも向いていないことがあり、注意が必要である。その一方、健康診断は同じ項目を定期的に検査する上、多人数のデータであるため人工知能の応用に向いている。現在、健康診断のデータから生活習慣病の発症可能性を予測するような取り組みが行われている。

● 相性の予測

　相性の予測は、マッチングとも呼ばれる。Web サイトに訪れたユーザーにどの広告を提示したらよいかを推定することが一例である。この場合、過去に広告効果があったデータをもとに、ユーザーの属性（年齢・性別・過去の購買履歴など）と、広告の属性（商品タイプや価格など）の関係を学習しておくことで実現する。

　マッチングの応用先として用いられるのが、採用の支援である。過去に選考を通過した人のエントリーシートを学習しておいて、選考作業を人工知能が行うことで、人が行う選考作業のコストを削減するものである。採用を支援する人工知能のサービスはあるが、公平性の担保などの課題もあり、利用が拡大することの障壁になっている。

対処

　「対処」とは、人工知能が実際に何かしらの行動を自動で行うタイプのものである。「制御」「実行」なども類似の意味で用いられる。対処に関する応用は、例えば以下のものがある。

① 行動の最適化

　行動の最適化とは、人工知能に何かしらの行動基準（どうなったらよいか）を与え、行動を決めるものである。以下に具体例を説明する。

- 在庫の最適化

　在庫の最適化は、長い間取り組まれているもので、多くの実例やソフトウェアがある。売上の予測結果に基づき、小売店での発注や製造業の生産量を自動決定するものである。決定のためには、人工知能に、生産コスト・在庫コスト（倉庫などのコスト）・廃棄コスト（一定期間経過したときに廃棄する場合の損失）・物流コストなどを与える。これらのコストの詳細については6章を参照いただきたいが、人工知能は、売上予測とコストを組み合わせて、コストに対する利益または売上が最大になるように在庫をコントロールする。人工知能による在庫最適化は、前記コストを少なくするだけではなく、発注処理を行う人の人件費を削減することにもつながる。

- 広告の最適化

　広告の出稿タイミングや出稿先を自動決定するものである。特にインターネット広告に関しては、その反応（クリックされたか、Web サイトに来たあとに購入したかなど）がデータ化しやすいことから、いつ、どの出稿先に広告を出した時にどんな反応量になるのかを予測して、出稿先を決めることができる。また、インターネット広告は、出稿先を頻繁に変えることも容易なため、人工知能による自動化が進みやすい領域で、今後も活用が拡がると考えられる。

- キャンペーンの最適化

　値下げや販促などのキャンペーンを行ったときに、どれくらい売り上げが上がったかを学習しておいて、次に行うキャンペーンを自動決定するものである。特に値下げに関しては、価格が扱いやすい数値データであることから、自動決定しやすいものであり、売上向上の効果が見込まれる他、値下げ計画作成者の手間を大幅に下げることができる。

- 配送の最適化

　各配送経路にかかる時間と、出荷期限情報をもとに、最短時間で回ることができるルートを決めるものである。実際は、各配送先の不在可能性や、出荷時の積み込みの都合、9章で解説した環境への負荷など、考慮しなければならない要因が多く、計算するのが困難なことも多い。しかし、近年のコンピュータの進化により、これらの問題において、多数の要因を含んでも解くことができるようになっており、複雑な配送最適化を解く人工知能の実現が期待されている。

- 出店の最適化

　売上と店の立地の関係を学習しておいて、出店候補地の中でどこの売上が多い
かを予測して出店場所を自動決定するものである。出店候補地を自由に選べない
ことや、競合店舗の情報など土地の情報が収集しきれないことなどから完全な実
用化にはまだ壁がある。

② 作業の自動化

　作業の自動化とは、人間が手・足・口などで行う作業を機械に代替させるもの
である。以下に具体例を説明する。

- 自動運転

　車の自動運転は人工知能の応用先で最も有名なものの1つである。国交省や
NHTSA（米国運輸省道路交通安全局）の整理によれば 、車の自動運転はレベ
ル0（情報提供型）からレベル4（完全自動走行型）までの5段階で分けられて
おり、現在、レベル2までが実用化されている。レベル2は、特に高速道路など
で、アクセルやブレーキやハンドルの制御を行うものである。車の自動制御の基
本となっているのは、カメラやセンサーによる計測データをもとにした周辺状況
認識であり、ここに人工知能が用いられている。自動運転では、ドライバーが死
傷する事故なども起こっており、完全な自動運転の実現はまだ先だともいわれて
いる。しかし、周囲の状況認識だけではなく、制御も深層機械学習などの方法で
行われようとしており、今後、多数の実験データが収集されることで自動運転車
の性能が上がっていくと期待される。

- ロボット制御

　工場などで動く産業用ロボットの制御において、画像認識結果をもとに制御を
自動決定するものである。物を掴んだり、キャップの開け閉めをしたりといった
作業は、対象物を何度も掴むような試行錯誤を行うことができることから、強化
学習という機械学習の一種が適しており、近年取り組みが進んでいる。強化学習
とは、何度も制御をトライしていきながら失敗と成功を学習していき最終的に良
い制御方法を作ることができるようなアルゴリズムであり、ディープラーニング
との相性もよく近年進んでいる技術である。

- Q&Aの自動化

　チャットボットと呼ばれることが多い自動応答システムによって、コールセン

ターの代わりに人工知能が応答してくれるものが拡がっている。Q&A を人工知能に学習させておいて、ユーザーが問いかけてきた質問に対して近い質問を探して応答を提示するものが基本である。さらに、ユーザーの目的を達成するまでのナビゲートを行うような、「タスク指向型」と呼ばれるものもある。自動応答システムによって簡単な質問や夜間の質問は人工知能が対応しておいて、人のオペレータはより高難度の質問に集中して従事できるといった効果がある。

③ 表現の生成

　表現の生成とは、画像や文章を生成するものである。最適化などと違って、経済価値など明確な評価基準を設けづらいものも多いため、性能の評価が難しい分野であるが、エンターテインメント用途も含めて実例が出始めている。この分野は、2014年に発表された敵対的生成ネットワーク（GAN：Generative Adversarial Networks）に始まる深層学習の方法によって大幅に進化した。その後、GAN の進化系が多数発表され、応用範囲が広がっていった。

　さらに、近年は、Transformer と呼ばれる深層学習の手法の応用によって、言葉を理解するアルゴリズムが発達している。具体的には、言葉から画像を生成する手法（Stable Diffusion など）や、言葉を入力することで物語やプログラムやビジネス文章を生成する手法（ChatGPT など）がある。特に、ChatGPT は、翻訳・要約・文章生成・アイデアの創発・調査業務などに関連する様々な文書を生成することができるため、多数の業務が変化すると期待されている。以下に具体例を説明する。

● 翻訳

　文章の翻訳は文章生成の中で最も多く使われている分野である。近年、深層学習を応用した翻訳が実用化されている。英語の文章と対になる日本語の文章をペアで学習させておいて、ユーザーが入力した英語の文章に対してもっともらしい日本語を出力するものである。Web に多数ある翻訳サービスは、世界の多くの人の間のコミュニケーションを円滑にすることに役立っている。

● 要約

　長文の文書から、それを短文で説明する文章を自動生成するものである。文章の中から特徴的な単語を抽出し、さらにそれを説明する抽象概念と併せて要約を生成するようなアルゴリズムが研究開発されている。これによってニュース記事

のヘッドラインの自動生成が取り組まれている。

- 画像生成

　画像生成は、様々な方法が研究開発されている。大量の画像を学習することで、学習した画像内に共通する特徴をもとに、ありそうな画像を生成するものである。近年、人の顔やアニメキャラクターなど大量の画像を学習しやすい分野に関しては、人間の描画と見分けがつかない高いレベルの画像が生成されるサービスが公開されている。さらに、言語から画像を生成するアルゴリズムも進化しており、「月の上でサッカーをしている子供」などの言葉から妥当な画像を生成することができるようになっている。代表的なアルゴリズムに、2022年に発表されたStable Diffusion がある。

ディスカッション：人工知能の実務活用

　自身の興味のある業務領域（SCM やマーケティング、ファイナンスなど）や、現在担当している業務などにおいて、ここで紹介したような各種人工知能がどのように応用できるか、すでに実現されている事例を調べながら考えてみよう。

10－3　オペレーションと人工知能

　本書のテーマであるオペレーションと人工知能の関係を整理して解説する。図10.2はオペレーションのプロセスに関係が深い人工知能の活用用途の例である。これらの用途を、どのようなデータを用いるかと併せて解説する。

　営業においては、取引先の契約・注文や解約の予測に用いることができる。契約・注文の予測においては、過去の取引結果の他に、取引先の経営状況や売り上げデータなどを用いることもある。予測結果を用いて、次の営業戦略に活かす。営業の結果はシステムに入力し、調達や生産の部門が活用できるデータとする。

　調達部門では、市場価格の予測を行う。価格の予測においては、市況の相場データを用いて予測することが通常であるが、市場調査結果やニュース記事などの文章データを併せて用いることもある。近年、自然言語処理のための深層学習が進化しており、価格予測の高度化のために言語データを取り込んでいくことが期待される。また、価格予測の結果を用いて調達量の最適化を人工知能で行うことが考えられる。需要予測の結果と価格予測の結果をもとに、材料調達を最適化し

図10.2　オペレーションのプロセスと人工知能の活用の関係

営 業	調 達	生 産	物 流	販 売
購買予測 市場予測	価格予測 調達最適化	品質予測 需要予測	物流最適化 作業時間予測	品揃え最適化 価格最適化

ていくことで収益が上がる。

　生産部門では需要予測をもとに生産計画を立てる。需要予測結果は、調達・生産・物流など在庫に関係するすべての部門が活用するため、オペレーションで最も重要な人工知能の活用対象である。生産部門は過去の需要データをもとに将来の需要を予測するが、業種によっては、営業部門からの営業情報を入力することもある。また、生産部門は需要予測結果をもとに生産量の最適化を行う。生産量の最適化は、在庫最適化の一部と見なすこともでき、物流部門が行う中間の在庫管理も併せて行われることも多い。一般に生産量を抑えて在庫コストを下げるのが経済的に得であるが、予想外の需要に対応できない際の欠品がリスクで生産量を下げきれないことが多い。また、生産のコストも、大量に同時に生産したほうが抑えられることが多いことから、生産量の最適化は、単純に生産量を少なくすればよいというものではなく、数理的に複雑な要因を併せて解いていくことが求められる。

　物流部門では、物流ルートや物流タイミングの最適化が人工知能の応用先として最も典型的なものである。例えば、食品や日用品の製造業の国内の倉庫間の物流においては1カ月以上前から配車計画などトラック量の決定を行うとともに、数日前〜数週間前に最終的な生産量や配送量が決定して、トラックごとのルート・積載量・時間が決定される。物流ルートの最適化は、業界ごとに難しい点が異なる。例えば、石油の物流においてはタンクローリーの確保コストや移動のための燃料コストが高いことから、なるべく最小の物流回数でサービスステーションの在庫を確保することが求められる。他に、鉄鋼業が生産するコイルや板材などの物流は、船を経由することが多く港湾作業時間のぶれや天候影響による遅延を逐次に吸収して物流計画を見直すことが求められる。このように物流の最適化は業界ごとのコスト構造や変動要因を理解して行う必要があり、専門的な人のノウハウに依存していることが多い。一方それらの人の人数に限りがあり、教育にも時間がかかることから、人工知能の活用が期待される領域である。

　販売部門では、小売業の店舗内の最適化も需要予測と併せて行われることがある。品揃えや価格をコントロールすることで利益を最大化する。ドラッグストアやコンビニエンスストアなどは特に商品数が多く、店舗内の限られたスペースへ今後、オペレーションの考え方が浸透することで、生産量・物流量の決定と、店舗の品揃えや価格の決定が相互にデータを融通し合い、利益を高め合うことが期待される。

10－4　人工知能の活用上の課題

　前節までで述べたように人工知能はオペレーションのあらゆる段階と関係があり、これらの方法が浸透することで、これまで以上に高度かつ省力化されたオペレーションプロセスが実現すると考えられる。
　一方で、人工知能が業務で活用され、長期的に効果を生み続けるには課題が多数ある。本節では、人工知能の実業務適用上の課題を解説する。

課題①　人工知能の維持、運用（MLOps）
　人工知能はその性質上、一度作成した後も、データが新しくなることによって更新されていき、挙動が変わる。学習データを追加して人工知能のモデルを新しくすることを**再学習・再訓練・モデル更新**などと呼ぶ。この再学習によって、今までは良い挙動であったものが変化してしまい、人にとって直感的ではない挙動をしてしまうようになることがある。一方で、再学習を行わないと人工知能が最新の情報を知ることができず、陳腐化してしまうといった問題が起こる。
　これらの問題により、人工知能の陳腐化を防ぎながらも、良い挙動を維持し続けることが人工知能の実運用上の課題となっている。その課題に対応するために、新しいデータで適切にモデルを更新し、その状態をモニタリングし、維持管理する必要がある。これらの一連の作業を機械学習（Machine Learning）と運用（Operations）を併せた言葉として**MLOps**と呼ばれている。図10.3は、MLOpsの全体像である。このようにMLOpsはモデル開発プロセスと、モデル運用プロセスの2つで構成される。
　モデル開発プロセスは、モデルを作成するために、学習データを加工し、機械学習アルゴリズムに投入するプロセスのことである。モデル開発プロセスにおいてポイントとなる点は以下である。

図10.3　MLOps の全体像

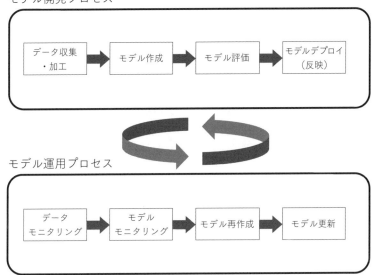

モデル開発プロセス

```
データ収集・加工 → モデル作成 → モデル評価 → モデルデプロイ（反映）
```

モデル運用プロセス

```
データモニタリング → モデルモニタリング → モデル再作成 → モデル更新
```

● 学習データの品質チェック

　機械学習に代表される人工知能は、学習データに異常なデータや実態を表していない不正なデータが含まれると、それをそのまま正しいデータとして学習してしまう。そのため、データの品質チェックなどを行い、適切な学習データであることを確認することが重要である。例えばデータの異常値を確認することや、分布が適切であるかを確認する。

● 過学習の防止

　過学習とは、学習データに機械学習が過度に合わせすぎることで、実運用中に精度が悪くなる現象のことであり、機械学習を運用する際に最も課題となることの1つである。一般にデータ数の量・種類に対して、複雑すぎるモデルを作成した場合は過学習が起こりやすく、注意が必要である。過学習を防ぐために、機械学習に投入する変数の数を制限することや、機械学習のパラメータをシンプルなものに調整することを行う。

● 実運用と類似する評価の実施

　一般に、機械学習は、学習の性能を上げるために学習データを増幅させたり、

一部の学習データを削除したりすることがある（データオーグメンテーションや、学習データのリサンプリングと呼ぶ）。しかし、これらの改変後のデータで評価することで、実運用中の性能（精度）と乖離がある評価結果になってしまうことがある。機械学習の性能を上げるうえでは必要な工夫である一方、運用時の評価を阻害しないようにすることに注意すべきである。そのため、結果の評価を行う際に、実運用と類似するデータを用意し、評価を行う。

　モデル運用プロセスは、モデルを監視し、挙動を確認するとともに、モデルの劣化が確認されるときに、モデルの更新を行うプロセスのことである。モデル運用プロセスおいてポイントとなる点は以下である。

● データドリフトの確認

　例えば毎日結果を出し続ける需要予測システムがあったとして、そのシステムに投入されるデータに関して、前月のデータと今月のデータが大幅に異なると、挙動が変わりすぎてしまう現象が起こる。これにより、問題なく運用していたシステムの挙動が突然不安定になり、過剰在庫や過小在庫を指示するといった問題を起こすようになる。このような問題を防ぐために、データの変化を監視し、過度な変化がないかを確認するとともに、学習データと運用データの間の乖離が起こりすぎていないかも確認することが望ましい。このようにデータが変化してしまう現象を**データドリフト**と呼ぶ。データドリフトの確認を行うためのソフトウェアやライブラリが多数存在するが、これらはデータの分布の差を統計的に検査するものである。データドリフトの確認は、後述する精度の確認よりも先に行うことができる場合が多く、人工知能の問題を早期に気づく代表的な方法である。

● 精度の確認

　人工知能の性能は、多くの場合、精度指標として定量的に評価することができる。精度は、数値を推定する場合は誤差として、買う／買わないなどの「ラベル」を推定する場合に関しては正解率として算出することができる[2]。これらの精度は、前述のデータドリフトの問題や、最新の状況が変化することにより、当初予想していた精度を実現できなくなることがある。そのため、精度指標を算出し、一定の頻度で定期的に確認することで、人工知能の状態を管理することが望ましい。また、精度指標の算出を行い、過去の状態との変化を検知してアラートを自動であげるようなシステムも有効である。

● モデルの更新

　精度確認の結果、想定の精度よりも悪くなることがわかった場合、最新のデータにあったモデルに更新することが望ましい。モデルの更新においては、最新のデータと過去のデータを併せて学習データを作成し、学習を実施し、モデルを作成する。また、作成したモデルが直近のデータに対する精度が向上していることを確認する。新しいモデルが良いモデルであると評価された場合、モデルを差し替える。モデルの更新においては、新しいデータのみで学習してしまうことによって、精度は若干上昇したものの、前と挙動が違いすぎて人間が使いづらくなるといった問題を副次的に引き起こすことがある。そこで、学習後に前のモデルとの挙動の比較を行って運用の問題が起こらないかを確認することを更新時に行うこと（更新時チェック）も重要である。

　以上がMLOpsの概要である。MLOpsは、継続的な改善が必要であるオペレーションと関係が深い。人工知能をオペレーションで用いるためには、1回の人工知能の開発にとどまらず、それを数年単位で維持し続けることを心がける必要がある。

課題② 人工知能の透明性の確保

　機械学習に代表される人工知能は、その技術の進展とともに、複雑性が増しており、人がその挙動を解釈することが課題となっている。人工知能の挙動が解釈できないと、人の知見と異なる数値などを人工知能が出したときに、人がそれを信用してよいかどうか悩むといった問題が発生する。そのために、人工知能のデータ・アルゴリズムなどが第三者に理解できるようにすること（**透明性**）が重要となる。また、一部の用途においては、学習データの中に含まれる歴史的、社会的な差別の結果などを学習してしまうことで、不公平な挙動をすることがある。例えば、人をゴリラと誤ってタグ付けし問題になったことや、AI採用システムが女性の応募者の評価を下げる傾向があって問題になったことがある。そのために、**公平性**の確保も課題であり、公平な人工知能であることを確認するためにも、透明性は重要である。

　このような課題があることから、人工知能の開発者や利用者が守るべき原則が世界各国で議論されてきている。欧州評議会CAHAIの調査[3]によれば、世界中のAI倫理原則に共通して重視される項目として、「透明性（説明可能性など）」、

「正義・公正」、「無害」、「責任」、「プライバシー」が挙げられる。日本でも、AI を開発する際の原則に関するガイドライン[4]が公開されている。

　人工知能の透明性を確保するための技術群を XAI（Explainable AI）と呼ぶ。XAI は、AI モデルの挙動を人間に理解しやすくするモデルや手法であり、説明対象や考え方に応じて様々なアプローチの手法が研究開発されている。代表的なものに以下がある。

① 解釈可能な学習手法

　　決定木・線形回帰などのアルゴリズムは、人間に理解しやすい手法であり、古典的であるが透明性が重視される場合には有効なアルゴリズムである。

② 特徴量と推定結果の関係の可視化手法

　　人工知能が推定を行う際に要因とするデータを「特徴量」と呼ぶが、特徴量を変動させたときの出力を観察できるようにする方法がある。Partial Dependence Plot（PDP）や Individual Conditional Expectation plots（ICE）などが代表的なものである。

③ 近似モデルによる説明方法

　　説明したいモデルを解釈しやすいモデルで近似することで説明する手法がある。Local Interpretable Model-agnostic Explanations（LIME）や、SHapley Additive exPlanations（SHAP）が代表的なものである。

　透明性のある人工知能を保つことが、前述の MLOps プロセスを円滑に回すことにも深く関係しており、オペレーションへの人工知能活用に不可欠な要素である。

課題③　データの品質管理

　人工知能を活用したシステムでは、作成の元になるデータが良い状態なのかが、運用するうえで重要になる。データが良い状態を保つためには、データの収集・蓄積・活用について会社や組織全体でプロセスを規定し、全員がそれに従ってしっかりデータの管理をしていくのが重要である。このような活動のことを**データガバナンス**と呼ぶ。

　データガバナンスを体系的に進めるためのフレームワークで著名なものは、DMBOK（Data Management Body Of Knowledge）である。DMBOK には10個の知識領域があるが、その中でも特に人工知能の性能・品質に関係がある

のは「データ品質」である。データの品質とは、完全性・一意性・正確性を保つことである。データは、一度集めてもその後欠損や異常値が増えたり、データの定義が変更されたりして不安定になることがある。オペレーションにおいて人工知能を活用する際には、人工知能のアルゴリズムだけではなく、データの品質を高め、維持管理を続けていくことが肝要である。

ディスカッション：現実のビジネスオペレーションにおけるデータ品質の維持・向上

　図10.2で示した各種オペレーションにおける人工知能の活用例などから、自身が興味のあるテーマを選び、継続的に人工知能を有効活用するために、データ品質の維持、向上を目指して何をすべきかを考え、話し合ってみよう。

10章のポイント

➢　人工知能（AI）はディープラーニングや大規模計算、センサー技術などによって劇的に進化し、企業のオペレーション変革の原動力になりつつある

➢　AIは具体的に、①画像認識で工場の入退場管理や生産工程における自動検査、②手を使いづらい作業場所での音声認識による入力補助、③文章解析で定性情報も使った需要予測や過去の類似例検索などのオペレーションに活用されている

➢　AIは大量のデータから未来を予測し、多様な制約条件を考慮した最適化計算を行うが、それらオペレーションの精度を維持、向上させていくためには、機械学習を管理するオペレーション、MLOpsという概念が重要になっている

10章の内容をより深く学ぶために

AIビジネス大全執筆チーム著・秋元一郎編著（2022）『AIビジネス大全』プレジデント社。

加藤公一（2018）『機械学習のエッセンス──実装しながら学ぶPython、数学、アルゴリズム』SBクリエイティブ。

本橋洋介（2019）『業界別！AI活用地図8業界36業種の導入事例が一目でわかる』翔泳社。

注

1）NEXCO 中日本「渋滞予測カレンダー」(https://dc.c-nexco.co.jp/jam/cal/)。

2）誤差指標は MAE（平均絶対誤差）・RMSE（二乗平均平方根誤差）、正解率に関する指標は適合率・再現率・F 値などが代表的なものであるが、ここでは割愛する。関心がある場合、注や各章末で挙げている文献を参照いただきたい。

3）European Commission "Ethics guidelines for trustworthy AI," 2019.4.8 (https://digital-strategy.ec.europa.eu/en/library/ethics-guidelines-trustworthy-ai).

4）経済産業省「『AI 原則実践のためのガバナンス・ガイドライン Ver. 1.1』を取りまとめました」2022年 1 月28日（https://www.meti.go.jp/press/2021/01/20220125001/20220124003.html）。

※いずれの URL も最終アクセス日は2023年 4 月10日。

おわりに

　約300ページにわたり、経営戦略からサプライチェーンデザイン、グローバルロジスティクスといった大きな枠組みと、SCMの各種オペレーション、それらを整合させるS&OP、さらには顧客や取引先との関係性を向上させるCRMやSRM、生産と関連するエンジニアリングや品質管理などの各専門領域を含め、オペレーションズマネジメント全域を解説してきました。私自身、書籍全体のストーリーや整合性などを細かく確認する中で、非常に大きな学びがありました。SCMを含むオペレーションズマネジメントのカバー範囲は極めて広く、また各領域は環境の不確実性が高まる中、先進技術によって日々、進化していることもあり、知るほどにその深さも感じられるテーマです。

　オペレーションをはじめて担うことになった時、実務経験を積んで独り立ちした時、エースプレイヤーとしてチームを引っ張るようになった時、後任の育成に対する責任も担うマネージャーに昇格した時、中長期の戦略を立てて組織を導くディレクターを任された時など、様々なキャリアの節目で読み返していただければ、その度に新しい学びがあることと思います。それだけ、各領域の専門家が執筆した内容は深く、普遍的なものになっていると感じました。特に、各章で解説されている学術的な基礎知識は、今後も思考のベースとして有効になるものですし、直近の環境変化の中で行われているチャレンジは、そのマインドセットから学べることが多いはずです。

　需要予測や在庫管理、調達、物流など、様々なテーマにおける実務課題に直面した際は、イノベーションを生み出す1つの材料として、本書をご活用いただければ幸いです。また、後任や新任の方へのオペレーションズマネジメントの体系を伝える際にも有効活用できると考えています。ぜひ、こうした体系的な知識、多様な業界における事例、その背景にある考え方と、みなさんのビジネス事情をかけ合わせて、各社のオペレーションの進化を導いていってください。

　最後になりましたが、個性の強い執筆陣の原稿を辛抱強く待っていただき、章間の整合性をできるだけ高めるように導いてくださった、日本評論社の若栗泰人さんと小西ふき子さんに感謝申し上げます。

2023年5月　ようやくコロナ禍から解放された初夏に
山口雄大

索 引

執筆者紹介
（編者除く執筆順）

橋本雅隆（はしもと・まさたか）[2章]
明治大学専門職大学院グローバル・ビジネス研究科専任教授。同大学 BCP・SCM 研究所所長。明治大学経営学研究科博士前期課程修了。博士（商学）。旧三菱銀行、東京都商工指導所、一橋大学客員教授等を経て2015年より現職。専門はサプライチェーンマネジメント、物流・ロジスティクス論、流通論。主著に『フィジカルインターネット実現化に向けて——産官学と欧米の有識者の熱い思い』（共著、2022、日経 BP）など多数。

樫山峰久（かしやま・たかひさ）[3章]
船社系3PL にて地域統括部門長。
早稲田大学大学院商学研究科修士課程修了。修士（商学）。グローバル船会社、コンサルティングファーム、グローバル3PL 取締役、グローバル小売を経て2022年より現職。専門は物流・ロジスティクス論。米国公認会計士（ワシントン州ライセンス）。Y.T. マネジメントという屋号で個人事業主として書籍も出版している。

中村祐作（なかむら・ゆうさく）[4章]
外資系メーカーのシニアマネージャー。
東京大学大学院農学生命科学研究科修了。UC San Diego Rady School of Management 修士課程修了（MBA）。日系メーカーで10年以上にわたり、サプライチェーンと S&OP 業務に携わる。MBA 留学中に日系スタートアップの米国事業統括として米国事業を支援。2021年より現職。サプライチェーンオペレーションの改善と S&OP プロセス設計に従事。専門は S&OP と BPR（Business Process Re-engineering）。Certificate in Supply Excellence and Innovation。社費 MBA 留学コンサルタントとして、MBA 社費留学の社内選考突破攻略法、MBA 留学の全ステップ、MBA 流10週間で立ち上げる E コマースビジネスなどをブログにて発信している。
Twitter：https://twitter.com/yusaku_nakamura　Blog：https://yutaro1.com/

河合亜矢子（かわい・あやこ）[6章]
学習院大学経済学部教授。
筑波大学大学院システム情報工学研究科社会システム・マネジメント専攻博士課程修了。博士（工学）。筑波大学大学院システム情報工学研究科サービスイノベーションプロジェクト研究員、高千穂大学経営学部助教、准教授を経て2017年より現職。専門はオペレーションズ&サプライチェーンマネジメント、経営情報システム。主著に "Educational Effect of a Supply Chain Management Game: Simulation Results for Supply Chain Experts," *Proceedings of Pacific Asia Conference on Information Systems*, 2017（共著）など。

土屋剛（つちや・つよし）[7章]

KADOKAWA Connected ストラテジスト。

キャディなど複数のスタートアップのアドバイザーに従事。早稲田大学大学院経営管理研究科修了。修士（商学）。機械商社入社後、マーケティング部長、eビジネス営業部長、経営会議メンバーを歴任。電子集中購買ならびに新規事業推進を担当。2020年より現職。DX推進を担当。専門は間接材調達支援や新規事業支援。

大久保寛基（おおくぼ・ひろき）[8章]

東京都市大学デザイン・データ科学部教授。

早稲田大学大学院理工学研究科機械工学専攻経営システム工学専門分野博士課程単位取得済み退学。博士（工学）。早稲田大学創造理工学部助手、岡山大学工学部助教、東京都市大学知識工学部准教授等を経て2023年より現職。製造業や流通業における生産性向上に向けた取り組み（IE手法を用いた現場改善、フレキシブル生産システムの開発）、製造業における生産性向上のための知見やノウハウを応用・展開させ、環境負荷低減に向けた研究に取り組んでいる。専門は経営工学。主著に『仕事のやり方を変えるヒント――シミュレーションによる効率化』（共著、2015、パレード）など。

二村真理子（ふたむら・まりこ）[9章]

東京女子大学現代教養学部教授。

一橋大学大学院商学研究科博士後期課程単位取得済み退学。博士（商学）。愛知大学経営学部准教授、東京女子大学現代教養学部准教授等を経て、2015年より現職。専門は交通経済学、物流・ロジスティクス論。主著に「交通政策基本法下の物流政策」『成城大学社会イノベーション研究』11巻、pp.15-30、2016年など。

本橋洋介（もとはし・ようすけ）[10章]

NEC AI・アナリティクス統括部 上席データサイエンティスト。

東京大学大学院工学系研究科産業機械工学専攻修士課程修了。修士（工学）。2006年NEC入社。同社で人工知能・知識科学・グループウェア・機械学習に関する研究開発に従事。2012年以降、金融・流通・交通・製造・通信・放送などの業界向けに、100以上の人工知能活用プロジェクトの推進を行う。2021年より現職。専門は機械学習工学・機械学習の実問題適用。主著に『業界別！AI活用地図 8業界36業種の導入事例が一目でわかる』（2019、翔泳社）など。

編著者紹介

山口雄大（やまぐち・ゆうだい）［はじめに、5章、おわりに］

NEC AI・アナリティクス統括部 需要予測エヴァンジェリスト。

青山学院大学非常勤講師、JILS「SCMとマーケティングを結ぶ！需要予測の基本」講師、需要予測アドバイザーなどを兼務。また、「需要予測相談ルーム（https://jpn.nec.com/demand-forecast/）」で様々な企業のS&OPによる価値創出を支援している。東京工業大学大学院社会理工学研究科修了。修士（認知科学）。早稲田大学大学院経営管理研究科修了。修士（商学）。化粧品メーカーの資生堂で需要予測を担当した後、S&OPグループマネジャー等を経て、2022年より現職。*Journal of Business Forecasting*（IBF）などで論文を発表。機関誌『ロジスティクスシステム』や「ビジネス＋IT」のウェブサイトにコラムを連載中。主著に『すごい需要予測——不確実な時代にモノを売り切る13の手法』（2022、PHPビジネス新書）や『新版 この1冊ですべてわかる 需要予測の基本』（2021、日本実業出版社）など。

竹田賢（たけだ・けん）［1章］

青山学院大学経営学部教授。

青山学院大学大学院理工学研究科経営工学専攻博士後期課程退学所定修了年限満了。博士（工学）。青山学院大学経営学部専任講師、助教授、准教授を経て2009年より現職。専門はロジスティクス論、サプライチェーンマネジメント、経営工学。主著に『サプライチェーンマネジメント入門——QCDE戦略と手法』（共著、2008、朝倉書店）など。

企業の戦略実現力
<ruby>企<rt>き</rt>業<rt>ぎょう</rt></ruby>の<ruby>戦<rt>せん</rt>略<rt>りゃく</rt>実<rt>じつ</rt>現<rt>げん</rt>力<rt>りょく</rt></ruby>
オペレーションズマネジメント<ruby>入門<rt>にゅうもん</rt></ruby>

2023年7月20日　第1版第1刷発行

編著者　山口雄大・竹田　賢
発行所　株式会社　日本評論社
　　　　〒170-8474　東京都豊島区南大塚3-12-4　振替 00100-3-16
　　　　電話 03-3987-8621（販売）03-3987-8595（編集）
　　　　https://www.nippyo.co.jp/
印刷所　精文堂印刷株式会社
製本所　株式会社難波製本
装　幀　渡邉雄哉（LIKE A DESIGN）
検印省略　© Yudai Yamaguchi, Ken Takeda 2023
Printed in Japan
ISBN 978-4-535-54052-1